丛书顾问

（以姓氏拼音字母为序）

顾明远　裴娣娜　史宁中　宋乃庆
田正平　叶　澜　钟秉林　朱小蔓

丛书编委会

主　任：张斌贤
委　员：（以姓氏拼音字母为序）

陈时见　程斯辉　褚宏启　杜成宪
范国睿　傅维利　高宝立　郭　戈
贺国庆　侯怀银　黄甫全　郝二军
靳玉乐　贾　娟　柳海民　刘贵华
刘海峰　刘立德　刘志军　楼世洲
马晓红　马云鹏　孟繁华　戚万学
司晓宏　石　鸥　石中英　孙杰远
田慧生　涂艳国　王建新　王嘉毅
王维平　吴康宁　肖　朗　徐小洲
徐　勇　余文森　翟　博　张慧君
张民选　周洪宇　周作宇

颜元实学教育思想与实践

教育薪火书系·第一辑

吴洪成 罗佳玉 ◎ 著

山西出版传媒集团
山西人民出版社

图书在版编目（CIP）数据

颜元实学教育思想与实践/吴洪成,罗佳玉著.—太原:山西人民出版社,2018.9(2021.6 重印)
（教育薪火书系/张斌贤主编）
ISBN 978-7-203-10506-0

Ⅰ．①颜… Ⅱ．①吴… ②罗… Ⅲ．①颜元(1635—1704)-实学-教育思想-研究 Ⅳ．①B249.5 ②G40-092.49

中国版本图书馆 CIP 数据核字（2018）第 189163 号

颜元实学教育思想与实践

YANYUAN SHIXUE JIAOYU SIXIANG YU SHIJIAN

著　　　者：吴洪成　罗佳玉
责任编辑：贾登红
复　　审：贾　娟
终　　审：秦继华
装帧设计：李尚斌　张国仁

出　版　者：山西出版传媒集团·山西人民出版社
地　　　址：太原市建设南路 21 号
邮　　　编：030012
发行营销：0351-4922220　4955996　4956039　4922127（传真）
天猫官网：https://sxrmcbs.tmall.com　电话:0351-4922159
E – mail：sxskcb@163.com　发行部
　　　　　　sxskcb@126.com　总编室
网　　　址：www.sxskcb.com

经　销　者：山西出版传媒集团·山西人民出版社
承　印　厂：山西出版传媒集团·山西人民印刷有限责任公司

开　　本：787mm×1092mm　1/16
印　　张：19
字　　数：300 千字
印　　数：3001—13000 册
版　　次：2018 年 9 月　第 1 版
印　　次：2021 年 6 月　第 2 次印刷
书　　号：ISBN 978-7-203-10506-0
定　　价：98.00 元

如有印装质量问题请与本社联系调换

教育薪火　传承不息（总序）

钟秉林

在人类的历史长河中，教育一直伴随人类的文明进程在不断发展进步，那些弥足珍贵的教育著作、教育思想、教育人物和事迹，无时无刻不在拨动着教育工作者的心弦。我们永远无法忘记那些给我们留下宝贵思想财富的教育家，他们的思想、言论和实践，依然是激励我们教育工作者前进的动力。时至今日，教育的发展与变革更成为世界各国应对日趋激烈的国际竞争的重要战略。在科教兴国战略的指导下，党和国家对教育工作给予了高度的重视，深刻认识到教育家对教育事业的重要性。《国家中长期教育改革和发展规划纲要（2010—2020年）》就明确提出："创造有利条件，鼓励教师和校长在实践中大胆探索，创新教育模式和教育方法，形成教学特色和办学风格，造就一批教育家，倡导教育家办学。"

要想成长为教育家或者在教育实践中能够起到扛鼎作用并非易事，需要我们教育工作者吸收过往教育家留下来的丰富教育营养，清晰地认识什么是真正的教育家，教育家应该具备什么样的素质和条件，做到融会贯通，大胆实践，自成一家。与此同时，在教育改革的大背景下，普通教师同样迫切需要能够在教书育人过程中得到启迪和突破的催化剂，教育家的思想和实践是经过检验的真理，是教学启迪催化剂的最佳选择。

然而，在浩瀚的书海中，以教育家为主线、囊括中外、跨越古今、自成体系的书系并没有面世。策划团队在教育的广袤园地上深耕多年，熟知一线教师的需求，希望为普通教师策划一套教育理论普及读物，以使广大中小学教师能够"近距离"地接触中外历代教育家的教育思想、实践经验和办学理念,促进教育理论水平的提高,从而更好地开展教育教学实践。书系的策划人与张斌贤教授为理事长的中国教育学会教育史分会的夙愿不谋而合,合作编写一套大规模的、以教育家为主线的书系的想法随之形成。

策划团队把书系命名为"教育薪火",是希望教育家的教育思想能够薪火相传,不断推动人类文明的发展。"教育薪火"书系拟分为三辑出版,按照中国古代、中国近现代、外国古代和外国近现代分类。第一辑共选择了一百余位中外教育家,一位教育家一本书,规模宏大,应该说能够在中国教育出版史上留下浓墨重彩的一笔。所选教育家都是经过书系编委会认真研究、充分论证而定的,他们在教育史上有较大的影响,能够启迪或者感染教育工作者,推进教育和教学的发展。当然,其中有的教育家更为名声在外的不是在教育上,但是他们在教育上的贡献毫不逊色于其他方面的贡献,比如我们熟知的一些革命家;另外,还包括了一些具有地方特色的教育家以及还没有被人们真正认识的教育家。

必须提及的是,中国教育学会教育史分会非常荣幸地邀请到我国著名的教育学者顾明远教授、叶澜教授、史宁中教授、宋乃庆教授、田正平教授、裴娣娜教授和朱小蔓教授等担任书系的顾问,成立了由40多位教育学界具有重要影响的学者组成的编委会,为书系的质量保驾护航。

还需提及的是,策划团队为物色学有专长的作者付出了巨大的辛劳。书系的作者地域和院校分布广泛,既有北京师范大学、华东师范大学、东北师范大学、华中师范大学、陕西师范大学、南京师范大学、首都师范大学等师范院校的学者,也包括武汉大学、四川大学、南京大学、南开大学、天津大学、河北大学、河南大学等综合大学的学者。作者以教育史专业的中青年教师为主力军,他们朝气蓬勃、时代感强,研究范围涉猎较广,能大胆地探索和怀疑,一些新的教育研究成果不断涌现,为书系注入了难得的新鲜气息;他们与一线中青年教师同处一个频道,其思维模式很容易被接受。

客观而言,现在每年出版的教育类图书很多很多。一类为实践性强和操作性强的教学类图书,教师拿来就可以在课堂上使用;另一类为理论性强和学术性强的图书,印数少,流通范围小,普通教师往往望而却步。然而,教育理论只有指导教育实践才有存在的价值。在我看来,书系最具特色的价值就是秉承了教育理论通俗化这一理念,在教育理论研究者和普通教师之间架起了一道桥梁。书系以教育家为主线,坚持学术性与普及性并重,用通俗化的语言,或阐述教育家的教育思想精华,或叙写教育家的精彩教育事迹和教育实践,力图"润物细无声",让教师喜欢读,在读中提高素养,深刻理解教育家,形成自己的理论,推进"教育家办学"。

当然,书系在真实性上也颇下功夫。以史料为依据,实事求是叙述,客观全面评价,不有意拔高教育家的贡献,注重教育家闪光点的挖掘和传播,是教育家历史画卷现代版的呈现。书系成规模、系统化,学术性和可读性强,具有较强的收藏价值,非常适合各中小学图书室和大学图书馆选择配置。

中国教育学会教育史分会为教育事业做了一件好事,张斌贤理事长请我作序,我觉得理应支持,欣然应允。

希望广大教育工作者能够认真阅读这套图书,为自己的教育职业生涯发展打下坚实基础,为成长为新时期的教育家而不懈努力。

丁酉年正月于北京

(作者系中国教育学会会长、北京师范大学原校长)

前　言

颜元(1635—1704),字易直,又字浑然,号习斋,河北博野县人,明末清初著名的教育家、思想家。他的学术思想几经转变,最终在而立之年确立了实学的方向,并为之进行了一生的努力,尤以教育思想最为出彩,其特征是在批判与改革传统教育思想的基础上,展现了启蒙性与进步性。此外,他还开创了颜李学派,虽然存在时间不长,却声势浩大。这种种思想上的成就都使得出生于平民阶层、一生从未入仕的颜元作为一个乡野教育家在历史上留下浓重一笔。

本书共分六章。第一章是"一位乡村教师的济世情怀",分析了颜元的教育理想;第二章是"思不如学,学必以习",论述了颜元的教育哲学思想;第三章是"文武合一育人才",在剖析当时现实教育流弊的基础上,进一步揭示了颜元的教育思想;第四章是"漳南书院的办学活动",阐释了颜元主要的教育实践活动;第五章是"独树一帜的颜李学派",描述颜氏学说的影响及其学派的发展变化;第六章是"颜李学派教育思想的现代性",从现代性的角度对颜李学派的教育思想及活动进行挖掘,解读其在现代教育中的生命力。此外,附录"颜李学派研究史略"综述了从清代后期同治年间(1862—1874)开始到现在为止的关于颜李学派的研究成果及历程,这既是对以往研究成果的回顾与总结,也是为了以后研究的进步与深化。

总之,本书尚有许多不足,我们期待于后续的完善,并求教于方家学者。

吴洪成

目 录

第一章 一位乡村教师的济世情怀 1

　第一节　崛起于乡野的教育家 3

　第二节　思古斋与习斋 10

　第三节　游历访学 21

　第四节　一代宗师 37

　第五节　书院办学 51

第二章 思不如学　学必以习 61

　第一节　颜元的教育哲学 63

　第二节　教育活动中的实与习 87

　第三节　颜元的师道观 104

第三章 文武合一育人才 111

　第一节　明清早期学校教育概述 113

　第二节　静坐读书教育的流弊 128

　第三节　动的教育与事物教育 135

第四章　漳南书院的办学活动　　145

第一节　实学教育家颜元主持漳南书院　　147

第二节　漳南书院的办学宗旨　　150

第三节　漳南书院的教学设计　　154

第四节　《习斋教条》理念下的书院教育管理　　164

第五章　独树一帜的颜李学派　　167

第一节　颜氏学说之多元建构　　169

第二节　颜李学派的薪火相传　　192

第三节　颜李学派的兴衰起伏　　210

第六章　颜李学派教育思想的现代性　　231

第一节　颜李学派教育思想的现代性　　233

第二节　颜李学派教育目标与内容的现代性　　239

第三节　颜李学派教育管理与方法的现代性　　253

附录　颜李学派研究史略　　263

参考文献　　287

后　记　　291

第一章

一位乡村教师的济世情怀

保定作为北京的南大门、京畿重镇，西依太行，东、北、南三面是广袤辽阔的冀中平原，向有"北控三关，南达九省；地连四部，雄冠中州"的描述及赞美。其中的博野县便是颜元的故乡，蠡县则是他的出生地及童年生长的家园。他一生的活动中心便在保定东南部的这两县县域之间。地理环境与人类成长及思想形成紧密相关，颜元是冀中平原区域环境培养的思想家，是源于乡村民间，带有乡土草根性的教育家。故而，他也与这方水土所积淀的地域风格文化、人文基因融为一体。

作为乡村教师的颜元，在办理私学的基础上对传统理学教育的流弊加以揭露，并在以儒学为本位之个人、家、国、天下的框架内，以"为天地立心，为生民立命，为往圣继绝学，为万世开太平"的"民胞物与"情怀，构建起了集政治、经济及文化教育为整体的实学思想体系，充分彰显了他作为一位乡村教师的济世情怀。

第一节　崛起于乡野的教育家

颜元一生中主要做过三个职业：农民、医生和教师。

清顺治十一年(1654)，颜元20岁，他自此承担起了养家的重担，其养父母"以年迈，日费尽责之先生，先生身任之。耕田灌园，劳苦淬砺"①。农民是他第一个职业。在此期间颜元的生活基调是白天务农，晚上勤学，"昼勤农圃，夜观书史，至夜分不忍舍，又惧劳伤，二念交争久之，尝先吹烛，乃释卷"②。乡村耕读生活务实朴素，虽然艰辛，难有陶渊明田园诗观光农业的心态及闲适，却十分纯净、怡然，为其学术的形成做了早期积累。经历了两年，"以贫为养老计，学医"③，故而医生是颜元的第二个职业。24岁的时候，颜元学业有一定成绩，"始开家塾"④，所以教师又是他第三个职业。

虽然在一生中，大多数情况下他的三种职业是同时进行，但是诸多迹象表明，颜元对待这三个职业的态度是有区别的。他在《年谱》中明确表明，因为生计问题，故从事农民和医生这两个职业，而选择教师职业的时候他却并没有明确说明，而且对于这个职业，他耗费心力最多，并倾尽一生去努力，去世之前还孜孜不倦地在施教，所取得的成就也最大。可以说，颜元更倾向于把农民和医生作为他的职业，而把教书育人作为他的事业。下文我们具体论述颜元成长经历与济世情怀的形成。

---

① 李塨：《颜习斋先生年谱》(卷上)，载陈山榜、邓子平主编：《颜李学派文库》(第2册)，石家庄：河北教育出版社，2009年版，第620页。
② 李塨：《颜习斋先生年谱》(卷上)，载陈山榜、邓子平主编：《颜李学派文库》(第2册)，石家庄：河北教育出版社，2009年版，第623页。
③④ 李塨：《颜习斋先生年谱》(卷上)，载陈山榜、邓子平主编：《颜李学派文库》(第2册)，石家庄：河北教育出版社，2009年版，第621页。

一、求学历程

颜元8岁开始正式学习,即传统意义的发蒙(又称破蒙,喻义化除蒙昧困顿,走向文明礼仪)。他所拜的第一位老师,名吴持明,字洞云。这位老师与当时的其他学者不同,不仅会八股时文,而且对于武术、军事、医术、术数都多有擅长,颜元跟随他学习,由他启蒙,其所学在启蒙之初就与常人有所不同,吴持明课程内容设置多样,冲破了儒家经学与宋明理学的狭隘、纸上功夫与呆读死记,而且崇文尚武,讲求文武合一。

11岁,颜元开始学习时文。13岁,颜元跟随第二位老师学习。这位老师叫贾珧,字金玉。也许是这位老师施教不严,也许是由于颜元正值少年期向青年期转型的特定年龄阶段,在这一时期,他有些好高骛远、想入非非、偏执及不务正业。14岁,读寇氏《丹法》,学习运气术。15岁,学修仙。16岁,"知仙不可学,乃谐琴瑟,遂耽内。又有比匪之伤,习染轻薄"[①]。17岁,"浮薄酗歌如故"[②]。18岁,"习染犹故也"[③]。

直到19岁,颜元开始摆脱前期心性冲突困扰,步入相对成熟稳定和理性务实的青年初期。转移门庭,颇有"新桃换旧符"气象一新之感,跟随第三位老师学习使他习染顿洗。这位老师叫贾珍,字袭什,私谥端惠。也是在这一年,颜元取得了秀才的名号。由此可看出,虽然经过了几年轻狂的岁月,但颜元对于自己的学业并没有完全抛之脑后。他21岁开始阅读《资治通鉴》,达到了废寝忘食的地步,也是在此之后,决定放弃科举的道路,虽然参加岁试,也不过为了使老亲高兴而已。颜元23岁开始学习兵法,研究战守机宜,也学习技击之术。

综观颜元这一阶段的学习经历,我们可以发现,虽然他小有成就,但是偏于驳杂的学科内容,甚至有些杂乱无章,尚未形成较为明确的求学方向。颜元自己曾形容过这一阶段的学习状态为尚不知道学为何物。他真正的改变是在青

[①][②][③] 李塨:《颜习斋先生年谱》(卷上),载陈山榜、邓子平主编:《颜李学派文库》(第2册),石家庄:河北教育出版社,2009年版,第619页。

年期。

顺治十五年(1658),时年24岁的颜元开始办私塾,有一名学生名彭好古,其父亲为彭通,对宋明道学有研究,和道学大家孙征君、刁文孝有来往。颜元由此获知陆九渊、王守仁,得到《陆王要语》,阅读过后甚为喜爱。自此之后致力于学习陆王,还做了《大盒歌》《小盒歌》《求源歌》,借以抒发陆王顿悟及心性洒脱的情感。

颜元26岁的时候,阅读《性理大全》,知道了周敦颐、程颐、张载、朱熹等宋代理学家的为学要旨,因此由心仪陆王转而信奉程朱,对于程朱,不仅使口中说、心中有,而且真正做到了身体力行,"期于主敬、存诚,虽躬嫁胼胝,必乘间静坐"①。

至此,颜元正式进入了宋明理学的门槛,接触了理学的两大家,先是陆王,后为程朱。

如果不出意外,也许颜元就这样一辈子信奉程朱理学也说不定,但是,偏偏出了意外,借此契机,他得以转变了学术走向,找到了真正属于自己的路。而最终举起了实学的旗帜,这是颜元求学道路上的第二次转折。

34岁时,养祖母刘氏因病去世,颜元遵循朱子《家礼》为她守孝,《家礼》的规定十分苛刻,依此服丧的礼节繁杂,生活清苦,颜元因此病痛缠身,几近死亡。有一个同族老翁颇为怜惜,将他身世的真相如实地告知——颜元并非朱家亲生。确信消息无误之后,颜元的哀痛稍有缓解,也有了理智重新审视朱子《家礼》,发现其中有许多内容教条僵化,有违性情之处。遂与上古《礼记》加以印证,又对照比拟当中不同之处。因此,对于程朱理学的权威与神圣出现了动摇,并产生了怀疑,原来确立的信仰开始转变。在居丧期间又重新思考学问之道,"因悟周公之'六德''六行''六艺',孔子四教,正学也;静坐读书,乃程朱、陆王为禅学,俗学

---

① 李塨:《颜习斋先生年谱》(卷上),载陈山榜、邓子平主编:《颜李学派文库》(第2册),石家庄:河北教育出版社,2009年版,第622页。

所浸淫,非正务也"①。颜元遂断然摒弃程朱理学,而直追周孔,奔着实学的道路坚定地走下去。次年,他将思古斋更名为"习斋",认为思不如学,而学必以习,以此表明心志,自此之后,颜元所学、所研及所教内容也以实学为主。35岁时,颜元著《存性编》,集中批判程朱理学的某些观点,提出自己的看法。年底又完成《存学编》,这是代表颜元实学思想的典型著作。48岁时,完成《存人编》,表明自己坚决反对僧道的态度。自此,颜元的《四存编》已经全部问世,也表明了其思想体系建构的完成。在这一时期,颜元还经常与众多学者沟通交流,既是宣传自身的思想,又不断对自己思想进行了修正。同时,他将所形成的思想学说躬行实践,身体力行地去体察。

伴随着实学教育理论渐趋成熟,颜元开始形成自身治学与教学的个性化的风格与体系,颜元与理学也已分道扬镳,但还是对此保持着一种宽容的心态,"然犹不敢犯宋儒赫赫之势焰,不忍悖少年引我之初步,欲扶持将就,作儒统之饩羊,予本志也"②。但自康熙三十年(1691)南游中州之后,则彻底改变了他的看法,使他与理学的决裂态度越发坚决起来,这是他求学之路的第三次转变,也是最后一次。

颜元感觉世道日益艰难,圣道之光日益晦暗,本着寻求志同道合能担此道者的心愿,在57岁决计出游中州。主要行程内容如下:四月至邢台,与邢台县儒学教谕贾聿修论教育;六月至开封,与张天章论礼仪、水政、教育;八月,与进士张沐论学论教;九月,至商水,与李木天论经济、比武艺;十一月,返回故里,与王养粹论书、论道。虽然在出游的过程中,颜元确实宣传了自己的思想,也见到了许多志同道合者,但同时他也对程朱理学权势之大,影响范围之广、之深有了一个更加明确的认识:

---

①李塨:《颜习斋先生年谱》(卷上),载陈山榜、邓子平主编:《颜李学派文库》(第2册),石家庄:河北教育出版社,2009年版,第632页。
②颜元:《未坠集序》,载陈山榜、邓子平主编:《颜李学派文库》(第2册),石家庄:河北教育出版社,2009年版,第344页。

见人人禅宗、家家训诂,确信宋室诸儒即孔、孟,牢不可破。口敝舌罢,去一分程朱,方见一分孔孟。不然,则终此乾坤,圣道不明,苍生无命矣。①

自此之后,他抛弃了宽容的态度,俨然与之彻底分野,划清界限。颜元反对程朱的心越发坚定,其态度可谓前无古人,也因此树敌不少,但这并没有改变颜元的志向。

二、颜元的学术思想

有感于宋明以来理学的空虚无用,结合时代需求和个人生活环境与经历,颜元在吸收先贤精华的基础上,提出了自己独特的学术思想——实学。所谓"实",即与"虚"相对,强调学问的有用性,这种有用性的获得则主要依靠"习"。这是其最大的特点,也是与其他学派的不同之处。

在认识论的问题上,颜元对于"格物致知"的解释与程朱理学不同,所谓"格"乃犯手捶打搓弄之意,所谓"物"乃三物之物,即"六德"(智、仁、圣、义、忠、和)、"六行"(孝、友、睦、姻、任、恤)、"六艺"(礼、乐、射、御、书、数)。他认为只有亲手去做才能获得知识,主张行先知后、由行而知,而这种获取知识的范围也很广泛,一反理学家只强调"见闻之知"和"德行之知",而是突出两者联系沟通的行动之知,并注重精神和物质两方面,甚至对物质方面更加偏重。

关于人性的问题,颜元反对理学家将人性一分为二,强调形性一体,把人性归结于人本身。并遵循孟子的性善说,认为人性都是善的,所谓"恶"不过是"引蔽习染"。这就将人放在了平等的地位上,人皆可以为圣贤。

---

① 颜元:《未坠集序》,载陈山榜、邓子平主编:《颜李学派文库》(第2册),石家庄:河北教育出版社,2009年版,第344页。
② 颜元:《井田》,载陈山榜、邓子平主编:《颜李学派文库》(第1册),石家庄:河北教育出版社,2009年版,第97页。

颜元的哲学思想为其教育思想提供了理论基础。他十分重视教育,认为通过教育可以去"恶",同时提出了"教以济养,养以行教,教者养也,养者教也"②的命题,即通过教育可以提高人民的生活能力,使人民的生活好起来,而生活的富裕反过来又可以促进教育,肯定了教育与经济的关系。即教育不仅能够促进自身的完善,同时可以为人们带来现实的利益。基于这个观点,颜元在论述教育目标时主张人们做圣贤。而在他眼中,有用的人即是圣贤,作用方面与大小虽有不同,但是只要有一技之长,得以安身立命,进而能够做出自己的贡献,便是有用,他的教育目标就是要培养这样的人。为了实现这一目标,颜元以"三物"为教育内容,不单单是理论知识的学习,对所谓的"奇技淫巧"尤为重视,主张专业人才的培养。为此,他提出了"习动""习行"的教育方法,主张动起来亲身去实践、去历练,只靠空想与静坐是无法获得知识的。这样的教育与八股教育是完全不同,乃至于对立的。因此,颜元极为反对八股取士,认为培养人才是为了使其获得有用的知识技能及各种实用能力操作,那选取人才也应该以此为标准。他主张通过征举的办法使人才凭借其被大家认可的有用性而当选或录用,认为人们凭借自己的长处各司其职,国家与人民自己的生活才会蒸蒸日上。颜元的教育思想是其实学思想的主体,其精华之所在。

颜元对知识有用性的态度使其提出了不一样的义利观,他肯定人正常的逐利行为,把人们想要追求富裕认为是理所当然的事情,当然,前提是不能违反义的原则。以义为利、义利兼重、道功并收,这是颜元义利观的基本主张。此外,从实用性出发,颜元更注重解决实际问题,在经济方面主张均田亩、兴水利、征本色、轻赋税和减工役;在政治方面主张精简机构,裁减冗官冗员;在军事方面则特别重视军人的军事技术及其他素质。

这种种观念显示出颜元实学思想的与众不同。因此,在他的实学思想一经出现,便引起了社会文人、士大夫及绅士群体的轩然大波,反对之声与赞赏之声处于两个极端,争议较大。但这也不能阻止其学术思想的传播,在颜元与弟子的努力之下,颜李学派发展为全国学派,为更多人知道和接受。

虽然颜元的实学思想在社会影响方面未能持久,但这无损其思想的价值。颜元的实学思想反对理学、汉学、诗文,强调有用性,为清代早期空疏无用的学风注入了新的力量,这在程朱理学支配思想界的大环境下是十分难能可贵的。其实学教育思想尤为标新立异,打破了理学教育传统与常规;又力持摒弃佛、老,很多思想观念的提出具有唯物性,具有时代进步性。

第二节　思古斋与习斋

"思古"与"习"这两词含义迥异,在颜元身上更有深意。虽然后面的"斋"字相同,但同是书房或工作室,前者是书卷堆积,记诵文字及怀古难舍,一派旧教育情境,而后者则是活动、操作、实践的场面,呈现出知识与运用的结合、探究的画面。这应该是颜元教育观转换的一个体现。显然,颜元称自己为颜习斋,足见以"习"字为标榜或旗帜,代表了其思想及价值导向的路线。

一、思古斋:颜元程朱理学的归依

1658 年,颜元 24 岁,开始从事教育事业。在蠡县刘村开办私塾,这是颜元第一次开办私塾以教学生,是其执教生涯的起点。颜元自号"思古人","谓治不法三代,终苟道也"①,可以看出颜元的托古改制意识,这一年颜元还作《王道论》,后更名为《存治编》,包括《王道》《井田》《治赋》《学校》《封建》《宫刑》《济时》《重征举》《靖异端》等文章,用来表达他的思想,希望能采取一些古时的举措来消除现状中的弊端。

《王道》相当于书的引论,短短几句话,寥寥数行字,表达了他理想的政治目标,类似于古希腊哲学家柏拉图《理想国》及英国早期空想社会主义者莫尔《乌托邦》中的理想社会方案。《井田》一章,意在借恢复古之井田制之名,倡行均田制,以使耕者有其田。《治赋》一章,旨在阐述其"民皆兵"思想,中心为"九要"与"九便"。《学校》一章,侧重批判当时教育的误区,"将朴钝者终归无用,精力困于纸笔,聪明者逞其才,《诗》《书》反资寇粮"。为使天下群知所向,"人才辈出",颜元

---

① 戴望:《戒庵》,载陈山榜、邓子平主编:《颜李学派文库》(第 5 册),石家庄:河北教育出版社,2009 年版,第 1533 页。

提出了"家有塾,党有庠,州有序,国有学,浮文是戒,实行是崇"的教育主张。《封建》一章,借改郡县制为分封制之名,以倡地方自治和民主政治。《宫刑》一章,主张恢复宫刑,以便妇寺有源而不再宫无罪之人。《济时》一章,建议为君者应"充五德之行"而"为九典之施"。九典即"除制艺,重征举,均田亩,重农事,征本色,轻赋税,时工役,靖异端,选师儒",而五德则为"躬勤俭,远声色,礼相臣,慎选司,逐佞人"。颜元认为,君主这样做,虽然尚不能致位育,追唐虞,却也可以驾"文景之治"之上。《重征举》一章,旨在批判科举取士,而主张乡举里选,从实践中甄拔人才。《靖异端》一章,讲如何灭佛、老,使儒术独尊。

颜元34岁时,祖母去世这一惨痛变故引发了他对于一直以来所坚信的程朱理学的质疑与重新思考。35岁时,将"思古斋"更名为"习斋",由此可以看出其治学方向的转变。思古斋前后存在10年时间,承载了颜元早期的学术主张和思想内涵。

在颜元的一生中,其学术思想经过三次大的转折,而24岁就是一个转折点。在24岁之前,颜元尚不知道学为何物,而在24岁到34岁这10年间,是颜元慢慢笃信宋明道学的阶段。

在颜元的第一批弟子中有彭好古。前文中我们谈到彭好古的父亲名彭通,号雪翁,和道学大家孙奇逢、刁包时有往来,谈论关于道学的学问。颜元向彭通询问关于道学的事情,彭通将薛文清、王文成、蔡文庄的《指要》和陆九渊、王阳明的《要语》介绍给他,并且向他讲孙、刁二先生的事迹。颜元"甚喜陆、王,手抄《要语》一册"①。自此深信陆王学说,以为是继承孔孟之志的后学。

陆王学派思想的出发点是"心即理","宇宙便是吾心,吾心即是宇宙",意为只要求诸本心,万物即俱足。颜元对陆九渊(1139—1193)的"六经注我"的观点也很赞赏,称之为陆子最精语,亦最真语。②颜元体会陆王要旨,在25岁时作《大盒歌》和《小盒歌》,《大盒歌》略曰:

---

① 李塨:《颜习斋先生年谱》(卷上),载陈山榜、邓子平主编:《颜李学派文库》(第2册),石家庄:河北教育出版社,2009年版,第621页。
② 姜广辉:《颜李学派》,载陈山榜、邓子平主编:《颜李学派文库》(第6册),石家庄:河北教育出版社,2009年版,第2009页。

盒诚大兮诚大盒,大盒中分生意多。此中酿成盘古味,此中翻为叔季波。兴亡多少藏盒内,高山拍掌士几何？此处就有开匣剑,出脱匣外我婆娑。①

《小盒歌》略曰：

盒诚小兮盒诚小,小盒生意亦不少。个中锦绣万年衣,就里佳肴千古饱。如何捧定无失却,如何持盈御朽索。忽而千里向谁觅,返而求之唯孔老。识得孔叟便是吾,更何乾坤不熙皞。呜呼！失不知哭,得乃知笑。②

颜元以"大盒"比喻"宇宙",以"小盒"比喻"吾心",来宣传陆王心学的主张。所谓"此处就有开匣剑,出脱匣外我婆娑",就是说"发明本心,不为物累";所谓"个中锦绣万年衣,就里佳肴千古饱",就是说"求诸本心,万物俱足";所谓"识得孔叟便是吾,更何乾坤不熙皞",就是说"六经注我"和"易简功夫"。此外,又在29岁时作《求源歌》来解释"六经注我",略曰：

六经注脚陆非夸,只需一点是吾家,廿史作锨经作锸,诚敬桔槔勿间歇。去层沙壤又层泥,滚滚源头便在兹。溉田万顷均沾足,涤荡污尘如洗厄。小子勿惊言太远,试为阙塞负一畚。③

颜元对陆王心学的理解深受陆王学者的认可,称他是"真陆王"。

26岁时,颜元得到《性理大全》并通篇阅读,了解到了周敦颐、程颐、程颢、张载、朱熹的为学要旨,深深信服。"屹然以道自任"④,并践行其主敬、存诚的修养方法,在田间耕作时,也不忘乘间静坐。其心之虔,"有笑为狂者,有鄙为愚者,有

---

① 李塨:《颜习斋先生年谱》(卷上),载陈山榜、邓子平主编:《颜李学派文库》(第2册),石家庄:河北教育出版社,2009年版,第621—622页。
②④ 李塨:《颜习斋先生年谱》(卷上),载陈山榜、邓子平主编:《颜李学派文库》(第2册),石家庄:河北教育出版社,2009年版,第622页。
③ 李塨:《颜习斋先生年谱》(卷上),载陈山榜、邓子平主编:《颜李学派文库》(第2册),石家庄:河北教育出版社,2009年版,第624页。

斥为妄者,有訾为迂阔、目为古板、指为好异者,甚至望而讥、迎而拒、呼朋引类而辱笑之"①,对于俗见非议,颜元意志顽强,不屈不挠,即使"人群讥笑之,不恤也"②。27岁时,颜元结识程朱学者刁包,从他那里得到他所编辑的《斯文正统》,归来后便在家里立道统龛,"正位伏羲至周、孔,配位颜、曾、思、孟、周、程、程、张、邵、朱,外及先医虞、龚"③,学习的内容、方式以及学风也遵从理学风范。例如,朔、望拜礼,出告返面,事如父师。尽管农圃忧劳,每日必静坐五六次,必读《近思录》《太极图》《西铭》等书。颜元认为相比于陆王学,程朱学更加"纯粹切实"④,而且也是继承孔孟学说的后学,所以幡然改志,由陆王学而转为程朱学,"进退起居,吉凶宾嘉,必奉《文公家礼》为矩矱;奉《小学》《近思录》等书如孔子经文。人或有一言疑论诸先生者,忿然力辩,如詈父母"⑤。可见他对程朱学的虔诚甚于陆王学,这一点从他给自己规定的每日功课中也可以看出:"定日功,若遇事宁缺读书,勿缺静坐与抄《家礼》,盖静坐为存养之要,家礼为躬行之急也。"⑥足见颜元对程朱理学的看重与坚持。

程朱理学认为"天理"是宇宙万物的起源,是自然万物和人类社会的根本法则,虽然万事万物都各有一理,但都源于"天理"。程朱理学将"人性"一分为二,即"天命之性"和"气质之性","天命之性"是"天理"在人身上的体现,指仁、义、礼、智,是先天存在的,是纯粹善的;而"气质之性"则是"理"与"气"两者杂然相存而成,由于"气"有清明、浑浊的区别,所以"气质之性"有善有恶。因此,要"变

---

① 颜元:《初寄王法乾书》,载陈山榜、邓子平主编:《颜李学派文库》(第2册),石家庄:河北教育出版社,2009年版,第385页。
② 李塨:《颜习斋先生年谱》(卷上),载陈山榜、邓子平主编:《颜李学派文库》(第2册),石家庄:河北教育出版社,2009年版,第622页。
③ 李塨:《颜习斋先生年谱》(卷上),载陈山榜、邓子平主编:《颜李学派文库》(第2册),石家庄:河北教育出版社,2009年版,第623页。
④ 颜元:《王学质疑跋》,载陈山榜、邓子平主编:《颜李学派文库》(第2册),石家庄:河北教育出版社,2009年版,第426页。
⑤ 颜元:《王学质疑跋》,载陈山榜、邓子平主编:《颜李学派文库》(第2册),石家庄:河北教育出版社,2009年版,第426—427页。
⑥ 李塨:《颜习斋先生年谱》(卷上),载陈山榜、邓子平主编:《颜李学派文库》(第2册),石家庄:河北教育出版社,2009年版,第626页。

化气质",使之向善的方向发展,就要依靠"主敬"的方法来修养,遏制人欲,遵循"天理"。所谓"主敬",程氏云:

> 主一之谓敬。所谓"一"者,无适之谓一,且欲涵泳主一之义,一则无二三矣。言'敬'无如圣人之言《易》,所谓敬以直内,义以方外。须知直内,乃是主一之义。至于不敢欺,不敢慢,尚不畏于屋漏,皆是敬之事也。①

朱熹对于"格物致知"提出了自己的看法:"格,至也。物,犹事也。穷至事物之理,欲其极处无不到也。……物格者,物理之极处无不到也。知至者,吾心之所知无不尽也。"②即主张通过现实人伦关系的具体事例,来领悟仁义礼智等道德规范的先验性。关于知行问题,程朱理学强调以知为先,必须先明白义理,辨别是非,然后躬行践之。

对于程朱理学,颜元有自己的心得体会,从其30岁到34岁的日记中,也多有表现。30岁时,颜元作《柳下坐记》,表明他对程朱理学的理解。

> 思古人引仆控马蒙,披棉褐,驮麦里左。仆垛,独坐柳下。仰目青天,和风泠然,白云聚散,朗吟程子"云淡风轻"之句,不觉心泰神怡。覆空载厚,若天地与我外更无一物事。微闭眸观之,浓叶蔽日,如绿罗裹宝珠,精光隐露,苍蝇绕飞,闻其声不见其形,如跻虞廷,听九韶奏也。胸中空焉、洞焉,莫可状喻。孔子疏水曲肱,颜子箪瓢陋巷,不知作何心景,今日或庶几矣。所愧学力未纯,一息不敬,即一息不仁;一息不仁,即一息不如圣、不如天;以当前即是者,如隔万重矣!吾心本体,岂易见也哉!虽然,亦可谓时至焉矣;一时之天,与一日一月一岁之天,有以异乎?密克复之功,如天之于穆不已,岂不常如此时哉!③

文章写作时的场景当如是状况:农历五月春末夏初的冀中平原,正值麦熟季

---

① 程颢、程颐:《二程集》,北京:中华书局,1981年版,第169页。
② 朱熹:《四书或问》,上海:上海古籍出版社,2001年版,第8页。
③ 李塨:《颜习斋先生年谱》(卷上),载陈山榜、邓子平主编:《颜李学派文库》(第2册),石家庄:河北教育出版社,2009年版,第625页。

节,颜元披着棉袄,带雇工赶着牲口驮麦。当雇工垛麦子时,颜元独坐柳下,居然入境。连听到苍蝇绕飞之声亦如听《九韶》奏鸣,因之而写《柳下坐记》,以记其时之心境。该文寓意深刻,文风朴实,融思想与风物描摹为一体,亦文亦史,想象丰富,用典自然而得当。其中蕴涵了理学家穷天理、灭人欲,格物致知,读书明理,静处体察,居敬持志以及孔颜乐处等精神理念。

颜元坚守程朱理学到 34 岁。从其 24 岁到 34 岁(1658—1668)的学术经历中可以看出,这 10 年是颜元从事道学的阶段,也是其踏上从事学问之路的第一阶段。在这一阶段中,颜元先喜爱陆王心学,但时间较短,仅两年,自 26 岁之后便对程朱理学深以为是,身体力行之。思古斋也恰好存在于这 10 年间,其存在时间与颜元进行道学修习的时间基本吻合。可见,思古斋是颜元教授道学的场所,颜元曾向门人展示《求源歌》,晚年时他回忆说:"此与《大盒歌》《小盒歌》,乃予掺杂于朱陆时所作也。"①颜元没多久就由陆王心学而转为更加信服程朱理学,所以我们有理由相信他在执教思古斋时,大部分时间进行的是关于程朱理学的教育。这 10 年间,颜元有三次执教,只有第一次设教的时间与信奉陆王学的时间相吻合,第二次、第三次设教时都是信奉程朱理学的阶段。第一次设教学生只有三位,处于思古斋的初创时期;第三次设教时学生最多,是思古斋的完善时期,其学规制定也是按照程朱理学的要求,与学生贾士珩等探讨的也是程朱理学的内容,谈论人性善恶、理气等宋儒之论,即使发觉其不如孟子学说,曾产生一丝疑问,但也并未根本动摇其对程朱理学的膺服。况且,颜元本身对于程朱理学躬行实践,学生耳濡目染,必然也会受其影响。这样来看,在这一阶段中,颜元是以程朱理学传授和影响了更多的学生,所以说,思古斋是他恪守并传播程朱理学的归依。

二、习斋:学术路线的转移

颜元 34 岁那一年,祖母去世,遵照朱子《家礼》居丧,却导致自己病饿缠身,

---

① 李塨:《颜习斋先生年谱》(卷上),载陈山榜、邓子平主编:《颜李学派文库》(第 2 册),石家庄:河北教育出版社,2009 年版,第 624 页。

因此发觉理学有许多有违性情之处,但因其是圣人之言,不敢怀疑。后来得知自己非朱家亲生孩子,而是异姓抱养而来,深感震惊,向其再嫁之母确认之后,哀伤减缓。在居丧期间重新审视朱子《家礼》,与古《礼》对照,发现与古《礼》并不相同,取《性理》《气质之性总论》《为学》等篇阅读,开始觉得程朱理学所说的性并非孟子本旨,它的学问也不是尧、舜、周、孔所说的那样。这样的经历终使颜元有所彻悟:"第自三十四岁遭先恩祖母大故,一一式遵《文公家礼》,颇觉有违于性情,已而读周公《礼》,始知其删修失当也。及哀杀,检《性理》乃知静坐读讲非孔子学宗,气质之性非性善本旨也。朱学盖已掺杂于佛氏,不止陆、王也;陆、王亦近支离,不止朱学也。"①"周公之六德、六行、六艺,孔子之四教,正学也;静坐读书,乃程、朱、陆、王为禅学、俗学所浸淫,非正务也。"②自此之后,不再信奉程朱理学,而是以力行周孔之道为己任,从事于全体大用之学,开始转向实学的方向。

1669年,颜元35岁,著《存性编》,共分两卷,既驳斥程朱性理说,又表达了自己对于人性的看法。它标志着颜元脱离宋明理学阵营,高举实学教育大旗鲜明立场的确立。

颜元认为理气一致,形性一体,程朱理学"天命之性"和"气质之性"的划分是错误的,赞同孟子的"性本善"一说,认为"浑然一性善也"③。虽然人性也存在差别,但都是善的,"性之相近如真金,轻重多寡虽不同,其为金俱相若也。唯其有差等,故不曰'同';唯其同一善,故曰'近'"④。而之所以人与人之间产生那么大的差别,有善恶之分,是因为"祸始引蔽,成于习染"⑤,即多受后天环境的影

---

① 颜元:《王学质疑跋》,载陈山榜、邓子平主编:《颜李学派文库》(第2册),石家庄:河北教育出版社,2009年版,第427页。

② 李塨:《颜习斋先生年谱》(卷上),载陈山榜、邓子平主编:《颜李学派文库》(第2册),石家庄:河北教育出版社,2009年版,第632页。

③ 颜元:《性图》,载陈山榜、邓子平主编:《颜李学派文库》(第1册),石家庄:河北教育出版社,2009年版,第27页。

④ 颜元:《性理评》,载陈山榜、邓子平主编:《颜李学派文库》(第1册),石家庄:河北教育出版社,2009年版,第10—11页。

⑤ 颜元:《性图》,载陈山榜、邓子平主编:《颜李学派文库》(第1册),石家庄:河北教育出版社,2009年版,第29页。

响。正如孔子所言"性相近,习相远也"(《阳货篇》)。有感于此,颜元"觉思不如学,而学必以习"①。于是,将"思古斋"更名为"习斋",以示实学之意。这种理气一致论批判了宋明理学的人性心性观,弘扬了其朴素的唯物论实学思想。

这年的十一月,颜元著《存学编》,共分四卷,既表达了自己对于学问的看法,又批判了程朱理学的为学。其大旨为:

> 学者,士之事也。学为明德,亲民者也。《周官》取士以六德:知、仁、圣、义、忠、和;六行:孝、友、睦、姻、任、恤;六艺:礼、乐、射、御、书、数。孔门教人,以礼、乐、兵、农,心意身世,一致加工,是为正学,不当徒讲;讲亦学习道艺,有疑乃讲之,不专讲书。盖读书乃致知中一事,专为之则浮学,静坐则禅学。②

《存学编》是颜元所著《四存编》中篇幅最长的,在批判理学教育及科举教育的同时,系统地阐述了实学教育主张,包括教育内容、教学方法、教育目的和培养目标等,是颜元教育思想的代表作。《存学编》的完成具有重大意义,使他拥有了关于实学教育的明确理论。

在《存性编》和《存学编》著完之后,颜元致书各地学者,一方面是宣传自己的实学主张,另一方面是切磋学问。1670年二月,颜元通过书信与孙征君论学,说:"仆妄著《存性》《存学》二编,望先生一辨之,以复孔门之旧,斯道、斯世幸甚!"③辛亥④五月,与张公仪以书互赠,"摘《存性》《存学》数篇相质"⑤。十一月,

---

① 李塨:《颜习斋先生年谱》(卷上),载陈山榜、邓子平主编:《颜李学派文库》(第2册),石家庄:河北教育出版社,2009年版,第633页。
② 李塨:《颜习斋先生年谱》(卷上),载陈山榜、邓子平主编:《颜李学派文库》(第2册),石家庄:河北教育出版社,2009年版,第636页。
③ 李塨:《颜习斋先生年谱》(卷上),载陈山榜、邓子平主编:《颜李学派文库》(第2册),石家庄:河北教育出版社,2009年版,第637页。
④ 1671年,康熙十年,颜元37岁。
⑤ 李塨:《颜习斋先生年谱》(卷上),载陈山榜、邓子平主编:《颜李学派文库》(第2册),石家庄:河北教育出版社,2009年版,第640页。

二人见面论学时,张公仪对《存性编》《存学编》表示了肯定。壬子①三月与陆桴亭通过书信论学,信中向他表明自己著《存性编》《存学编》的缘由与大旨:

> 汉、唐训诂,魏、晋清谈。宋人修辑注解,犹训诂也;高坐讲论,犹清谈也;甚至言孝、弟、忠、信不可教,气质本有恶,其与老氏以礼义为忠信之薄,佛氏以耳目等为六贼者,相去几何也!某为此惧,著存性编,大旨明理、气一致,俱是天命。人之气质、虽各有差等,而俱善。恶者,乃由引、蔽、习、染也。为丝毫之恶,皆自玷其本体;极神圣之善,止自践其形骸。著存学编,申明尧、舜、周、孔三事、六府、六德、六行、六艺之道,大旨明道不在章句,学不在颖悟诵读,而期如孔门博文约礼,身实学之,实习之,毕生不懈者。②

乙卯③二月,王契九来拜访颜元,"观《存性》《存学》编,是之"④。在这个过程中,颜元对自己所主张的内容感悟也愈加深刻。

除著书外,颜元还用自身行为来践行实学,一方面并不是只拘泥于经学的学习,而是多有涉猎。1669年的七月,颜元开始研习数学,"自九九以及因、乘、归、除,渐学九章"⑤,十月,学习冠礼。次年正月,学习书、射及歌舞,还演练拳法。1671年,从王法乾学琴,"鼓《归去来辞》,未就,后从张函白学《客窗夜话》《登瀛洲》诸曲"⑥。颜元23岁时甚至还学习过兵法。另一方面则是躬行实践。颜元除教书之外,还下地干农活,也行医治病,还会相地看风水。从此可看出,颜元是真正将他所主张的实学落于实践之处,力争做一个有用的人。到清康熙十五年(1676)

---

① 1672年,康熙十一年,颜元38岁。
② 李塨:《颜习斋先生年谱》(卷上),载陈山榜、邓子平主编:《颜李学派文库》(第2册),石家庄:河北教育出版社,2009年版,第642页。
③ 1675年,康熙十四年,颜元41岁。
④ 李塨:《颜习斋先生年谱》(卷上),载陈山榜、邓子平主编:《颜李学派文库》(第2册),石家庄:河北教育出版社,2009年版,第648页。
⑤ 李塨:《颜习斋先生年谱》(卷上),载陈山榜、邓子平主编:《颜李学派文库》(第2册),石家庄:河北教育出版社,2009年版,第634页。
⑥ 李塨:《颜习斋先生年谱》(卷上),载陈山榜、邓子平主编:《颜李学派文库》(第2册),石家庄:河北教育出版社,2009年版,第640页。

颜元42岁的时候，他已经被人们称为"颜圣人"了，由此可知其学问已经达到一定的高度，品德也十分令人信服，而且有广泛的声望和影响。

颜元48岁著有《唤迷途》，后来改名为《存人编》。其主要内容为："一、唤寻常僧道；二、唤参禅悟道僧道；三、唤番僧；四、唤惑于二氏之儒；五、唤乡愚各色邪教。"①到这时为止，颜元的代表作《四存编》已全部完成，颜元实学思想体系也愈发成熟。

在这一时期，为表明其不从程朱理学的态度，颜元不仅在其著作中从思想上、言语上多有批判，而且在行为上也明确表达出来。有人高薪聘请其作馆师教授时文，颜元但辞不受，并随口作诗表明其志："千年绝业往追寻，才把功夫认较真，吾好且须从学习，光阴莫卖与他人。"②崇祀是古代教育与礼制的核心内容之一，而崇祀对象选择意味着思想态度取向及价值认识的差异。颜元态度明确，旗帜鲜明："罢道统龛所祀炎帝、黄帝、唐帝、虞帝、殷西伯主，不祀，专祀孔子。"③此举不仅表明不从程朱的志向，还表明了他认识到程朱理学并不是继承孔学之志的后学，所以他绕过程朱理学而直接追随孔子的步伐。

从以上论述中可以看出，自颜元将"思古斋"改名"习斋"起，无论是从自身还是从所办学堂观察，一切都不同了。自此，其学术路线开始转移，颜元从程朱理学的迷雾中走了出来，找到了自己真正向往的、毕生追随并且随着时间的流逝而日益坚定的实学。对此，从思想上认同，在行为上也彻底践行。就习斋这一教育场地而言，也不再是颜元教授时文的地方了，而是宣扬实学的根据地。

习斋要比思古斋更加受欢迎。学生数量众多，有宋瑜、朱肖文、马遇乐、边之

---

①李塨：《颜习斋先生年谱》（卷上），载陈山榜、邓子平主编：《颜李学派文库》（第2册），石家庄：河北教育出版社，2009年版，第658页。
②李塨：《颜习斋先生年谱》（卷上），载陈山榜、邓子平主编：《颜李学派文库》（第2册），石家庄：河北教育出版社，2009年版，第637页。
③李塨：《颜习斋先生年谱》（卷上），载陈山榜、邓子平主编：《颜李学派文库》（第2册），石家庄：河北教育出版社，2009年版，第638页。

藩、夏希舜、王久成、颜士俊、士佶、士钧、士侯、士镇、士锐等,还常有来访者,如魏帝臣等。因门人日众,颜元还为习斋订立了详细的教条来规范学生的言行举止、为学等,十分严格。可以说,这个教条的制定标志着习斋的成熟。习斋完全尊崇实学的教育理念,教育目的、教育内容、教育方法等都已开始改变,完完全全是颜元实践其实学思想的主要试验地。试验地自产生之日起,便没有停止,伴随了颜元的大半生,直至颜元去世时,还将习斋留给门人做公聚学习之所。

第三节　游历访学

游历与访学的经历之于颜元并不多,一生只有三次,而且还包括晚年到畿南肥乡办书院。因此,他一生主要是在生养他的家乡度过的,这多少让人觉得有些地域的封闭性。但冀中平原地域辽阔,广袤的大地上车马交通便利,道路四通八达;在清代直至民国,此地水域甚多,亦有舟楫之便利。尤其是毗邻京城北京及保定、河间、顺天及后起天津府,位置优越,足以使这位乡土性实学思想家、教育家能眼观八方之舆情音讯,耳闻苍宇天籁之音,而超越县境的偏狭。这种低频率而短时期的游历与访学活动其意义不仅仅在于实际体察、增广见闻或广播学派思想,更在于通过交流而加深思想认识,丰富教育文化资源,在课程与教学论上的价值尤为突出。

一、东寻与南游

这里所说的"东寻"主要是颜元寻访生父下落的过程,实际上仍交织着学术文化的传播及考察。南游则是颜元走向中原南部地域交流、切磋学问思想。

颜元的父亲朱昶为朱家养子,幼时因为家贫难以养育,便在房东王老汉的介绍下过继给蠡县刘村朱翁九祚为养子,颜元因此生于朱家,为朱家养孙。朱九祚是颜元的养祖父,是有公职在身的人。"朱翁号盛轩,有才智,少为吏,得上官意。沧桑变,偕众守蠡城及刘村,有功。"[1]在颜元5岁的时候,朱翁做兵备道廪事官,搬至蠡县城内居住10多年,后来在颜元19岁时,朱翁惹上官司而导致家庭没落,次年返乡居住。在颜元38岁时,朱翁去世。颜元在《巡捕朱公行实》中对其做了详细介绍。朱翁的正妻,即颜元的养祖母刘氏,终生没有生育,在颜元34岁时,

---

[1] 李塨:《颜习斋先生年谱》(卷上),载陈山榜、邓子平主编:《颜李学派文库》(第2册),石家庄:河北教育出版社,2009年版,第617页。

因病去世。在颜元6岁的时候，朱翁纳侧室杨氏，后杨氏为朱翁生了一个儿子，取名朱晃，这是颜元的养叔父。颜元在最初并不知道自己是颜氏后裔，后来得知之后对朱翁、朱媪愈加感激，在日记中对二人称"恩祖、恩祖妣"，感念二人的养育之恩。

颜元在朱翁去世之后，返回博野北杨村，认祖归宗，这里是他的祖籍。

颜元曾祖父，即朱昶的祖父，名叫颜子科。其祖父，名叫颜发，祖母为张氏，颜发客死王庄之后，祖母改嫁，在颜元43岁时，张氏去世。祖父母二人共育有两子，长子为颜元的父亲，取乳名为颜贾①，生于万历四十五年（1617），天启元年（1621）过继给朱翁之后，改名为朱昶；次子颜愉如，生于天启四年（1624），是颜元的叔父，他有一子，名颜亨，是其堂弟。在颜元46岁（1680）之时，叔父卒于京城的宅邸，享年56岁。岁末，叔父棺柩自京还故里，颜元佐堂弟安葬之。

颜元曾为其父亲朱昶写文《父颜长翁事迹》，记录父亲的生平，对父亲这样描写：

> 行貌丰厚，性朴诚，膂力过人。尝与人较跌，时称猛悍者莫及。一肩所胜，二夫不能起。上唇微短，语艰如也。好种树，所植必成，尝曰：欲实又欲深，棒椎也扎根。②

朱昶娶随东村王翁喜亮的女儿为妻。在崇祯乙亥年，朱昶19岁时，生子颜元。但在颜元4岁的时候，因为他与朱翁不和，又恰逢乱世，于是离家出走，随兵东去。③这一去，就再也没有回来。

---

① 陈山榜：《颜元评传》，载陈山榜、邓子平主编：《颜李学派文库》（第7册），石家庄：河北教育出版社，2009年版，第2178页。颜贾之名来自颜李学派研究专家——河北师范大学编审陈山榜，但颜元写他父亲的生平时并没有提到这个名字。
② 颜元：《父颜长翁事迹》，载陈山榜、邓子平主编：《颜李学派文库》（第2册），石家庄：河北教育出版社，2009年版，第501页。
③ "父东时，元方四岁，弟二元随殇。"见颜元：《父颜长翁事迹》，载陈山榜、邓子平主编：《颜李学派文库》（第2册），石家庄：河北教育出版社，2009年版，第501页。

朱昶到达沈阳之后,又组建了新的家庭;初配王氏,无所出;又娶刘氏,生了两个女儿,大女儿为艮孩,三年之后又生金孩,是颜元同父异母的妹妹。自父亲东去之后,只剩颜元的母亲王氏在朱家抚养幼子,到颜元12岁的时候,母亲改嫁随东村杨翁。

（一）东寻

清康熙九年（1670），颜元知道自己的父亲是博野颜氏,但不知道确切地址,因此去博野寻访,才知道生父家乡在北杨村,祖母张氏仍然健在,已80岁。但因为朱翁抚养的情分,没多做逗留,第二天就回去了。第二年二月,去杨村随族长致清明祭,并在这一年底,改名为"元"。1673年,颜元39岁,这一年四月,朱翁去世,等到其丧礼过后,便着手于归宗的事情。十一月间,正式回归杨村颜氏,恢复"颜"姓,并定居杨村。越明年,颜元有心东出寻父,但因时局混乱,正值三藩变乱,辽东地区戒严,所以没有能去成。而且,此时他还未生子,也存了留下血脉再去寻父的想法。这一耽误,便是10年。清康熙二十三年（1684），颜元50岁,感觉时不待我,所以决定东出寻父。在临行之前,颜元曾立誓说:"寻父辽东,不得则寻之乌喇、船厂诸处;再不得,则寻之蒙古各部落;再不得,则委身四方,不获不归。"①表明了寻父之心的坚决。

这一年的四月八日,颜元独自一人前往关东寻找父亲。先经过涿州,于十七日到达北京,"刻寻父报帖,贴四城门及内城各处。对人言则泣,人聚观则叩首白,求代寻。来报,重谢之"②。但是在北京并没有得到什么消息,五月十五日,便从朝阳门出发继续向东而去,五月二十日抵达山海关。恰逢天灾,海啸使得山水暴涨,颜元又没有"路引"（通行证），所以不能出关,这就耽搁了下来。他借此机缘得以瞻仰山海关雄伟气象,观蜿蜒西去的长城,延伸至波涛汹涌的渤海湾,北扼东北、南控河北,不禁感怀时势,评点历代王朝兴衰沉浮之得失:"夏、殷、周之

---

① ② 李塨:《颜习斋先生年谱》（卷下），载陈山榜、邓子平主编:《颜李学派文库》（第2册），石家庄:河北教育出版社,2009年版,第660页。

得天下也以仁,失以不仁。汉、唐、宋之得天下也以智,失以不智。金、元之得天下也以勇,失以不勇。"①直到六月四日,遇到豪士曹梅臣,获得帮忙得到"路引",才得以出关继续往辽东迤逦而行;六月十三日,到达沈阳,住在自己堂兄家中。颜元有一位友人,名张尚夫,当时这位张尚夫的兄长张束岩任奉天府丞。通过张尚夫的关系,见到了张束岩,"求散布州县寻父报帖"②。颜元花费了很大力气,"逢人则流涕跪恳,与之报帖,求其传布"③。到了八月,才有回音纷纷到来。但是结果均令人失望,毫无所得,一筹莫展。他十分悲痛。转眼秋去冬来,关东冰天雪地,不方便出行。颜元便在沈阳附近寻找,向北到达过铁岭的小河山,向东到达过抚顺,都没有生父消息。

时光匆匆,冬去春来,转眼间便到了第二年,即1685年。正月三十日,颜元南出天覆门时得到消息,在盖平(今辽宁省营口市下辖市)之南好像有类似的人。于是,便南下海城、盖州寻访。二月④,颜元宿于辽阳城,七日到达盖平,二十日到达海城,二十五日又回到辽阳城,"俱贴报帖,遍咨询不得"⑤。无奈之下,又只好返回沈阳,重新以报帖寻父。在这次漫长的寻访过程中,由于盖平、海城多湿地,颜元曾几次陷于泥潭之中,有生命之危。

到了三月,终于传来了好消息,沈阳城内有一银工金定国的妻子见到颜元张贴的报帖,觉得颜元寻找的父亲就是她父亲,于是遣人邀请颜元来家,颜元初见这位女子,就觉得其相貌与叔父之女相貌有相似之处,细问之下,发现果然如此,"其父讳貌、瘢痣、年庚、东来岁月俱合"⑥。这位女子便是他同父异母的妹妹,名艮孩。兄妹相认,相向大哭。

---

① 李塨:《颜习斋先生年谱》(卷下),载陈山榜、邓子平主编:《颜李学派文库》(第2册),石家庄:河北教育出版社,2009年版,第660页。
②③⑤ 李塨:《颜习斋先生年谱》(卷下),载陈山榜、邓子平主编:《颜李学派文库》(第2册),石家庄:河北教育出版社,2009年版,第661页。
④ 年谱上写的是三月,但推算来看,应该是二月。
⑥ 颜元:《寻父神应记》,载陈山榜、邓子平主编:《颜李学派文库》(第2册),石家庄:河北教育出版社,2009年版,第361页。

其实早在颜元前往盖州之南时,艮孩便已经有疑惑,找了颜元三日,没有找到便作罢。但是后来艮孩做梦,梦见一赤面伟身者,对她说:"汝父之子来,可急寻之。"①于是艮孩请其夫弟再帮忙寻找,其夫弟看到新报帖,这才又遣人找到颜元,有了之后的事。

颜元从其妹处得知,父亲已于康熙十一年四月十二日逝世,葬在韩英屯,已经去世13年了。

三月初七,颜元前往拜谒父墓,为父亲守孝。四月初一,他亲自驾车西归,路程中恪守丧礼。到五月五日,才到达博野七里庵,"十三日葬父生主于祖兆,告蠡庠教谕以丁忧"②。

颜元历时一年,只身一人历经诸多艰苦,才寻找到父亲,其孝心可嘉。此行也算完成了其内心潜藏及深怀的夙愿。且事件本身便堪为儒学人文道德践行的典范。在旅途中,颜元虽然以寻父为主,但是也没有忘记自己学术与教育的事业。在东出寻父过涿州时,颜元特意拜访陈国镇。陈国镇擅长王守仁之学,"而躬行切实过之"③,他是当地名门望族鹿忠节公善继的弟子,尽得其真传,王守仁曾夸赞说:"传吾学者,杜越而外,陈氏子而已。"④颜元还想要拜访大学士冯铨,但很遗憾没有见到。在途中,颜元见到山海雄伟,引发了对各朝代兴亡的思考,由历史兴替,感悟其内在意蕴。为张束岩的《毁锦州念佛堂议》作檄,表达自己对于佛教的看法,后来编入《存人编》。

---

① 颜元:《寻父神应记》,载陈山榜、邓子平主编:《颜李学派文库》(第2册),石家庄:河北教育出版社,2009年版,第361页。

② 李塨:《颜习斋先生年谱》(卷下),载陈山榜、邓子平主编:《颜李学派文库》(第2册),石家庄:河北教育出版社,2009年版,第662页。需要说明的是,《清史列传》《清代七百名人传》都记为"负骨归葬",陈山榜则认为颜元迎回的是一木神主。

③④ 李塨:《颜习斋先生年谱》(卷下),载陈山榜、邓子平主编:《颜李学派文库》(第2册),石家庄:河北教育出版社,2009年版,第660页。

（二）南游

与东寻相比，南游则完全是出于颜元自身学术的意愿。颜元有感于宋学误世，而自己的学说只有寥寥几人学有所成，对于缺少能够坚守此道者而感到忧心：

> 仆尝有言，训诂、清谈、禅宗、乡愿，有一皆足以惑世诬民，而宋人兼之，乌得不晦圣道，误苍生至此也！仆窃谓其祸甚于杨、墨，烈于嬴秦。每一念及，辄为太息流涕，甚则痛哭！友人中唯李刚主、张文升差可共学，而礼、乐、兵、农、水、火、工、虞八者，粗做一二；然为衣食迫，各去张皇世务，不得聚首，恐亦终不能劲竖脊梁，担荷此道也。乾坤中将如斯而已乎？天下果无一人与于此道乎？辛未之岁，不惜衰萎，决计出游，欲自中豫绕雍、扬转青、徐而求师寻友，庶几有如伊、孟、文忠者肩此一任，仆可以反庐安老以待毙矣。[①]

本着寻求志同道合者的想法，颜元于1691年，从博野出发，开始了其南游的历程。

颜元的出游路线按照先后顺序大致排列为：博野、安平县、深州、野庄头、顺德府冯庄、安阳、回龙、浚县、班胜固、夏峰、延津、开封、杞县、鄢陵、上蔡、商水，又折返回鄢陵、淇县、汤阴、磁州、临城、博野。这是颜元人生中最大规模的一次出游，共计往返行程约两千余里；从三月十六日出发，至十月五日才返回到家，历时7个月又20天（当年农历闰七月）。

在游历过程中，颜元经常与别人论学，对一些哲学、经济及教育问题进行探讨。比如1691年的四月到达回龙，颜元与"陈子彝、耿子达、宁天木、熊伯玉、耿敬仲、孙实则、柴聚魁、丁士杰论学，为宁季和、阎慎行言经济"[②]。五月，到河南开

[①] 颜元：《寄桐乡钱生晓城》，载陈山榜、邓子平主编：《颜李学派文库》（第2册），石家庄：河北教育出版社，2009年版，第379页。

[②] 李塨：《颜习斋先生年谱》（卷下），载陈山榜、邓子平主编：《颜李学派文库》（第2册），石家庄：河北教育出版社，2009年版，第671页。

封府,"访张子朗、刘念庵、郭十同、李瑶之。杜聿修、周炎、赵龙文来访。时时习恭,心神清坦,四体精健"①。又与张天章就著书问题展开了讨论,颜元认为孔子最初著书的目的是为了使人们知道如何行为,而后儒以讲书注解为主,违背了这一初衷,所以最重要的不是著书立说,而是亲身实践。这种主张令张天章感到十分敬佩。并表示:后儒著书甚多,实际成效有限,自己不愿仿效,而是走向力行,"纸墨功多,恐习行之精力少也"②。在夏峰时,与耿保汝研讨孔孟、程朱是非问题,耿保汝是保定府定兴县人,后随孙征君移家于此地,为耕作力学之士。他首先为程朱辩护:"孔、孟必以为是也,程朱亦不之罪也。但目前习见不脱者起纷纭耳。"③对此,颜元则表达了自己坚决的态度:"苟无获戾先儒,而幸圣论道粗明,生死元不计也。"④随之,畅谈六艺之学。保汝拿出所作《王制管窥》书稿,其中"井田""封建"篇章与颜元《存治编》思想默契。六月,在鄢陵时,颜元与刘从先就习礼的重要性问题进行了交流。七月,到达上蔡,与张仲诚讨论了诸多教育哲学问题。颜元依然主张先"做",即格物在先。在讲与学的问题上,认为学不是讲,现在将讲当作学的做法是错误的,朝廷取仕选才应采取乡举里选。

在南游途中,颜元将自己的著作展示给别人看,以宣传自己的思想,受到了很多人的肯定。"野庄头遇郑光裕克昌,示以《唤迷涂》,大悦。""至顺德府冯庄,访杨雨苍及其弟济川,示以《唤迷涂》,杨录之。"⑤到安阳拜访徐孝子适,徐适听说《存学编》《存治编》,大为赞赏:"适每夜祝天生圣贤,以卫圣道,其在先生矣!"⑥

除此之外,颜元还寻觅有志学子,期望其学说能够后继有人。在开封逗留期间,颜元遇到一个颇为奇异的少年,名朱越千。颜元对他很感兴趣,约他来住处,探问其志向,得知愿学经济,深为赞许,"乃沽酒对酌,与之言"⑦。

---

①②③④李塨:《颜习斋先生年谱》(卷下),载陈山榜、邓子平主编:《颜李学派文库》(第2册),石家庄:河北教育出版社,2009年版,第672页。

⑤⑥李塨:《颜习斋先生年谱》(卷下),载陈山榜、邓子平主编:《颜李学派文库》(第2册),石家庄:河北教育出版社,2009年版,第671页。

⑦李塨:《颜习斋先生年谱》(卷下),载陈山榜、邓子平主编:《颜李学派文库》(第2册),石家庄:河北教育出版社,2009年版,第673页。

颜元此行可以说是取得了学术思想传播中巨大的成功。一是通过这次南游，扩大了学术辐射面。原先颜元的学术影响只在博野、蠡县这一狭小的地域环境之中，而现在学术影响力随着颜元脚步南移到了所经历的地方，包括河北南部和河南中北部的中原地区。二是通过这次南游，提高了自身的知名度，学术观点得到了学术界的认可。在颜元60岁的时候，肥乡（今属邯郸市）郝文灿来请颜元主教漳南书院，颜元先后推辞两次，直到郝文灿第三次来请，才最终成行。三是通过这次南游，跟随颜元学习的弟子人数增多。在南游过程中，颜元与李木天论学，切磋技艺，李木天甚为敬佩，"次日令其长子珧、次子顺、季子贞，执贽从游"①。颜元南游归家之后，"族侄修己、尔俨从游"②，"以南游后，介石具币仪来问学也"③。

对于这次南游，颜元还有一个最大的体会，即真实地感受了程朱理学在社会上客观存在的巨大力量。"迨辛未游中州，就正于名下士，见人人禅宗，家家训诂，确信宋室诸儒即孔、孟，牢不可破。"④但这位敢于挑战权威的思想勇士并没有因为直面程朱理学的强大而屈服，反而更加坚定了自己的学说，自此之后，彻底与程朱理学划清了界线：

  然予未南游时，尚有将就程朱，附之圣门支派之意。自一南游，见人人禅子，家家虚文，直与孔门敌对，必破一分程朱，始入一分孔孟，乃定以为孔孟、程朱，判然两途，不愿作道统中乡愿矣。⑤

颜元的学术倾向曾经历了三个重要的转折点，这是最后一个，标志着他同程朱理学彻底决裂。南游归来之后，颜元连续写了《四书正误偶笔》和《朱子语类评》两部以批判程朱为主要内容的著作，表明了其决心。"七月，录《四书正误偶

---

①②李塨：《颜习斋先生年谱》（卷下），载陈山榜、邓子平主编：《颜李学派文库》（第2册），石家庄：河北教育出版社，2009年版，第675页。

③⑤李塨：《颜习斋先生年谱》（卷下），载陈山榜、邓子平主编：《颜李学派文库》（第2册），石家庄：河北教育出版社，2009年版，第676页。

④颜元：《未坠集序》，载陈山榜、邓子平主编：《颜李学派文库》（第2册），石家庄：河北教育出版社，2009年版，第344页。

笔》,皆平日偶辨朱子《集注》之误者,至是命门人录为卷。"①

儒家经术被历代封建统治者视为支配人们思想、行为的最高权威,是巩固封建统治的精神支柱,清朝统治者也不例外。在清朝立国之初,顺治帝就尊崇"六经"是"天德王道备载于书,其万世不易之理也",既是"帝人修身治人之道",又是"臣子致君"之本,要求择满汉词臣,"朝夕进讲《六经》",大小官员更需"留心学问",研究经术。

颜元恰是生活在程朱理学与封建社会后期的专制政治紧密结合、交互利用的历史时期。在强化王权统治与精神控制的背景下,程朱理学作为官方意识形态的代表和道德价值取向的核心而具有广泛的力量。其影响所及,几乎遍于朝野的各个阶层。但中国社会又是复杂的,类似于多线联系的模糊数学,如庙堂之上与江湖之间的差异、精英思想与草根文化的不同,比比皆是。颜元作为代表实学派思想家反理学教育的主张及活动确实顶风冒险,胆量超群,其间所表现出来的大无畏精神让人心服,但确也有一定的社会土壤,而非突兀而出,清冷孤独或"众人皆睡我独醒"的孤芳自赏。

二、学派交流

在清初大的学术氛围中,考据、辞章、义理三家呈三足鼎立之势。其中,义理又有程朱学和阳明学两种流派。在颜元看来,这三者都只是在文字上做功夫,并没有引导学者做什么有用的实事。因此,他一言以蔽之,都是虚学。这种总揽、总结性的审思与批判取向骇世惊俗。其中,考据学是在清初新兴的学派,到乾隆年间(1736—1795)《四库全书》修成,"考据学者之悍霸极矣"②。考据学的宗旨为

---

① 李塨:《颜习斋先生年谱》(卷下),载陈山榜、邓子平主编:《颜李学派文库》(第2册),石家庄:河北教育出版社,2009年版,第676页。
② 陈登原:《颜习斋哲学思想述》,载陈山榜、邓子平主编:《颜李学派文库》(第5册),石家庄:河北教育出版社,2009年版,第1595页。

"返而求诸六经"。对于辞章之学则甚为轻视,乃至落于正道视阈之外:

> 仅仅周旋于口耳方寸之地者,则终清一代,理学者固蔑视之,考证学者亦蔑视之也。以前者言,则记诵砒哗,玩物丧志,无足多矣。以后者言,则一命为文人,殆无足观。①

程朱理学由于受清朝统治者的推崇,俨然是国学的象征,其地位之高可以想象。对于阳明学,其信奉者也不在少数,当时有一种说法,为学者,非程朱,即阳明。然而,诚如上文所述,颜元对之批驳最为猛烈,其对立程度简直是水火不容,形同冰炭。当然,颜元身为学者,在所处时代的学术环境下必然要与其相交,且他并不是一开始就尊崇实学,从20岁接触道学开始,他先是信奉阳明学,后又转而信奉程朱学,最后才走上了实学的道路,并且越走越远。因此,又与程朱学派、阳明学派相交最多。即使日后坚定于实学,为了宣传自己的学说,扩大影响,他也没有中断与其他学派的交流。以下仅就相关材料加以补述。

孙奇逢曾多次被清廷征诏,因此时人尊称其为"征君"。孙征君是康熙初年的当世大儒之一,以阳明学为宗,但并不反对程朱学,大致属调和阳明学与程朱学之界限的一代学者。虽然颜元从没有面见孙征君以受其承教,但作为乡人后进,也曾经上书问学。在颜元36岁那一年2月,通过书信,向其询问宋儒气质之性的问题,并指出宋儒与孔门的区别,又介绍自己所著《存学编》与《存性编》,以求指正。虽然在孙征君生前未得谋面,颜元对此至为遗憾,但仍有感于其深刻的影响,而发自肺腑地自言:"私淑孙征君。"②

20岁时,颜元得到陆王《要语》,25岁时,与孙征君的弟子相交:

> 三月初六日,将之易州岁试,生子,名之曰"赴考"。抵易,访王五修于

---

① 陈登原:《颜习斋哲学思想述》,载陈山榜、邓子平主编:《颜李学派文库》(第5册),石家庄:河北教育出版社,2009年版,第1597页。
② 钟錂:《习斋先生叙略》,载陈山榜、邓子平主编:《颜李学派文库》(第2册),石家庄:河北教育出版社,2009年版,第525页。

山厂，订交。五修名之征，保定新安人，孙征君高足，安贫志道，自号"寻乐子"。①

二人往来时间较长，到王五修坠马身死，达17年之久，关系十分亲厚。因此，对于先于孙征君而去的王五修，颜元比拟为孔子之于颜渊，又以朋友、兄弟之情谊，撰作祭文，表达哀痛悲戚之情与缅怀悼念之思：

> 天运否塞，吾道式微，大河以北，吾属声气相关者，曾有几人！刁文孝、张石卿、张石室相继舍我，今兄又逝，天其终穷吾道乎！何为其忌才至此也。令师征君先生耋期暮景，倚兄为颜渊。不意先师而卒，竟作颜渊矣。近百之老闻之，将何堪乎！介翁及仆生为天绝，吝以人伦，君臣才限，不能强矣，父子、兄弟，何忍言乎！所恃者二三知己，歌《伐木》，占断金，差足自壮，不谓如兄者而竟相舍也。介翁乌得不痛，某乌得不伤哉！尤堪悲者，爱弟、大君曾未得握手一诀，膝下诸郎曾未得绕榻一视，弱女、幼孙曾未得含泪一抚，忍尔哲人，丧于狂驽之暴骋矣。天乎！何其归我贤友之太毒也！中心如刺，倏忽呆痴，倏忽仓皇，悲咽无聊，某殆不能自状。愧不能素车白马，奔临元伯之家也！即行斋戒结思。逾两日夜，敬陈蔬醴，设主习斋，伏地号鸣。吾兄有灵，尚鉴兹哉！②

颜元30岁时，与孙征君先生的另一弟子王介祺交流。王介祺（1615—1684），字申之，一字介祺，号五公山人，卒后门人私谥文节，世称文节先生，保定新城（今高碑店市）人，文武兼备，擅长兵法。早年跟随孙征君学习《孙子兵法》，其著作也大多跟兵法有关，并且也主张实学，曾与颜元谈论经济，时常有书信往来，对颜元影响甚大，颜元所做的祭文中，对此有详细描述：

> 某质性孤戾，最少可人，一谒先生于郲口，再吊于双峰，又数叩于瀛郡，

---

① 李塨：《颜习斋先生年谱》（卷上），载陈山榜、邓子平主编：《颜李学派文库》（第2册），石家庄：河北教育出版社，2009年版，第621页。
② 颜元：《祭友人王五修文》，载陈山榜、邓子平主编：《颜李学派文库》（第2册），石家庄：河北教育出版社，2009年版，第454—455页。

亦蒙先生累顾没救止。春风淑气，化我乖棱，巨量阔怀，荡我褊隔，伟识雄略，启我庸顽，使固陋之子不容不心折也！①

颜元对王介祺赋予极高的期望，并为其过早辞世而痛惜不已：

刁文孝捐客，石卿、公仪弃世，某所敬佩倚望如师、如父者，独先生一人。气数赖以维持，士风赖以砥柱，后进赖以裁成者，亦唯先生一人。呜乎！天胡不吊，而促之逝哉！愧兹不腆，匍匐哭临。闻先生之卒，睁目张口，尚有馀衔也，神其乎已乎！伏惟尚飨！②

颜元50岁时，东出寻父，路过涿州，面见陈国镇。陈国镇是鹿忠节公善继的弟子，鹿善继传承家学，以阳明学说为宗，而他则继承了其师的衣钵，颜元与之相见之后，二人也多有来往。

颜元57岁南游中原以宣传自己的学说，其间特地到河南夏峰面见孙征君儿子，并亲往拜祭孙征君陵墓，又以自己的《存学编》《存治编》征求大家意见，开展学术交流。

在颜元的信件中提到一位学者——李道丈，名颙，字中孚，专门讲阳明学。颜元曾寄《存学编》与《存性编》给他，希望他能由尊信阳明学而改为信奉周公、孔子，踏上实学之路。

颜元与程朱学派发生关联则始于刁包。刁包致力于程朱理学，不过，在其最开始先接触的是阳明学，而后才信奉程朱理学，曾自言："窃谓象山、白沙、阳明三先生，升堂矣，未入于室也。入室者，其惟濂、洛、关、闽乎，其笃守先儒门户，类此。"③颜元27岁的时候，去祁州拜谒先生，自此二人也常有书信往来。颜元曾自

---

① 颜元：《祭壮誉王义士文》，载陈山榜、邓子平主编：《颜李学派文库》（第2册），石家庄：河北教育出版社，2009年版，第455页。
② 颜元：《祭壮誉王义士文》，载陈山榜、邓子平主编：《颜李学派文库》（第2册），石家庄：河北教育出版社，2009年版，第455—456页。
③《刁包传》，载《保定府志》（第58—60卷），1941年版，第11页。

言："予初从陆、王入手,继见《性理》、周、程、张、朱之书,又交先生,遂专主程朱。"①出于对刁包的敬重,颜元自言以父事之。

李明性,蠡县人。以程朱理学为宗,"念圣学以敬为枢,言其斋曰'主一'。每晨兴,读《孝经》《大学》《中庸》各遍,然后旁及他书,所读务身行之"②。文武兼备,为人十分孝悌,侍奉父母不假他人之手,很有耐心,又事兄如父。颜元十分仰慕他,经常登门求教,起初李明性认为颜元浮躁,因而对之并不多加理睬,但颜元并不以此为恼,而是愈发恭敬,终于使得李明性对他另眼相看。二人也经常论学,李明性对颜元的影响十分大,感染力至深,通过颜元所做的祭文约略可知:

> 恨不得委贽门下,日侍几杖;爱书尊性字于案上笔筒,望见必拱,日对如严师。然亦但知德性深沉,气象悚人已耳。已闻五旬衰老,日习弓矢,壁悬宝剑,时复欲舞,不能自已。凡新岁拜高堂、师长毕,必谒先生,所谓"以父道事之"者也。③

二人建立了颇为深厚的关系,李明性将其长子李塨送于颜元门下受教,这才有了后来的颜李学派。

颜元还有一位学术上至交好友——王法乾。颜元听说他的"癫狂之举",如烧毁帖括,把佛像投于井中,专读儒学经典,对此很赞赏。因此,前往拜会,二人自此相交,互质日记,约十日一会,切磋学问,还共同去拜访五公山人、李塨之父等学者大家。即使后来颜元不再信奉程朱,依然相交甚笃,讨论甚多,有洒扫、应对、农业、读书、教养弟子等各种各样的问题。二人从少年意气风发之时结识,到两鬓斑白耆耆老矣也常有往来,是一生的良师益友,互相之间促进很大。到颜元改为实学之后,还曾劝说王法乾也舍弃程朱学,但没有成功。直到晚年,王法乾才认识到程朱学也不过只是一家之言罢了。

---

①《刁包传》,载《保定府志》(第58—60卷),1941年版,第11页。
②冯辰、刘调赞:《李恕谷先生年谱》(卷一),载陈山榜、邓子平主编:《颜李学派文库》(第4册),石家庄:河北教育出版社,2009年版,第1229页。
③颜元:《祭李孝悫文》,载陈山榜、邓子平主编:《颜李学派文库》(第2册),石家庄:河北教育出版社,2009年版,第457页。

颜元也常与反对程朱理学者互通声气，彼此取益，代表性的人物如张石卿和陆世仪等。

张石卿，名罗哲，保定府清苑县（今属保定市清苑区）人，对程朱理学持质疑意见，认为人性皆善，宋儒将人性一分为二：天地之性和气质之性之说甚为牵强。"性即气质之性，更无二性，有尧、舜气质即有尧、舜之性，有呆呆气质即有呆呆之性，而究不可谓性恶。"①但当时颜元正信奉程朱理学，对于张石卿的这些话并不相信，后来由程朱学转入实学，才知道这些话的意义，感慨而言："确哉！千余年独见之言矣。"②在著《存性编》附录同人语时首先将张石卿的这些话书于其上，并因先生已逝而不能与之谈性论学深感遗憾：

奈何，丙午同王法乾还自京，与先生聚吕文甫宅，因文甫伤肱，各叙阔怀，未及商质。丁未某砚食辛馆，又未入郡。戊申，天罚某恶，遭先祖妣之丧，毁瘠期年，未能出户。今岁则闻先生捐馆矣。噫！先生竟作古人耶？音容不可复接耶？性旨不可复商耶？伤哉！某将何以为情耶！以今圣道式微，异端横炽，吾党声气相通，曾有几人？而于赵文轩也闻而未亲，于刁蒙吉也亲而未深，于先生也深而未频，而皆作长终矣，某心之痛何如哉！匍匐来临，鸡设酒斝，愧无成祭，聊写悲咽。呜呼，尚飨！③

陆世仪（1611—1672），字道威，晚号桴亭，江苏太仓人，书院教育家。明末清初与陈瑚等聚徒讲学于郡邑而闻名。顺治十七年（1660）应高世泰之请，讲学东林书院。康熙五年（1666）复讲学毗邻。曾详论顾宪成、高攀龙学术之本末，认为"天下无讲学之人，此世道之衰；天下皆讲学之人，亦世道之衰"，明正德、嘉靖时，自湛若水、王守仁出，"书院生徒乃遍天下，盖讲学于斯为烂漫"，隆庆、万历时"天下几无日不讲学，无人不讲学"，以致"唯以口舌相尚""多似晋人清谈"

---

①②颜元：《祭石卿张先生文》，载陈山榜、邓子平主编：《颜李学派文库》（第 2 册），石家庄：河北教育出版社，2009 年版，第 459 页。
③颜元：《祭石卿张先生文》，载陈山榜、邓子平主编：《颜李学派文库》（第 2 册），石家庄：河北教育出版社，2009 年版，第 459—460 页。

"以多为贵,呼朋引类,动辄千人,附影逐声",不仅废时失事,而且与孔孟圣学相违,是明亡的原因之一。他指出书院教育"自学古论道之外,凡当世之务俱宜练习",以培养"拨乱致治"大儒;并要求发扬书院讲会形式这一优点进行教学,博取众家,注重创发,考德课业,师友砥砺,严惮切磋。卒后,师友弟子私谥为"尊道先生"。同治十二年(1873)知州吴承潞在太仓建尊道书院祀之。光绪元年,奉旨从祀文庙。①

陆世仪在保留程朱理学格物致知、居敬穷理的基础上,重视"六艺"之学、实用之学。此人对颜元思想的形成也有一定影响。颜元曾评价说:

> 此间有陆桴亭者,才为有用之才,学为有用之学,但把气质许多驳恶杂入天命,说一般是善。其《性善图说》中,有"人性之善正在气质,气质之外无性"等语,殊似新奇骇人。乃知先生不唯得孔、孟学宗,兼悟孔、孟性旨,已先得我心矣。当今之世,承儒道嫡派者,非先生其谁乎!②

他主张性善论,反对宋儒将性一分为二:"言行善即在气质,气质之外无性。"③著有《思辨录》一书。此时正值颜元摒弃程朱学之时,颜元欣喜陆桴亭与自己有相同的见解和看法,志同道合。因此,与之论学,信函联系,并将自己所著的《存学编》与《存性编》寄给他,在思想形成之时,得遇到这样一位友人,颜元想必也是快慰平生,获益良多。

颜元在青年时期还与信奉庄老学说的散逸翁相来往。散逸翁姓彭,名之炳,字汉中,自号散逸隐士,蠡县人。颜元曾为之作传。

在颜元的信件中,曾提到一位名叫张仲诚的人,张仲诚主张实学,恰好与颜元不谋而合。据他回忆:

---

① 季啸风主编:《中国书院辞典》,杭州:浙江教育出版社,1996年版,第455页。
② 颜元:《上太仓陆桴亭先生书》,载陈山榜、邓子平主编:《颜李学派文库》(第2册),石家庄:河北教育出版社,2009年版,第369页。
③ 李塨:《颜习斋先生年谱》(卷上),载陈山榜、邓子平主编:《颜李学派文库》(第2册),石家庄:河北教育出版社,2009年版,第641页。

不远千里，负笈门下。蒙先生不拒，留居弥月，既谆谆赐教之不吝，又循循引诱之使言。解经、注传，先生之识力出人意表，揖拜气象，先生之身教亦大异寻常，使元闻所未闻，见所未见。方且谦德自抑，奖进后辈……夫先生之重习行，岂待颜元哉。①

颜元跟随他住了几个月，得其不吝赐教，谆谆教导，十分感激。

游历访学是颜元人生中很重要的一项活动，不同学派之间的交流访问在颜元学术思想形成过程中也是不可或缺的。初期的交流使他找到了学术的正确方向，以后的访学则使他的学术思想在不同理念的碰撞中而越发成熟与深刻。教育是学术文化的重要内容，颜元独到深刻的实学教育思想产生的引子就是批判空疏无实的教育思想，由此看出交流访学之于主人公教育生涯及思想建构的重要意义。而且，这也是颜元人生中比较少见的主动进取地传播学术，同时游历讲学的行为实践，积极的外部沟通行为，不仅使其教育理念传播范围扩大，而且也使颜元得到了学界人士认可，为其教育思想的建构提供了有益资源。这是颜元人生中十分浓墨重彩的学术活动景象，对其自身学术发展和学派壮大都有十分重要的意义。

---

① 颜元:《与上蔡张仲诚书》，载陈山榜、邓子平主编:《颜李学派文库》(第2册)，石家庄:河北教育出版社，2009年版，第374页。

第四节 一代宗师

颜元生活的主要年代是在清代康熙朝(1662—1722)时期。这一被史学家所惯称的康乾盛世奠基时代,至为漫长,整整一个甲子轮回。以人类当今寿命70余年而言,占据了一大半,而在古代则有"人生七十古来稀"之说,人的生命存在相对更短。颜元70年人生中从青年后期直至垂暮之年,都在这充满矛盾抗争而积极开拓的峥嵘岁月中度过。

一、师星陨落

1704年,颜元的生命走到了尽头。在这一年八月十二日,半夜时分,颜元左肋下病发,属"儿时积也"所留的病根。二十五日,病倒在床上,弟子李植秀、钟錂前来侍奉。自此一病不起,在九月二日酉时,病逝于正寝,面貌如生前一般,享年70岁。至此,一代师星陨落。

在颜元生病期间,门人弟子纷纷前来看望,颜元虽在病中,但仍然不忘教育弟子。二十七日,张振旅、张智吾前来看望,颜元执意起床戴冠,张智吾劝说,既然在病中,就不必戴冠,颜元却说:"卧则脱,起则冠,固也。"[①]以此来教导弟子时时刻刻都要守礼。九月二日,颜元在上午沐浴之后,便同弟子讲话,说:"天下事尚可为,汝等当积学待用。"[②]嘱咐弟子们要好好学习,不可懈怠。傍晚时分便逝世了,"面貌如生"。在逝世前的几个时辰里,仍然不忘对学生进行教诲,可见颜元对自己所从事教育事业的忠诚,对学生的关爱。在去世之前,还嘱咐子孙把"习

[①②] 李塨:《颜习斋先生年谱》(卷下),载陈山榜、邓子平主编:《颜李学派文库》(第2册),石家庄:河北教育出版社,2009年版,第694页。

斋"作为门人聚集学习的地方，由此也可以看出颜元对教育事业的赤诚之心。正如现代人民教育家陶行知所言："捧着一颗心来，不带半根草去。"正是颜元真实的写照。

颜元逝世后，门人悲痛万分，边之藩、颜修己、李植秀、颜尔俨、钟錂、贾易、田得丰、郝品、郝梦麒等为他执丧，穿衰服，共有绅士许璠、彭大训等百余人前来祭奠，可见其丧礼隆重。门人嘱李塨为祝，其词曰：

呜呼！秦火焰而大道隐，讲坛盛而学术歧，悠忽者千余年，昧痼者数百载；乃今始得一先生，而先生又忽逝也，悲哉！天之于人，其有意耶，其无意耶！先生崛起侧陋，直以圣道为己任，以为圣人必可学而至，希贤则已卑。方总丱，即能干师门内难。及长，躬灌园，事恩祖，甘毳随欲敬进，虽劳不怨。日五漏起，坐必直首端身，两足分踏地，不逾五寸，立不跛，股不摇移，行折必中矩，周旋必中规，盛暑，终身未尝去衣冠。尊长，恤族里。与王法乾十日一会，纠日记，记详十二时言行，时下圈黑白，别欺慊。好言论，行尝忤俗，然生平无一言非道，无一事不以尧、舜、周、孔相较勘。朔望谒家祠，二时祭以及冠昏，力行古礼。居丧倚庐垩室，衰麻无时哭，三年不懈，虽功、缌皆如礼，无少假。待妻如君，抚子如师，屋漏独居，身未尝倾欹，是为先生之躬行。非其有，一介不取，一钱赠必报。邑令约车骑造斋下拜，惟遣弟子答。士民公举德学苦孝，学使者李公、巡抚于公，将交章上荐，先生力阻若伤之，乃止，是为先生之守。慨然谓周、孔之道，在六德、六行、六艺，后儒以静坐致良知，参杂异端，篡吾心之德，且乡党自好，遂负高谊，罕见一一考行古道，丝发不苟者；至攻诗文，纂章句，群趋无用，而先王兵、农、礼、乐之艺，嗒然丧失，以致天地不得位，万物不得育。乃定课外整九容，内顾明命，一致加功，自终日迄夕，乾乾惕若。家礼学规，酌古准今，务曲当。师弟子分日习礼、习射、习乐、习数、习书，考究兵、农、水、火诸学。学堂中洒扫洁甚，琴竽、决拾、筹管森列，众生揖让进退其间，已而歌讴舞蹈。唐、宋后儒室久不见此三代威仪矣。于是著《存性》《存学》《存治》《存人》以立教，是为先生之学术。而谓先生之生徒然耶，天无意耶！故尝谓先生之力行为今世第一人，而倡明圣学，则秦后第一人。海内文士无论，即称笃儒致行者，与先生疏密，固大有间。而至于秦火之余，如董仲舒、郑康成、文中子、韩昌黎、程明道、张横渠、朱晦庵、王阳明,其于学术,皆襁此蹯彼,甚至拾沈捉风,侵淫虚浮,以乱圣道。呜呼!千余年于兹矣。先生生亦晚近,居蓬荜,孰传之,孰启之?一旦爬日抉月,尧、舜、周、孔之道,拾之坠地,而举之中天,奚其然耶!岂天道运会,一盛一衰,尧、舜盛以至于周、秦衰,而逦迤至明,自此以后,乾旋坤转,圣道重明,斯民蒙福,故特生其人耶!乃少困以患难,中厄贫贱,内苦于家庭,外之闻者,或疑或信,或谤且滋,而且奄忽以去。抑天地之气,如烛灺火烬,已成灰滞,后转萤点,红艳迥然自照,而竟熠耶!呜呼!吾无以知天矣。呜呼恸哉!凡我同人,皆有后死者之责,其何以不负先生?其何以终邀福于天?先生之神,万世不磨,刻兹旦夕,而不予临。呜呼哀哉!尚飨!①

这篇祝词虽然是颜元的弟子李塨所写,但是却客观地论述了颜元的一生,包括为人处世、教育活动、学问品行等,给了颜元一个公正的评价。

许多弟子纷纷为师尊写挽联。李植秀挽联云:"持身矻矻,备历错节盘根,大德行,二千年后无双士!树议岩岩,直排迷途歧路,真学术,十八代来第一人!"钟錂挽联云:"手著《四存》,继绝学于三古;躬习六艺,开太平以千秋!"顾尔俨挽联云:"关外寻亲,辽水东西钦大节;洛中辩道,嵩山南北识真儒!"②这些挽联从德行与学术方面称赞了颜元的贡献与作为。张文升私谥曰"文孝先生"。

颜元辞世后,葬于北杨村西祖坟中,弟子们为他送葬,儿孙们为他守孝三年。

颜元生逢明清易代之际,由养祖父养祖母养育长大,身世凄苦;早早就承担起养家的职责,一生中从未大富大贵;生于农村,长于农村,除东寻与南游之外,几乎没有大的出行。可以说,他的一生都在冀中平原保定府东南部的数县度过。这是他的家乡,是他的养育成长之地,更是他的魂魄所依、生命所寄之所。地域不大,富足不显,但赤子及乡梓之心是无限的。就是在这样信息相对闭塞,而又不利于学术的条件下,颜元凭借自己的努力与钻研精神,创造了属于自己的独特而

---

① 李塨:《颜习斋先生年谱》(卷下),载陈山榜、邓子平主编:《颜李学派文库》(第2册),石家庄:河北教育出版社,2009年版,第694—696页。
② 李塨:《颜习斋先生年谱》(卷下),载陈山榜、邓子平主编:《颜李学派文库》(第2册),石家庄:河北教育出版社,2009年版,第696页。

有价值的实学教育思想理论，同时又教导了大批子弟，产生了巨大的影响，也为后人留下了宝贵的思想财富。他的实学教育思想不同于当时的程朱理学学术主流，而是与近现代教育思想嬗变的趋势及走向相契合，具有先进性，也具有传统与近代社会教育思想转折点的意义，非常值得我们探讨和解读。

二、著述与创作

颜元一生倡导实学理论，注重"习"与"动"，对于著书立论并不热衷，曾说："吾辈只向习行上做功夫，不可向言语、文字上着力。"①"读书著书，能损人神智气力。"②还曾赋诗嘲讽朱熹著书无用："充却百栋汗禾牛，大儒书卷递增修，闻道金人声势重，紫阳斋里泪横秋。"③因此，相较于"述而不作，信而好古"的儒学名家，"我注六经"的经学大师以及自称"为生人立言，为往圣继学，为万世开太平"的理学哲人而言，其作品并不多，而更带有老子《道德经》上下五千字的要言不烦以及墨子重在实践、行动的工学主义风格。这或许更昭显其创造性吧。下面对颜元的著述加以梳理。

1650年，颜元16岁，作《弥道安民策》。其中有这样的内容：

> 淫邪惰肆，身之盗也；五官百骸，身之民也。弭之者在心君，心主静正，则淫邪惰肆不侵，而四体自康和矣。乱臣贼子，国之盗也；士农工贾，国之民也。弭之者在皇极，皇建其极，则乱贼靖息，而两间熙皞矣。④

1656年，颜元22岁，作《望东赋》。"元日望东北四拜父，恸作《望东赋》。"

---

① 钟錂：《王次亭第十二》，载陈山榜、邓子平主编：《颜李学派文库》（第2册），石家庄：河北教育出版社，2009年版，第563页。
② 钟錂：《教及门第十四》，载陈山榜、邓子平主编：《颜李学派文库》（第2册），石家庄：河北教育出版社，2009年版，第572页。
③ 颜元：《驳朱子分年试经史子集议》，载陈山榜、邓子平主编：《颜李学派文库》（第2册），石家庄：河北教育出版社，2009年版，第486页。
④ 李塨：《颜习斋先生年谱》（卷上），载陈山榜、邓子平主编：《颜李学派文库》（第2册），石家庄：河北教育出版社，2009年版，第619页。

1658年,颜元24岁,作《王道论》。"举井田、封建、学校、乡举、里选、田赋、阵法,作《王道论》。后更名《存治编》。"①《存治编》是《四存编》中第一编,成书最早,体现了颜元的政治思想,具有复古性。全书共一卷,有《王道》《井田》《治赋》《学校》《封建》《宫刑》《济时》《重征举》《靖异端》九节,以及李塨所做的《序》和《书后》。《四存编》是颜元的代表作,故"四存"与"习斋"一样,已成为颜元的代名词。后人研究或讲授、讨论颜元往往直称"颜习斋",相关的团体机构则称为"四存学会"。

1659年,颜元25岁,因对陆王心学有感,作诗《大盒歌》与《小盒歌》。

1663年,颜元29岁,作《求源歌》表达自己对陆王心学的心得体会。

1664年,颜元30岁,因对程朱理学有感,作《柳下坐记》。同年六月,"与王法乾纂洒扫、应对、进退《仪注》,作《勺诗舞节》"②。同年九月,开始抄《朱子家礼》,即《礼文手钞》,此书共分五卷,卷一为《通礼》,卷二为《冠礼》,卷三为《婚礼》,卷四为《丧礼》,卷五为《祭礼》,此外还附有自己所做的《序》。基本上按照人生历程所经阶段实施礼仪"冠—婚—丧—祭"编排,改变了西周礼制"吉—凶—军—宾—嘉"的分类,以凸显人生活动的意义及人的主体性力量。

1665年,颜元31岁,作《妇人常训》三章。

1668年,颜元34岁,著《居丧别记》。"先生居丧,一遵朱子《家礼》,觉有违性情者,校以古《礼》,非是,著《居丧别记》。"③

1669年,颜元35岁,著《存性编》。"大旨明理、气俱是天道,性、形俱是天命,

---

① 李塨:《颜习斋先生年谱》(卷上),载陈山榜、邓子平主编:《颜李学派文库》(第2册),石家庄:河北教育出版社,2009年版,第621页。
② 李塨:《颜习斋先生年谱》(卷上),载陈山榜、邓子平主编:《颜李学派文库》(第2册),石家庄:河北教育出版社,2009年版,第626页。
③ 李塨:《颜习斋先生年谱》(卷上),载陈山榜、邓子平主编:《颜李学派文库》(第2册),石家庄:河北教育出版社,2009年版,第632页。

人之性命、气质虽各有差等,而俱是此善;气质正性命之作用,而不可谓有恶,其所谓恶者,乃由'引、蔽、习、染'四字为之祟也。"《存性编》是颜元《四存编》中第二编,体现了颜元的哲学思想,以驳斥宋儒性理说来表达自己对于人性的看法。全书共二卷,卷一有《驳气质性恶》《明明德》《棉桃喻性》《借水喻性》《性理评》五节,卷二有《性图》《图跋》《附录同人语》以及李塨所做的《书后》四节。同年八月,著《农政要务》。"王法乾书《农政要务》:耕耘、收获、辨土、酿粪……水利,皆有谟画。"①同年十一月,著《存学编》,"申明尧、舜、周、孔三事、六府、六德、六行、六艺之道,大旨明道不在《诗》《书》章句,学不在颖悟诵读,而期如孔门博文、约礼,身实学之,身实习之,终身不懈者"②。《存学编》是颜元《四存编》中第三编,体现了颜元的教育思想,是其实学思想的主体。全书共四卷,卷一有《由道》《总论诸儒讲学》《明亲》《上征君孙钟元先生书》《上太仓陆桴亭先生书》《学辨一》《学辨二》七节,卷二、卷三、卷四皆有《性理评》一节,此外还有郭金城所做的《序》。

1670年,颜元36岁,有人聘请他作馆师教授时文,颜元推辞,并作诗一首:"千年绝业往追寻,才把功夫认较真。吾好且须从学习,光阴莫卖与他人。"③同年五月,著《会典大政记》,"摘《大明会典》可法可革者,标目于册"。

1671年,颜元37岁,"补六艺、六府于开蒙《三字书》内,端蒙识也"④。对于改订删补《三字书》的目的、意义以及删补改订的过程,他曾亲自作《删补〈三字书〉序》加以揭明:

> 《六经》之文,记此簿籍耳,况无用诗文乎?汉、宋来天祸儒运,章句之学行,而古圣之道亡矣。

---

① 李塨:《颜习斋先生年谱》(卷上),载陈山榜、邓子平主编:《颜李学派文库》(第2册),石家庄:河北教育出版社,2009年版,第634页。
② 颜元:《上太仓陆桴亭先生书》,载陈山榜、邓子平主编:《颜李学派文库》(第1册),石家庄:河北教育出版社,2009年版,第49页。
③ 李塨:《颜习斋先生年谱》(卷上),载陈山榜、邓子平主编:《颜李学派文库》(第2册),石家庄:河北教育出版社,2009年版,第637页。
④ 李塨:《颜习斋先生年谱》(卷上),载陈山榜、邓子平主编:《颜李学派文库》(第2册),石家庄:河北教育出版社,2009年版,第641页。

即如此书,当蒙养之初,岂可徒以书文名色聋瞽其耳目,不令习行圣人之道,并不令知圣人之道乎!故补之,正本也。不出圣手,何为"经"?改名"书",恶僭经也。本《礼运》,订十仪,旧文不明也。详《周礼》,补《仪礼》,以记为传,恶乱经也。褫五子,正学也。首补三皇,后续元、明,备史也。尊蜀汉,黜二国,正统也。删梁皓、老泉,励童无取也。削诗文女子,进罗、宴,重有用也。述尧、孔,期作圣也。或于端蒙之功少有助乎?①

1673年,颜元39岁,作诗吟大风:"谷风凛凛逆行人,继日尘霾日倍昏。山左扬鞭游孔墓,不堪回首望燕云。"②同年二月祭泰山,赋诗云:"志欲小天下,宁须登泰山。聊以寄吾意,身陟碧云天。"③

1677年,颜元43岁,张公仪去世,先生作诗云:"孝友清高素慕君,神交未遂范张心。白虹贯日当年事,遂拜孤坟凭吊深!"④

1678年,颜元44岁,抄录一首嘲讽朱熹的诗:"充却百栋汗禾牛,大儒书卷递增修,闻道金人声势重,紫阳斋里泪横秋。"⑤但就考证此诗创作时间应该在此之前。

1681年,颜元47岁,著《明太祖释迦佛赞解》。

1682年,颜元48岁,作《谷日燕记》。于谷日同友人设宴游戏,特有此记。同年7月,著《唤迷途》,后又名曰《存人编》:"一、唤寻常僧道;二、唤参禅悟道僧道;三、唤番僧;四、唤惑于二氏之儒;五、唤乡愚各色邪教。"⑥《存人编》是颜元

---

① 颜元:《删补三字书序》,载陈山榜、邓子平主编:《颜李学派文库》(第2册),石家庄:河北教育出版社,2009年版,第347页。

②③ 李塨:《颜习斋先生年谱》(卷上),载陈山榜、邓子平主编:《颜李学派文库》(第2册),石家庄:河北教育出版社,2009年版,第643页。

④ 李塨:《颜习斋先生年谱》(卷上),载陈山榜、邓子平主编:《颜李学派文库》(第2册),石家庄:河北教育出版社,2009年版,第651页。

⑤ 颜元:《驳朱子分年试经史子集议》,载陈山榜、邓子平主编:《颜李学派文库》(第2册),石家庄:河北教育出版社,2009年版,第486页。

⑥ 李塨:《颜习斋先生年谱》(卷上),载陈山榜、邓子平主编:《颜李学派文库》(第2册),石家庄:河北教育出版社,2009年版,第658页。

《四存编》中最后一编,体现了颜元崇儒辟异的思想。全书共四卷,卷一有《唤迷途》《第一唤》《第二唤》《第三唤》四节,卷二有《唤迷途》《第四唤》《第五唤》三节,卷三有《明太祖高皇帝释迦佛赞解》一节,卷四有《束鹿张鼎彝毁念佛堂议》《辟念佛堂说》《拟谕锦属更念佛堂》三节。其中《束鹿张鼎彝毁念佛堂议》乃颜元50岁东出寻父时完成,后收入《存人编》。

1683年,颜元49岁,到易州望荆轲山,作诗云:"峰顶浮图挂晓晴,当年匕首入强嬴。燕图未染秦王血,山色于今尚不平。"①

1690年,颜元56岁,为蠡人士作《祭刘润九文》。

1691年,颜元57岁,与一少年沽酒对酌,谈天说地,最后提剑而舞,歌曰:"八月秋风雕白杨,芦荻萧萧天雨霜,有客有客夜彷徨。彷徨良久鹍鹉舞,双眸炯炯空千古,纷纷诸儒何足数,直呼小儿杨德祖。樽中有酒盘中餐,倚剑还歌行路难,美人家在青云端,何以赠之双琅玕。"②

1692年,颜元58岁,"录《四书正误偶笔》,皆平日偶辨朱子《集注》之误者,至是命门人录为卷"③。《四书正误》,是颜元正"朱注"之误的文章,共六卷,卷一为《大学》,卷二为《中庸》,卷三为《论语上》,卷四为《论语下》,卷五为《孟子上》(本卷已缺失),卷六为《孟子下》。

1696年,颜元62岁,著《宋史评》,"为王安石、韩侂胄辩也"④。

1699年,颜元65岁,吟诗云:"本来一点无亏缺,遭际穷厄奈我何!自从知得

---

① 李塨:《颜习斋先生年谱》(卷上),载陈山榜、邓子平主编:《颜李学派文库》(第2册),石家庄:河北教育出版社,2009年版,第658页。

② 李塨:《颜习斋先生年谱》(卷上),载陈山榜、邓子平主编:《颜李学派文库》(第2册),石家庄:河北教育出版社,2009年版,第673页。

③ 李塨:《颜习斋先生年谱》(卷下),载陈山榜、邓子平主编:《颜李学派文库》(第2册),石家庄:河北教育出版社,2009年版,第676页。

④ 李塨:《颜习斋先生年谱》(卷下),载陈山榜、邓子平主编:《颜李学派文库》(第2册),石家庄:河北教育出版社,2009年版,第681页。

吾儒事,不大行也亦婆娑。"①

1700年,颜元66岁,口占云:"宇宙无知己,唯有天地通。须臾隔亦愧,自矢日兢兢!"②

除了这些作品之外,颜元还作有《朱子语类评》,用以批驳朱子的言论,发表自己的看法。这本书的著作之年不是很清楚,但根据年谱记载,颜元在1698年(64岁)和1699年(65岁)这两年看过《朱子语类》,猜测应该为这两年的作品。还有《习斋记馀》一书,"家藏俚帙虽数百,亦不过往来书札、祭、祝、箴、铭,不得不为者,殊无簪笔苦力雕刻若韩、欧之为者。名之曰《记馀》,明非正业也"③。此书共分十卷,是颜元平日所作散文的集结,钟錂还为之作《序》。

随着时间的流逝,由于古籍文献资料典藏保存不当等原因,颜元的很多作品都已散佚不见,现存于世的有《四存编》《四书正误》《朱子语类评》《礼文手钞》《习斋记馀》《习斋先生记余遗著》,还有本文中所提到的一些诗歌。除颜元自己的这些作品之外,李塨作《颜习斋先生年谱》,钟錂作《颜习斋先生言行录》《颜习斋先生辟异录》,这些都是研究颜元的重要资料。

三、实学教育的地域效应

颜元出生于蠡县刘村,在这里长到5岁,因朱翁升迁,移居到蠡城内。20岁时,因朱翁官司败落使得家境不如以前,于是返乡居住,耕田灌园以养家。22岁因为生计问题,又去学医。24岁在刘村开办私塾,开始了塾师生涯。26岁设教于西五夫村,33岁又前往新兴村执教,但只进行了7个月就返回刘村了。34岁之时,

---

① 李塨:《颜习斋先生年谱》(卷下),载陈山榜、邓子平主编:《颜李学派文库》(第2册),石家庄:河北教育出版社,2009年版,第685—686页。
② 李塨:《颜习斋先生年谱》(卷下),载陈山榜、邓子平主编:《颜李学派文库》(第2册),石家庄:河北教育出版社,2009年版,第688页。
③ 颜元:《寄陈宗文》,载陈山榜、邓子平主编:《颜李学派文库》(第2册),石家庄:河北教育出版社,2009年版,第382页。

朱媪病逝，朱翁之子朱晃唆使朱翁驱逐颜元，于是他客居随东村。39岁朱翁去世之后，就认祖归宗，返回博野北杨村，就此定居，以后再没有搬过家。缘于访友磋学之需，去过易州、北泗、清苑、祁州、宁晋、安平、献县等地；出于寻父之切，他东去途径北京到达东北山海关、沈阳等地；因寻求志同道合者之故，他57岁时南游，到达中州地区；62岁时，应郝文灿的邀请，他前往冀南大名府（今属邯郸市）肥乡县囤子堡执教，待过大半年。颜元一生的脚步大致如此。①通过以上梳理可以知道，其主要活动范围是以蠡县、博野为中心，扩散到河北中南部和河南中北部。由此，从历史地理学学科视野出发可以得出，他是一位典型地域性兼乡土性的教育家。

（一）地域效应形成的缘由

颜元一生中主要从事农民、医生、教师三种职业，从未大富大贵过，也并没有取得过什么显赫的政治地位，但是在其生活区域内，地位颇高。一方面是因为他有秀才的功名。随着科举制度的发展，在清朝时期，"秀才"一词逐渐演变为府学、州学、县学生员（即国家学校的正式学生）的俗称。得到秀才资格，相当于进入士大夫阶层，只不过是最基层。即使是这样，在地方上也受到一定的尊重，并较之于普通平民享受更多经济和政治方面的特权，例如享受廪粮、膏火，免除徭役，见知县时不用下跪，知县不可随意对其用刑，遇公事可禀见知县等。颜元作为一个秀才，自然也享受着这些特权。19岁时，颜元的养祖父朱翁惹上了官司，而恰好在这一年，颜元考中了秀才，诉讼也随之而解。

另一方面则是由于颜元自身的品德和学识。颜元在未及冠时就得中秀才，可见其学识之颖秀。王叙亭曾说："倘得永侍先生，则得常闻善言矣。"②他以孔子为榜样终身学习，终身执教，门人弟子众多。其学说独树一帜，闻名全国，由此可见一斑。

---

① 蠡县位于保定东南；博野县地处河北中部，保定市南部；易县位于河北省中部；清苑位于河北省中部；祁州属于河北省安国市，河北省中南部；宁晋属于河北省邢台市，地处河北省中南部；安平属于河北省衡水市，地处河北省中南部；献县属于河北省沧州市，位于河北省东南部；肥乡县属于邯郸市，位于河北省南部。

② 李塨：《颜习斋先生年谱》（卷上），载陈山榜、邓子平主编：《颜李学派文库》（第2册），石家庄：河北教育出版社，2009年版，第636页。

第一章 一位乡村教师的济世情怀

中国传统社会向来认同"百善孝为先"。而颜元素来以孝闻名于乡里,尽心侍奉朱翁和朱媪,为朱媪守孝之时克尽古礼,连旁人都不忍而怜之。乡民有感于其孝行,至为崇信仰慕,清誉甚佳。"邑士民以先生居丧尽礼,将举贤孝,先生自引不德,且曰:'以亲亡得名,良所深悼!'力止之。"① 颜元还经常帮助他人,虽然他自己也不富裕,但是看见贫困的人,仍然会施以援手,赠予金钱,"闻刘村孝子朱莪贫,馈以钱"②,体现出疏财仗义、怜惜乡民的慈善之心。看见族里有生活困难的子弟,他则竭尽所能帮忙,"二月,出棉百斤,助还初子文芳治丧。文芳,尔檥生父也"③。这种行为是儒学仁爱精神"民胞物与"情怀的深刻写照。可见颜元的德行之高洁。

> 正月,保定府阎经略鸣泰之裔,有妇人被妖魅,符箓驱之莫效。某妖自言一无所畏,唯畏博野颜圣人。是时先生与王法乾,人皆以"圣人"称之。专价来聘,先生谢不往。又力请,力却之,恐虚传招祸也。④

不知这一有关乡村社会巫术怪神的事件是否真实。但此时,乡人都以"圣人"称呼他,这是对学者学问与品德的最高肯定,俨然与民众心目中文化教育偶像孔子相提并论或者相媲美。

乡人们对颜元十分尊重与爱戴。1646 年的十一月十九日,颜元回归博野北杨村,蠡县原居地乡邻民众前来送别,执手挽留,依依难离,蕴含了当地民众对颜元的信赖与肯定,他们彼此之间结成的深情厚谊的坚实与绵长。

> 杨村颜氏族人来迎先生归,复为颜氏。告父祠,奉生主升车,随之西归、

---

①④ 李塨:《颜习斋先生年谱》(卷上),载陈山榜、邓子平主编:《颜李学派文库》(第 2 册),石家庄:河北教育出版社,2009 年版,第 644 页。

② 李塨:《颜习斋先生年谱》(卷上),载陈山榜、邓子平主编:《颜李学派文库》(第 2 册),石家庄:河北教育出版社,2009 年版,第 649 页。

③ 李塨:《颜习斋先生年谱》(卷下),载陈山榜、邓子平主编:《颜李学派文库》(第 2 册),石家庄:河北教育出版社,2009 年版,第 665 页。

> 朱族及刘村、随东各乡诸亲友饯送,或村首,或至蠡城,或及杨村,皆哭泣不忍别。①

上述文字叙述了乡人们对于颜元的依依不舍之情,由这人间挚爱情怀,可看出人们对于颜元的心仪、仰慕与厚爱。颜元46岁那一年,"九月,博野乡耆谋公举先生贤能,先生力阻之"②。随着年龄的增长,颜元的德行学问日渐增益,不只是普通民众,官府门人对颜元也十分敬重。常有官员上书问学。

> 许酉山致书于先生,论学。③

> 郭子固寓书问学。博野知县徐公国绶造庐拜见。④

> 保定詹远定侯来问学。⑤

> 博野知县杜公开铨造庐拜见。⑥

又多有地方政府所嘉奖授予他荣誉及表彰,53岁那一年,"罗令悬匾表先生门"⑦。

> 四月,学使李公应荐、知蠡县事赵公旭,俱遣人悬匾旌间,赵兼有馈仪,

---

① 李塨:《颜习斋先生年谱》(卷上),载陈山榜、邓子平主编:《颜李学派文库》(第2册),石家庄:河北教育出版社,2009年版,第644页。

② 李塨:《颜习斋先生年谱》(卷上),载陈山榜、邓子平主编:《颜李学派文库》(第2册),石家庄:河北教育出版社,2009年版,第655页。

③ 李塨:《颜习斋先生年谱》(卷下),载陈山榜、邓子平主编:《颜李学派文库》(第2册),石家庄:河北教育出版社,2009年版,第664页。

④ 李塨:《颜习斋先生年谱》(卷下),载陈山榜、邓子平主编:《颜李学派文库》(第2册),石家庄:河北教育出版社,2009年版,第683页。

⑤ 李塨:《颜习斋先生年谱》(卷下),载陈山榜、邓子平主编:《颜李学派文库》(第2册),石家庄:河北教育出版社,2009年版,第684页。

⑥ 李塨:《颜习斋先生年谱》(卷下),载陈山榜、邓子平主编:《颜李学派文库》(第2册),石家庄:河北教育出版社,2009年版,第687页。

⑦ 李塨:《颜习斋先生年谱》(卷下),载陈山榜、邓子平主编:《颜李学派文库》(第2册),石家庄:河北教育出版社,2009年版,第663页。

先生受而不报。时蠡人士公举先生于县,将达道院上奏,国公玉亦谋遍扬当道,先生力止之。①

八月,抚院于公成龙,使来悬匾旌闾,先生受而不报。②

颜元虽为一介布衣,没有官僚级别与政权封位,但却凭借着自己的努力,坚持了自己的信仰,赢得了尊重,也为冀中平原培植优秀的人才及家乡社会建设做出了贡献。

颜元回归博野北杨村之后,承担了为族里教育子弟的重任,"盖杨村族人公议挽先生还家教子弟也"③。跟随他学习的颜氏族人各个辈分的都有:颜元从弟颜亨,族子士字辈子弟颜士倧与其弟颜士俊、士佶、士钧、士侯、士镇、士锐,还有颜尔樵、颜修己、颜尔俨、颜希濂、族孙颜保邦。颜元尽心尽力教导他们,也颇有成效,尔樵善习礼,修己擅长律学,尔俨擅长数学,希濂擅长书法,就连初时只有勇武之力的保邦也逐渐通文。他遵从族长的要求,为族里订立族约:"约孝、约弟、约行冠、昏、丧、祭诸礼,约周恤,约勿盗、赌、奸欺。"④颜元还负责修订了家谱。以下是"颜氏宗族家谱"的条目内容:

其目十七:曰姓氏源流,曰世系派衍,曰迁移离合,曰别嫌明微,曰庄居宅第,曰坟茔图像,曰祭天树株,曰馂宴仪注,曰家礼仪注,曰家法劝戒,曰人才列传,曰嘉言善行,曰先人遗影,曰珍器文章,曰简书诰命,曰妇女甥婿,曰拾遗杂记。⑤

---

①李塨:《颜习斋先生年谱》(卷下),载陈山榜、邓子平主编:《颜李学派文库》(第2册),石家庄:河北教育出版社,2009年版,第667页。
②李塨:《颜习斋先生年谱》(卷下),载陈山榜、邓子平主编:《颜李学派文库》(第2册),石家庄:河北教育出版社,2009年版,第668页。
③李塨:《颜习斋先生年谱》(卷上),载陈山榜、邓子平主编:《颜李学派文库》(第2册),石家庄:河北教育出版社,2009年版,第644页。
④李塨:《颜习斋先生年谱》(卷上),载陈山榜、邓子平主编:《颜李学派文库》(第2册),石家庄:河北教育出版社,2009年版,第645页。
⑤李塨:《颜习斋先生年谱》(卷上),载陈山榜、邓子平主编:《颜李学派文库》(第2册),石家庄:河北教育出版社,2009年版,第646页。

(二)地域效应的表现

颜元对于地方社会的影响可以集中从人才培养与思想作用两个维度来考察。身为教育家的颜元通过自身的私学办学活动为地方社会培养了一批人才。比如李塨,继承了颜元的实学思想,德才兼备,是个中翘楚,当世大家万斯同与之相交,多有夸奖。清皇室十四子也曾两次邀请李塨执教,可见其地位之著。虽然并不是所有人都如李塨这样声名显赫,但是他们也因为颜元高水平及优质的私学教育而得到了进步,识见有增。可以说,颜元拉高了清初冀东平原诸县的文化学术水平。而且,这些弟子也会直接或间接影响其他人。颜元培养了地方所需要的人才,而这些受教成才者又影响了他人,推动了地方化思想的解放,由此促进了地方社会文明进步。这也是以颜元为中心的辐射效应吧!

颜元在这片土地上生活、教书育人,将他的思想广而告之,这片土地自然会在潜移默化中受到颜学的滋润与熏陶。颜元还为此开创了一个学派——颜李学派,希望弟子们能将这种思想传承下去,能够等到合适的环境而将之发扬光大,而颜李学派确实在一定的时间内取得了巨大的效果,成为北方霸学,为更多人所知。虽然由于种种原因(后书将做分析)还没有历经三代学派就已沉寂,但是,时间并不能抹去其存在的史实及思想的光芒。后来颜元的思想得以在民国时期重新兴起,一度达到显学的地位,其实用性使人们看到了中国社会工商经济及实用民生振兴的希望。同时,颜元作为北学重要学派中不可缺少的一环,丰富了北学精神传承,使这片土地的优秀思想传统没有中断,从而使得后继者能够接续前人的努力,推动学术的发展与更张。

第五节 书院办学

书院之名始于唐代,但书院制度的正式形成却在宋代。自宋代以后,学者们自觉或不自觉地与科举及书院发生某种程度的关系。尤其是书院讲学、各级科第应试更是著名学者的一种经历或资本,而前者对于民间社会学者则可视为名望与身份的某种表征。作为地域学派代表的颜元亦莫能例外。

一、宋明书院的反思

颜元是以在乡村办学、讲学为主要职业的民间教育家,只是他介入书院教育活动较晚,时间也短。他是在对主流书院办学模式与教育内容检讨、批评的基础上展开书院实践的。对此分析与认知,就先要了解书院的历史状况。

书院之名始于唐代,但书院制度的正式形成却在宋代。宋朝以儒家为主体,融合佛、道,建立起新儒学——理学思想体系。北宋是理学的奠基时期,南宋是理学的成熟时期。由于宋代实行明显的"重文"方针,着重于纲常名教的秩序,这就为理学的发展提供了很宽松的环境氛围,一时间也出现了许多理学大师,比如张载、朱熹、陆九渊。书院通常由这些大师或主持或创建,所以就使宋朝书院以讲习理学为主。理学自从宋朝被确立为官方学说之后,延续至整个封建社会后期,就再也没有衰败过。明朝依然信奉理学,因此,明朝书院依然以理学为宗。虽然后来有王阳明倡导心学,但他的心学承接陆九渊之说,只是将外在的"天理"移入人的内心,与心合为一体,史称"陆王心学",究其本质依然是理学。所以说,宋明书院在某种意义上真可谓是理学书院的代名词。

这样就确立了宋明书院的主要教育内容——理学,反映在具体设计中就是突出道德教育。虽然也有涉及其他方面的课程内容,但是,毋庸置疑,道德教育是书院办学的首要目的。朱熹在《南剑州尤溪县学记》中说道：

> 立学校以教其民……必始于洒扫、应对进退之间，礼、乐、射、御、书、数之际，使之敬恭，朝夕修其孝弟忠信而无违也。然后从而教之格物致知以尽其道，使知所以自身其家、自家及国而达之天下者，盖无二理。①

分析这段话便可以知道，在朱熹看来，学校从早到晚都应该学习"孝悌忠信"，进行洒扫、应对等实践行为和读书格物等知识教育。而所有这些活动都是为了更好地修习道德。朱熹是理学的集大成者，又是南宋书院的倡导者，他的言行很有影响力。特别是他拟定了《白鹿洞书院揭示》，明确提出了书院学习的目的是为了获得五教："父子有亲，君臣有义，夫妇有别，长幼有序，朋友有信。"这个学规产生了巨大的影响，一经出世，便得到了广泛认可和传播、模仿，甚至为当权者所认可。南宋淳祐六年（1246），"理宗诏颁《白鹿洞学规》于各州府县立石"。俨然是全国性质的学规了，并且传播后世，对明朝的书院教学也产生了重大的影响。王阳明认为书院的意义在于讲求古圣贤的明伦之学："夫为学之方，白鹿之规尽矣。"②"揭以白鹿洞之规，抡彦选俊，肄习其间，以倡列郡之士"，"期我以古圣贤之学"，"古圣贤之学，明伦而已"。③这样看来，在私人提倡和官方认可的共同作用下，宋明书院将道德教育放在首位就成为理所当然的事了。

宋明书院采用的主要教育方法，一是"读书"，二是"静坐"。朱熹曾对人说："人若逐日无事，有现成饭吃，半日静坐，半日读书，如此一二年，何患不进。"④宋明书院虽有讲学等制度，但还是以学生自学读书为主，尤为强调读书。胡居仁在《白鹿洞讲义》中曾说"而于圣贤之书，熟读，精思，明辨"⑤，朱熹曾经做《四时读

---

① 杨少松：《中国教育史稿》（古代·近代之部），北京：教育科学出版社，1989年版，第141页。
② 王守仁：《紫阳书院集》，载陈谷嘉、邓洪波主编：《中国书院史资料》（上册），杭州：浙江教育出版社，1998年版，第807页。
③ 王守仁：《万松书院记》，载《王阳明全集》（卷7），上海：上海古籍出版社，2011年版，第253页。
④ 朱熹：《训门人四》，载黎靖德编、王星贤点校：《朱子语类》（卷116），北京：中华书局，1988年版，第2806页。
⑤ 胡居仁：《白鹿洞讲义》，载陈谷嘉、邓洪波主编：《中国书院史资料》（上册），杭州：浙江教育出版社，1998年版，第847页。

书乐》,所谓"读书好""读书趣""读书功""读书乐"。由此可以看出,读书在书院中的重要作用。明朝湛若水在《大科训规》中明确规定:

> 诸生进德修业,须分定程限,日以为常。每日鸡鸣而起,以寅、卯、辰三时诵书,以巳、午时看书,以未时作文……戌、亥二时温书。……如此循常,当月异而岁不同。

可见,明朝书院的主要活动也是读书,而王守仁在书院教学多年,也屡次对读书重要性进行强调。为了督促学生读书,书院中的许多名师都十分重视读书的方法,重视对学生进行读书方法的指导,最有名的就是"朱子读书法"。很多书院还会要求学生记读书日记,将每日在何处、读何书记录下来,以便时时省察自己。

宋明书院是最为崇尚"主静"的。陈献章曾经说过:"伊川先生每见人静坐,便叹其善学。"[①]陆九渊是最讲静坐的一位理学家,他常对学生讲:"学者能常闭目亦佳。"[②]陈淳则讲:"象山教人,经日静坐,以存本心,无用许多辩说劳攘。"[③]朱熹认为,静坐能使人收敛心思,精神集中:"静坐非是要如坐禅入定,断绝思虑只收敛此心,莫令走作闲思想,则此心湛然。"[④]王阳明也十分重视静坐,他本人就是在贵阳郊外龙场静坐而悟得心学,创立了自己的"心即理""致良知""知行合一"的学说,他认为通过静坐,可以使人在纷扰的俗世中放松下来,更好地体悟。据《王守仁年谱》"五年庚午,先生三十九岁,在吉"条载述:"前在寺中所云静坐,非欲坐禅入定。盖因吾辈平时为事物纷扰,未知为己,欲以此补小学收放心一段功夫耳。"上文提到的《大科训规》明文规定学生的静坐时间,"申、酉二时默坐思索"。可见,在书院中,静坐已经成为必修课了。难怪颜元会有这样的描述:

> 一堂上坐程子,峨冠博服,垂目坐如泥塑,如游、杨、朱、陆者侍,或返观打坐,或执书吾伊,或对谭静敬,或搦笔著述,壁上置书籍、字卷、翰砚、

[①] 陈献章:《与罗一峰》,载《陈献章集》,北京:中华书局,1987年版,第157页。
[②] 陆九渊:《语录下》,载陆九渊著、钟哲点校:《陆九渊集》(卷35),北京:中华书局,2008年版,第471页。
[③] 黄宗羲:《象山学案》,载《宋元学案》,北京:中华书局,1986年版,第2232页。
[④] 朱熹:《学六》,载黎靖德编、王星贤点校:《朱子语类》(卷12),北京:中华书局,1988年版,第200页。

梨枣。①

而与此相对的孔子讲学的图景却是另一番感受：

> 一堂上坐孔子,剑佩、觿、决、杂玉、革带、深衣。七十子侍,或习礼；或鼓琴瑟；或羽籥舞文,干戚舞武；或问仁孝；或商兵、农、政事,服佩皆如之。壁间置弓、矢、钺、戚、箫、磬、算器、马策、各礼衣冠之属。②

在颜元看来,这样的书院办学理念是存在诸多弊端的。即以程朱理学为教育内容,注重道德教育的宋明书院所培养出来的人缺乏实用知识技能及解决社会实际问题的能力。程朱理学言不及功利,居官不理政事,"但见料理边疆,便指为多事；见理财,便指为聚敛；见心计材武,便憎恶,斥为小人"③。因此,宋明书院既不教人稼圃等"生理"之计,又不教人兴邦安国,所培养出来的人才既丧失了谋生能力,也不能护卫社稷河山。平日国家处平和之时,则"无事袖手谈心性"；每逢国家危难之际,只能"临危一死报君王"。这种所谓的"人才"真令人觉得可悲!

而一味痴迷读书的教育方式也是使人才空虚无用的主要原因之一。颜元认为,宋明书院教学计划安排读书太多,不但挤占了师生实践的时间和精力,使学问与实践脱节,而且使人越读越不清明："读书愈读愈惑,审事机愈无识,办经济愈无力,试历宋明已事,可为痛哭！"④此外,长期伏案读书会使人身体虚弱,对眼睛也不好,"多看诗书,最损精力,更伤目"⑤。这也使得宋明士子虚弱如"缠足女人"。

---

①②李塨：《颜习斋先生年谱》(卷上),载陈山榜、邓子平主编：《颜李学派文库》(第2册),石家庄：河北教育出版社,2009年版,第653页。
③李塨：《颜习斋先生年谱》(卷下),载陈山榜、邓子平主编：《颜李学派文库》(第2册),石家庄：河北教育出版社,2009年版,第683页。
④颜元：《朱子语类评》,载陈山榜、邓子平主编：《颜李学派文库》(第1册),石家庄：河北教育出版社,2009年版,第223页。
⑤李塨：《颜习斋先生年谱》(卷下),载陈山榜、邓子平主编：《颜李学派文库》(第2册),石家庄：河北教育出版社,2009年版,第679页。

颜元认为,习静的教育方式近于禅宗打坐,"静中了悟,乃释氏镜花水月幻学,毫无与于性分之真体、位育之实功也"①。这样培养出来的只能是虚妄不实、自欺欺世的无用之人。而且,静坐荒废时间,容易消磨人的心智:"为爱静空谈之学,久必至厌事,必至废事,遇事即茫茫然。"②同时,长时间静坐也会损害身体,无力经营事业,故而养生要动静结合:

> 终日兀坐书斋中,萎惰人精神,使筋骨皆疲软,以至天下无不弱之书生,无不病之书生,一事不能做。而人生本有之"三达德"尽无可用,尧、舜、周、孔之"三事""三物"无一不亡。千古儒道之祸,生民之祸,未有甚于此者也。③

由于认识到程朱理学非周孔正学,颜元得以从中跳脱出来,开创了别具一格的实学教育流派,而在他自己晚年创办漳南书院教学生涯中,也是以实学教育理念为旗帜的。首先,颜元认为教育应培养实用人才。大到身兼数能得以济世救民,小到只有一技之长能够安身立命,这些都属实用的范畴。"学须一件做成,便有用,便是圣贤一流"④,"期于无用之中,稍效一有用之力","因无用而即不成其人,人之罪也"。为了达到这一教育目的,选择教育内容时,就须与程朱理学大相径庭。虽然以道德为育人之本,但颜元同样很重视智育、体育和劳动教育,也对美育有所涉及。颜元的教育内容设计与宋明书院相比要宽泛许多,也更加实用和注重身心协调发展。他主张学习尧舜的"六府""三事"之学和周孔的"三物"之学。为了有效地学习这些内容,颜元提出了与宋明书院截然不同的教育方式。针对其书本教育,他提出了习行的教育方式。所谓习行,即见理于事,就是要与实践相结合,在实践中获得知识,在亲身去做的过程中验证或加深理解并巩固。

> 天文、地志、律历、兵机数者,若洞究渊微,皆须日夜讲习之力,数年历验

---

① 李塨:《颜习斋先生年谱》(卷下),载陈山榜、邓子平主编:《颜李学派文库》(第2册),石家庄:河北教育出版社,2009年版,第673页。

② 李塨:《颜习斋先生年谱》(卷下),载陈山榜、邓子平主编:《颜李学派文库》(第2册),石家庄:河北教育出版社,2009年版,第678页。

③ 颜元:《朱子语类评》,载陈山榜、邓子平主编:《颜李学派文库》(第1册),石家庄:河北教育出版社,2009年版,第228页。

④ 钟錂:《学须第十三》,载陈山榜、邓子平主编:《颜李学派文库》(第2册),石家庄:河北教育出版社,2009年版,第567页。

之功,非比理会文字可坐而获也。①

因先生只说话,故弟子只学说话,心口且不相应,况身乎,况家国天下乎?措之事业,其不相应者多矣。吾尝谈天道、性命,若无甚扞格,一着手算九九数辄差。王子讲冠礼若甚易,一习初祝便差。以此知心中醒,口中说,纸上作,不能从身上习过皆无用也。②

针对习静的教育方式,颜元又特意提出了习动的教育方式,"吾尝言一身动则一身强,一家动则一家强,一国动则一国强,天下动则天下强,益自信其考前圣而不谬矣,后圣而不惑矣"③,动不仅可以强健身体,而且能够使人专注于事物,于国家、社会都是有利的。而且,动还有助于养性,人常习动,手中有事,心中纷繁杂念变少,可使人心思纯净:

人不做事则暇,暇则逸,逸则惰、则疲。暇逸惰疲,私欲乘之起矣。习学工夫,安可有暇?④

人心动物也,习于事则有所寄而不妄动,故吾儒时习力行,皆所以治心。⑤

上述思想理念的重构成为他所主持漳南书院的思想基础。

二、漳南书院的愿景

漳南书院位于直隶广平府肥乡县屯子堡(今属邯郸市肥乡县)。清康熙十九

---

①颜元:《性理评》,《存学编》(卷三),载陈山榜、邓子平主编:《颜李学派文库》(第1册),石家庄:河北教育出版社,2009年版,第69页。
②颜元:《性理评》,《存学编》(卷二),载陈山榜、邓子平主编:《颜李学派文库》(第1册),石家庄:河北教育出版社,2009年版,第55—56页。
③钟錂:《学须第十三》,载陈山榜、邓子平主编:《颜李学派文库》(第2册),石家庄:河北教育出版社,2009年版,第568页。
④钟錂:《禁令第十》,载陈山榜、邓子平主编:《颜李学派文库》(第2册),石家庄:河北教育出版社,2009年版,第556页。
⑤钟錂:《刚峰第七》,载陈山榜、邓子平主编:《颜李学派文库》(第2册),石家庄:河北教育出版社,2009年版,第547页。

年(1680),直隶巡抚于成龙在此建义学,置有学田百亩。后邑绅郝文灿同乡人杨计亮、李荣玉等扩建学舍,初具规模,并改建为书院。颜元62岁时,在前两次请而不得的情况下,郝公函第三次邀请颜元,"四月,郝公函三聘请主教肥乡漳南书院,乃往"①。

对于此次执教,颜元虽然屡有推辞,但在答应之后,却十分认真进行规划,形成自己对漳南书院的办学愿景。又明确提出此书院不同于宋明理学的书院,而是要明行尧舜、周孔之道:

> 谬托院事,敢不明行尧、孔之万一,以为吾子辱。顾儒道自秦火失传,宋人参杂释、老以为德行。猎弋训诂以为问学,而儒几灭矣。今元与吾子力砥狂澜,宁粗而实,勿妄而虚。②

为了达到复兴周孔圣学的目的,颜元对书院建设和课程设置做了安排:

> 请建正庭四楹,曰"习讲堂"。东第一斋西向,榜曰"文事",课礼、乐、书、数、天文、地理等科。西第一斋东向,榜曰"武备",课黄帝、太公以及孙、吴五子兵法,并攻守、营阵、陆水诸战法,射御、技击等科。东第二斋西向,曰"经史",课《十三经》、历代史、诰制、章奏、诗文等科。西第二斋东向,曰"艺能",课水学、火学、工学、象数等科。其南相距三五丈为院门,县许公"漳南书院"匾,不轻改旧称也。门内直东曰"理学斋",课静坐、编著、程、朱、陆、王之学;直西曰"帖括斋",课八股举业,皆北向。以上六斋,斋有长,科有领,而统贯以智、仁、圣、义、忠、和之德,孝、友、睦、姻、任、恤之行。③

---

① 李塨:《颜习斋先生年谱》(卷下),载陈山榜、邓子平主编:《颜李学派文库》(第2册),石家庄:河北教育出版社,2009年版,第679页。该书所讲与颜元所作《漳南书院记》所记载的三次请聘的具体情节有所出入,存疑待考。
② 颜元:《漳南书院记》,载陈山榜、邓子平主编:《颜李学派文库》(第2册),石家庄:河北教育出版社,2009年版,第356页。
③ 颜元:《漳南书院记》,《习斋记馀》(卷二),载陈山榜、邓子平主编:《颜李学派文库》(第2册),石家庄:河北教育出版社,2009年版,第356—357页。

他还预设漳南书院的教学情境："元将与诸子虚心延访，互相师友，庶周、孔之故道在斯，尧、舜之奏平成者亦在斯矣。"①对于生活区，他也有自己的规划：

> 然后空二斋，左处傧价，右宿来学。门之左腋房六间，榻行宾；右腋厦六间，容车骑。习讲堂之东北隅为仓库、厨灶，西北隅积柴炭，后为厕。院前门东一斗室曰"更衣亭"。凡客至，通傧、拂洗、更衣、饮茶乃入。西为"步马射圃"，上构小亭。②

书院建成之后，还要在院前"引水植莲，中建亭"。在闲暇时候，"元偕诸子或履桥，或弩舟人，弦歌笑语，作山水乐，黄、虞朋，复何憾乎"？③

观看颜元对漳南书院的规划蓝图就会很容易发现，他的种种设想与当时书院的义理学派教育主流是大相径庭的，具有独具匠心的实学教育特色。这在当时虽然受到所谓道学名流或士林代表人士的诟病，但是以现代眼光来看，是十分具有进步意义的。漳南书院的规划其实也具有今日综合性大学的影子，这个大学分为不同的院系，"文事"可看作文学院，"武备"可看作军事学院，"经史"相当于历史学院，"艺能"相当于工程科技学院，虽然分科不是很细致，却具备了雏形。从课程设置来看，各个学院安排不同的科目进行分科教学，比如军事学院就有军事理论课程和实战课程，兼重理论与实践，理论与实践的课程下面又有各种更加翔实、具体的教学单元。而且，颜元还提出了同修公共课与专业课的想法，各个学院所学为专业课，而这六斋都有共同要学习的文化知识，从内容上来看，相当于我们现在的思想政治与品德修养课。学院管理组织中，各个学院都设有院长，而每个科目都有教师主持。在师生关系方面，书院办学倾向于将教师与学生置于平等的地位，并不是传统意义上的唯教师至尊的教师中心论，主张师生共同学习与娱乐。生活区的构建及设想，相当于我们现在的教学建筑与学生宿舍。虽然随着时代变化，居住设施差距很大，并不能移植、仿效，但其构思很有建设校园环境文化意义。比如漳南书院专门留出客人居住的地方，表明了其注重学术交流的

---

①②③ 颜元：《漳南书院记》，《习斋记馀》（卷二），载陈山榜、邓子平主编：《颜李学派文库》（第2册），石家庄：河北教育出版社，2009年版，第357页。

态度；还专门设有运动、演练的操场，反映学校体育的提倡及推行；书院有自然景观规划以美化学校环境，为大家提供愉悦的学习与生活环境。这些设施不仅在古代教育体制中颇具独特性，而且对当代专门教育、高校办学都深有启示。

颜元的上述方案与当代大学教育正在实行的制度不谋而合，现代以来学校理念源于近现代西方教育学。而同时期的西方恰处在工业革命早期，教会经院哲学及古典教育虽经文艺复兴及宗教改革运动有所削弱，但仍然有极高地位及力量。中世纪大学的近代转型刚刚起步，实科教育正在兴办，近代大学专业教育体制尚未确立。由此看来，颜元的教育思想与近现代西方教育学有相契合之处，但是却要早于他们近一个世纪。进入18世纪末19世纪初，欧美近代高等教育制度逐渐成熟。由德、英、法等西欧工业化强国到美国新兴独立帝国，逐渐拓展并根深蒂固。与之相比，颜元的学说显得有些狭窄和粗糙。但是，结合他生活的时代背景和个人经历来看，漳南书院的设计蓝图已经难能可贵。这里会自然出现这样一种玄思：如果颜李学派的传播没有中绝，而经过近两个世纪的发展，是否会更加成熟和宏大，而在近现代世界教育学中占有一席之地？在那个风云剧变的年代里是否会遇到合适的土壤而一跃成为主流并延续至今？并且，这样具有历史继承性及带有广阔社会土壤的教育理念，是否会更加适合华夏民族，避免许多现在由于移植或效仿西方而产生的"诸橘逾淮而枳"的水土不服问题？但是，历史不会因人假设而演进，更无法卷土重来。我们只能期望与近现代西方教育学有不谋而合之处的颜元的实学教育思想能对解决现存的本土化问题有所助益。

颜元对漳南书院的愿景是十分美好的，但在具体实施过程中，虽然沿着颜元规定的方向推进，却也有所出入。两个月后，书院建设基本完工，但是只建成了习讲堂，原先所期望的"六斋"等却并没有实现落成。

> 习讲堂成，高二丈有奇，架木覆苫，以肆望汪洋，莫购砖瓦也。中室板屋跌高三尺，三阶；中为师席，朔望弟子拜谒拜，宣明教条，升之。燕坐会客，咸在幄前。①

---

① 颜元：《漳南书院记》，载陈山榜、邓子平主编：《颜李学派文库》(第2册)，石家庄：河北教育出版社，2009年版，第357页。

当时正值漳水泛滥，酿成水灾。"漳水五泛，初横二十里，继之七十里，赤泥封稻穗，屋倾不敢居。"①真可谓"屋漏偏逢连夜雨"。在这种天灾难挡的凄苦场景中，颜元依然坚持着自己的理想，明行周孔之道，习讲堂有对联：聊存孔绪励习行，脱去乡愿、禅宗、训诂、帖括之套；恭体天心学经济，斡旋人才，政事、道统、气数之机。②此对联表明了其办学旨趣及导向特色。他依然持续开展常规教学，如"读书、作文如常课，而习礼、歌诗、学书计、举石、超距、击拳、率以肄三为程。……唯射以水不得学"③。而师生之间的关系，也一如他之前所想：讨论兵农，辨商古今。④气氛宽松自如，沟通平等，交流会意各有所得，相处起来颇为和谐愉悦。

虽然现实与理想存在着差距，但是书院办学活动所取得的效果还是显著的："四阅月，颇咀学习乐味。"⑤遗憾的是，颜元这次书院执教历程也只持续了半年之久，因为水患严重，淹没了书院，在感叹"天也"的无奈之中，不得已回家了。在颜元以后的岁月中，由于漳河水灾一年比一年厉害，而且他本身年老且病，再没回到过书院。虽然漳南书院实践时间只有短短的 6 个月，但理念与实践结合取得的成效及社会影响颇大，在短时间内成了四方名士仰慕之所，各类才子汇集之地。临近的大名、魏县、滋州、临漳等地士绅纷纷把子弟送到漳南书院。据清戴望著的《颜氏学记》中记载，颜氏弟子知名者共 108 人，而冀南、豫北一带就有 30 多人，可见书院当年的兴盛景象。在本书中，我们将专辟一章对此详述。

---

①③④⑤颜元：《漳南书院记》，载陈山榜、邓子平主编：《颜李学派文库》（第 2 册），石家庄：河北教育出版社，2009 年版，第 357 页。

②李塨：《颜习斋先生年谱》（卷下），载陈山榜、邓子平主编：《颜李学派文库》（第 2 册），石家庄：河北教育出版社，2009 年版，第 680 页。

第二章

思不如学　学必以习

明末清初杰出的教育家颜元,在对程朱理学脱离实际的书本文字教育进行深刻批判的基础上,竭力提倡"实学"和"实用",形成了自己独具特色的实学教育思想体系,对中国传统教育做了清理、检讨、反省以及路径方向的调整与探索,开辟了学校教育由课堂书本走向实践的崭新方向。同时,又让中国近现代教育的发展在挖掘丰富本土历史资源的同时,具有了启发意义。从这一视角而论,颜元的教育思想在中国教育从中世纪或人文主义觉醒跨入近代的艰难历程中,具有很重要的地位和重大的贡献。本章拟在探讨其教育哲学的背景下,进一步阐述其实学教育思想的主要内容。

第一节 颜元的教育哲学

颜元出身贫寒,曾亲身"耕田灌园",学做医生以赡养家庭。24岁颜元开设家塾,教授生徒。开始时颜元笃信程朱理学,后来由于自己的亲身实践,认为理学"伤身害性"、空虚无用,提出"思不如学,而学必以习"的教育信条,并立志"矫枉救失",渴求转变社会的学术风气,从"穷理居敬"转变为崇尚"习行",为此把"思古斋"改为"习斋",以示自己与理学决绝的决心。其思想理论内核则提倡由宋明理学教育的主静读书转变为实学教育的习动习行。

一、人性论与教育

《存性编》作为颜元代表作《四存编》之首,被视为《存学编》《存治编》《存人编》的理论基础。颜元反对空谈心性,其人性论有实实在在的思想内容,系统而又完整,故而对之加以讨论具有很重要的理论价值。

(一)传统儒家人性论思想概述

人性问题是一个源远流长、延绵不断的古老话题,也是一个具有现实意义的哲学范畴。"人性"这个概念在中国古代的文化中具有多种含义。远在西周的文学史诗《诗经》中就已经出现了有关"人"和"性"的记载,此处的"人"指人生,"性"则是指天性。到了春秋战国时期后,有关人性的论述多了起来,"性"的意义也较为广泛。

先秦儒家对于人性的内涵有不同的解释,其中以孟子的人性论最为代表,如:"得于天而具于心"的先天本性,即"生之谓性",其中的"性"是指生而具有的本性。"天地之性人为贵"即"性善"或"性恶"的天性,也即孟子所说"人之所异与禽兽者"的"性"。"人之所不学而能者，其良能也；所不虑而知者，其良知也。孩提之童无不知爱其亲者，及其长也，无不知敬其兄也。亲亲，仁也；敬长，义也；无他，达之天下也。"①宋代的陆九渊做进一步申述："性，人乃天之所生，性乃天之所命。"意思是"性"是天所赋予人的先天本性。

"人之初，性本善。"宋代小学教育家王应麟编纂蒙学教材《三字经》开篇所揭示的便是儒家对人性的主要观点或认识。作为儒家学派的开创者，孔子没有直接提出"人性是善"的这一命题，而是先陈述了"性相近，习相远也"②。《论语·述而》还称："仁远乎哉，我欲仁，斯仁至矣。"③这是说，仁德离我们其实并不遥远，只要力学修行，就能达到。《庄子·天道》还曾记载孔子与老子的对话。老子对孔子说："大道，愿闻其要。"孔子回答说："要在仁义。"老子又问："请问，仁义，人之性邪？"孔子则回答："然。君子不仁则不成，不义则不生。仁义，真人之性也，又将奚为矣。"老子还问："何谓仁义？"孔子再回答："中心物乐，兼爱无私，此仁义之情也。"④就是说：君子不仁便不能生存，仁义确是人的本性，其本质在于正心和乐，兼爱无私。由此可见，孔子是将仁视为人性的，倾向于人性是善的。孔子作为人性理论的首倡者，奠定了以后儒家文化对于人性认识的基调，也初步设计了中国传统思想中有关人性这一基本问题的框架。孟子则把孔子"性相近"的学说加以发挥，发展成为"性善论"。"人性之善也，犹水之下也。人无有不善，水无有不下。""仁义礼智，非由外铄我也，我固有之也。"⑤孟子认为人的先天本性是善的，人人都有一颗与生俱来的"恻隐之心""羞恶之心""辞让之心""是非之心"，这是所有人都具有的善心，人性中存在"良知""良能"的潜质。

在中国古代的文化中也存在着与性善论相对立的观念，如荀子的性恶论。

荀子这样界定人性："人之性恶，其善者伪也。""生之所以然者谓之性。性之

---

①《孟子·尽心上》，载杨伯峻译注：《孟子译注》(下)，北京：中华书局，1980年版，第307页。
②③《论语·阳货》，载杨伯峻译注：《论语译注》，北京：中华书局，1980年版，第181页。
④陈鼓应注译：《庄子今注今译》，北京：中华书局，1983年版，第347页。
⑤《孟子·告子上》，载孟宪承等编：《中国古代教育文选》，北京：人民教育出版社，2003年版，第46页。

好恶喜怒哀乐谓之情。情然而心为之择谓之虑。心虑而能为之动谓之伪。"①"凡性者,天之就也,不可学,不可事,礼义者,圣人之所生也,人之所学而能,所事而成者也。不可学,不可事,而在人者,谓之性;可学而能,可事而成之在人者,谓之伪,是性伪之分也。"②

荀子"性恶论"的主要观点是说明人性是恶的,善是人为的结果。什么叫作"性"呢?荀子认为性是人类天生的本质,不是可以从学而得来的,也是不可以用人力造出来的。什么叫作"伪"呢?"伪"是人为的意思。人性既然是恶的,如果要使它为善,必须通过教育、环境及人为的努力来做到。荀子的"性恶论"主张从人性之本质揭示人类天生具有的平等性,以及化恶为善过程中教育的必要性。"君子与小人,其性一也。""今人之性,饥而欲饱,寒而欲暖,劳而欲休,此人之情性也。"他还从人生的经验中认识到:"今人之性,生而好利焉,顺是,故争夺生而辞让亡焉;生而有疾恶焉,顺是,故残贼生而忠信亡焉;生而有耳目之欲有好声色焉,顺是,故淫乱生而礼义文理亡焉。"③也就是说,人生出世以后,就有"好利""疾恶""耳目之'欲'好声色",如果顺从它们发展下去,就有"争夺""残贼""淫乱"之事发生,这就是"性恶论"的根据。

根据荀子的言论来看,人性在没有顺从其走向之前,并不一定是本恶,而是人性趋恶。至放任其趋向为恶,是因后天环境作用所致,而这恰是孔子关于"习相远"的表现。人如果行善,那也是后天礼法教化而成的。因为如果人本性就善良的话是"不学而能"的,那就不存在用礼法来教化就可以行善。所以,人行善是"伪"。而事实上,古者圣王也制定了诸多礼仪法度来教化众民。

> 故枸木必将待檃栝烝矫然后直,钝金必将待砻厉然后利。今人之性恶,必将待师法然后正,得礼义然后治。今人无师法,则偏险而不正;无礼义,则悖乱而不治。古者圣王以人之性恶,以为偏险而不正,悖乱而不治;是以为

---

①《荀子·正名》,载孟宪承、陈学恂等编:《中国古代教育史资料》,北京:人民教育出版社,1961年版,第120—121页。

②《荀子·性恶》,载顾树森编著:《中国古代教育家语录类编》(上册),上海:上海教育出版社,1983年版,第186页。

③《荀子·性恶》,载孟宪承等编:《中国古代教育文选》,北京:人民教育出版社,2003年版,第72页。

之起礼义、制法度,以矫饰人之情性而正之,以扰化人之情性而导之也。使皆出于治,合于道者也。令之人,化师法、积文学、道礼义者为君子,纵性情,安恣睢、而违礼义者为小人。用此观之,然则人之性恶明矣,其善者伪也。①

礼仪法度可以矫饰人之本性,从而治理国家。这是出于"圣人积思虑、习伪故,以生礼义而起法度",也就是说根源于"圣人之伪",非故出于人之本性。从理论上说,人发展的应然性在于"涂之人可以为禹",然而在现实生活中并不是人人都成为禹一样的圣人,这说明圣人之所以成为圣人是因为他们自身后天努力修为而使之然。"故圣人化性而起伪,伪起而生礼义,礼义生而制法度;然则礼义法度者,是圣人之所生也。故圣人之所以同于众其不异于众者,性也;所以异而过众者,伪也。所以说,圣人者,人之所积而致也。"②

董仲舒以名实论的视角论述人性问题,在《春秋繁露·深察名号》中提出"事各顺于名,名各顺于天",性之名出于"生","如其生之自然之谓之性"的论断。人的天性即分为上、中、下三等,也就是《春秋繁露·实性》篇所说的"圣人之性""中民(即万民)之性""斗筲之性"。"圣人之性"超过善,"中民之性"有善质而未能善,"斗筲之性"则不足语于善。又谓性之名主要就万民而言。万民之性"如瞑者待觉,教之然后善",王者的职责即是"承天意以成民之性为任者也"③。这种论点,旨在为"任德教而不任刑罚"的教育观提供理论依据。荀悦、韩愈的"性三品说"便渊源于此。

唐代韩愈把性和情加以明确区分:性是"与生俱生"的,而情是"接于物而生"的;性包涵仁、礼、信、义、智,情包涵喜、怒、哀、惧、爱、恶、欲。而这些要素,在不同的人中,其禀受和表现的情况是不同的。由此而把性与情俱分为三品:上品是善的,下品是恶的,中品则可导而上下。这是承继董仲舒的人性论,在新的历史条件下进一步发展。他的弟子李翱作《复性书》,倡性善情恶说,主张"灭情复性"。他们两人的学说,成为宋代理学"天理""人欲"之辨的先驱。在这里他综合以前

---

① 《荀子·性恶》,载孟宪承等编:《中国古代教育文选》,北京:人民教育出版社,2003年版,第72页。
② 《荀子·性恶》,载孟宪承等编:《中国古代教育文选》,北京:人民教育出版社,2003年版,第71—72页。
③ 孟宪承等编:《中国古代教育文选》,北京:人民教育出版社,2003年版,第143—144页。

关于"性善""性恶"的争论,提出了"性三品"说,但实际上还是只讲"气质之性"。到了张载、程颐、程颢才把"性"区分为天命之性和气质之性。例如张载认为"性"有两种:一为"天地之性",一为"气质之性"。天地之性即本然之性,是先验的。天地之性之"性"即为"天道"。天道至诚,故天地之性在人无不善。至气质之性,偏而不全,不仅人与万物根本不同,即人与人亦各不相同,有刚与柔、缓与急、才与不才、善与不善等种种区别。

朱熹继承和发扬张、程的人性论,对天地之性与气质之性进行了展开论述。据宋代学者黎靖德编《朱子语类》卷四相关文献资源描述:朱熹所述天地之性,又称为天命之性、本然之性等。"天地之性",专指理言,"气质之性",则以理与气杂而言;天地之性合于当然之理,故此性亦"浑然至善"。孟子言性,是指性之本源而言,并未说到"气质之性",故说性善。"吾人禀受气时不能无深浅、厚薄、清浊,故性有善恶的区别。"人与禽兽的性所以不同,人与人性亦各有不同,都是指气质之性说的。人得气之正,其理全,所以性善;禽兽得气之偏,其理亦偏,所以性恶。即同一类人,禀气也有浑浊不清者,其得理也缺而不全,所以与禽兽相差不远。也就是说,"论天地之性,则专指理言。论气质之性,则以理与气杂而言之。未有此气,已有此性,气有不存,而性却常在,虽其方在气中,然气自是气,性是性,亦不相夹杂。至论其遍体于物,无处不在,则又不论气之精粗,莫不有是理"。"天地之性是理也,才到阴阳五行处,便有气质之性,于此便有昏明厚薄之殊,得其性而最灵,乃气质以后事。"天地之性与气质之性不仅有别,而且又是统一的。天地既为"浑然天理",是无形无影的,它必须借助于气质之性而安顿和附着。"才说性时,便有些气质在里,若无气质,则这性亦无安顿处。"朱熹的所谓"性"始终是就形而上学之理而言,也就是指心体而言。理杂于气之中形成气质之性,所以不能离气而论"性"。"性"有善恶,是受到气质之影响,而不是"性"本身有恶。

明代中叶王守仁心学派思想的人性论观点直接承袭孟子、陆九渊之说,并无多大拓展。此处不赘。

颜元生活的年代恰处于明末清初时期,使他有条件与机会对之前思想资源加以总结和清理,这自然包括了人性论与教育的相关内容。同时,他是一位具有极强批判性的思想家,却不是历史虚无主义者,对历史所积累的检省分析是严肃认真,又是有所汲取继承的。批判、改造及建构三者在颜元身上兼备,这或许恰好体现了哲学辩证法中的扬弃说,也即辨证之否定——否定之否定。不过,就人性论而言,诸派思想流派观点纷呈,演进中思辨取向各异,而颜元所述之内容确有偏向孟子"性善论"的迹象。这是他反思、综合各家观点的自我依托或支点所在。以下分述之。

(二)颜元对人性本义的理解

颜元作为思想家,具有一个很重要的特质,那就是彻底性,这个特性在讨论人性论的时候表现得尤为明显。他之于人性的理解经历了一个很长的过程,通过对许多教育家、思想家教育思想研究和挖掘,形成了其自身对人性本义的理解。

颜元在 24 岁时撰写《王道论》之后不久,获得陆九渊和王守仁的语录,"遂深喜陆、王,手抄《要语》一册",才知道有所谓道学,颇信从陆、王所谓"直见本心,知行合一"之说。于是,他开始心醉于陆王心学,然而,两年以后,他 26 岁时又将程朱学当作圣人的学问,通过对《性理大全》的研究和学习,知周敦颐、程颐、程颢、张载、朱熹学旨,"屹然以道自认,期于主敬、存诚,虽躬稼胼胝,必乘闲静坐。人群讥笑之,不恤也"①。对程朱理学尊崇有加,信之甚笃。正如上文所讲,34 岁时,养祖母朱媪病卒,颜元替父行孝。居丧日子里,悉遵朱熹《家礼》,但却深切感受到其间的困惑及弊端,颇有春秋战国时期墨子从追随儒学到怀疑,另创墨家学派的转轨情形。"墨子学儒者之业,受孔子之术;以为其礼烦扰而不说,厚葬靡财而贫民,服伤生而害事,故背周道而用夏政。"②颜元的学术思想转向,则是在新的条件下由理学趋于实学:"先生居丧,一遵朱子《家礼》,觉有违性情者,校以古《礼》,非是,著《居丧别记》。兹衰杀,思学,因悟周公之六德、六行、六艺,孔子之四教,正学也;静坐读书,乃程、朱、陆、王为禅学、俗学为浸淫,非正务也。"③从此之后,他力主恢复尧、舜、周、孔之道,猛烈抨击程、朱、陆、王学说,从原来笃信理

---

①李塨:《颜习斋先生年谱》(卷上),载陈山榜、邓子平主编:《颜李学派文库》(第 2 册),石家庄:河北教育出版社,2009 年版,第 622 页。
②孟宪承等编:《中国古代教育史资料》,北京:人民教育出版社,1983 年版,第 87 页。
③李塨:《颜习斋先生年谱》(卷上),载陈山榜、邓子平主编:《颜李学派文库》(第 2 册),石家庄:河北教育出版社,2009 年版,第 632 页。

学,变成批判理学的杰出代表。而颜元关于人性论的注解及沉思主要在实学立场确立之后,且贯穿于后半生言行著述及活动之中。

颜元对于人性的本义理解主要表现在他对气的重新定义上,宋儒把人性分作天地之性和气质之性,认为天地之性先于人身而存在。颜元却认为这种说法是极其错误的。在他看来,世间万物皆源于气。人性是指先天的气质,也即先天的禀赋:

> 盖气即理之气,理即气之理,乌得谓理纯一善而气质偏有恶哉?譬之目矣:眶、疱、睛,气质也。其中光明能见物者,性也。将谓光明之理专视正色,眶、疱、睛乃视邪色乎?余谓光明之理固是天命。眶、疱、睛皆是天命,更不必分何者是天命之性,何者是气质之性;只宜言天命人以目之性,光明能视即目之性善,其视之也则情之善,其视之详略远近则才之强弱,皆不可以恶言。①

他又提出"舍形则无性"的唯物主义观点:

> 形,性之形也;性,形之性也;舍形则无性矣,舍性则无形矣。失性者据形求之,尽性者于形尽之,贼其形则贼其性矣。即以耳目论,吾尧、舜明四目,达四聪,使吾目明彻四方,天下之形无蔽焉,使吾耳聪达四境,天下之声无壅焉,此其所以光被四表也。吾孔子视思明,听思聪,非礼无视,非礼无听。明者,目之性也;听者,耳之性也。视非礼,则蔽其明而乱吾性矣;听非礼,则壅吾聪而乱吾性矣。②

在这里,"性"与"形"是统一的,两者不可分割。同时,也强调了"形"是"性"的基础,"性"是"形"的作用。因此要发挥"性"的作用,应该挖掘人的自身潜力,并且要保护人的形体。同时,颜元认为气有阴阳之分,阴阳流行而为四德,即元、亨、利、贞,而万物又是由这四德分合交感化生而成,阴阳二气构成的人,一经生

---

① 颜元:《驳气质性恶》,载陈山榜、邓子平主编:《颜李学派文库》(第1册),石家庄:河北教育出版社,2009年版,第5页。
② 颜元:《唤迷途·第二唤》,载陈山榜、邓子平主编:《颜李学派文库》(第1册),石家庄:河北教育出版社,2009年版,第120—121页。

成,便有"性",即内在的仁、义、礼、智四德;其及于外物所表现出来的恻隐、羞恶、辞让是非,则是"情"。他要求把耳、目、口、鼻之欲等感官活动和心的思维活动统一起来,以达到存性养心的目的:

> 大圈,天道统体也。上帝主宰其中,不可以图也。左阳也,右阴也,合之则阴阳无间也。阴阳流行而为四德,元、亨、利、贞也(四德,先儒即分春、夏、秋、冬,《论语》所谓"四时行"也),横竖正画,四德正气正理之达也,四角斜画,四德间气间理之达也。交斜之画,象交通也;满面小点,象万物之化生也,莫不交通,莫不化生也,无非是气是理也。知理气融为一片,则知阴阳二气,天道之良能也;元、亨、利、贞四德,阴阳二气之良能也;化生万物,元、亨、利、贞四德之良能也。知天道之二气,二气之四德,四德之生万物莫非良能,则可以观此图矣。万物之性,此理之赋也;万物之气质,此气之凝也。正者此理此气也,间者亦此理此气也,交杂者莫非此理此气也;高明者此理此气也,卑暗者亦此理此气也,清厚者此理此气也,浊薄者亦此理此气也,长短、偏全、通塞莫非此理此气也。至于人,则尤为万物之粹,所谓"得天地之中以生"者也。二气四德者,未凝结之人也;人者,已凝结之二气四德也。存之为仁、义、礼、智,谓之性者,以在内之元、亨、利、贞名之也;发之为恻隐、羞恶、辞让、是非,谓之情者,以及物之元、亨、利、贞言之也;才者,性之为情者也,是元、亨、利、贞之力也。①

人之性凝于形内,看不到、摸不着。那它是以何种方式存在呢?颜元说,一旦人与外界发生关系,就是所谓的"及物",性就会表现出来。这种外在的表现称之为"情",此情就是人与外界发生关系时表现出来的恻隐之心、羞恶之心、辞让之心、是非之心,发展后即成为我们所说的仁、义、礼、智。而与外界发生关系产生作用,需要有"力"的作用,这种力就是我们所说的"情之力",也就是我们所说的"才"。"才"是有大小之分的,那么人的能力就有高下之分。有一次颜元去关外辽东寻父,遇到一位叫关拉江的满洲笔帖式,在被问及性、情、才问题时,颜元简单而明确答道:"心之理曰性,性之动曰情,情之力曰才。"

---

① 颜元:《性图》,载陈山榜、邓子平主编:《颜李学派文库》(第2册),石家庄:河北教育出版社,2009年版,第22页。

宋儒宣扬人有先天之性，而颜元认为这是错误的，"性"从"生"从"心"。"人生而静则天道矣"，这是指人出生以后而言的。这充分反映了颜元对于人性论的理解具有唯物主义的思想，不仅批判了宋儒的虚无缥缈，而且已经具有现代心理学感觉基础之上反映论的因素。

（三）颜元人性论之性善取向

颜元论人性的本质，其根本可以追溯到孔孟，注重汲取孔孟的言论主张，但融入其个人见解也颇多。孔子罕言性，而颜元认为孔子所认为的"性相近，习相远"和孟子所提倡的性善是意思相同的：

> 大旨谓：孟子言"性善"，即孔子言"性相近，习相远"，语异而意同。宋儒误解"相近"之义，以"善"为"天命之性"，"相近"为"气质之性"，遂使为恶者诿於气质，不知理即气之理，气即理之气。清浊厚薄，纯驳偏全，万有不齐，总归一善，其恶者引蔽习染耳。其以目为譬，则谓光明能视即目之性，其视之也则情之善，视之详略远近则才之强弱，皆不可谓之恶，唯有邪色引动，然后有淫视。是所谓"非才之罪"，是即所谓"习"。又谓性之相近如真金，轻重多寡虽不同，其为金俱相若也。唯其有差等，故不曰同；唯其同一善，故曰近。举天下不一之姿，以性相近一言包括，是即性善，是即"人皆可以为尧舜"。举世人引蔽习染无穷之罪恶，以"习相远"一言包之，是即"非才之罪"，是即"非天之降才尔殊"。其说虽稍异先儒，而与孔、孟之旨会通一理，且以杜委过气质之弊，正未可谓之立异也。至下卷分列七图以明气质非恶之所以然，则推求于孔、孟所未言，使天地生人全成板法，是则可以不必耳。①

孔子所说的"性相近"也可以作"恶相近"的解释，先圣不愿奢谈心性，颜元是赞同的。性是不可言传的，正是这个原因，孔子授徒，极少空谈心性。而孟子也只是提出了性善论的主张，并没有对性进行深入的探究。宋儒曾借水喻性来证明气质有恶，颜元则借势做出了反驳：

> 程子云："清浊虽不同，然不可以浊者不为水。"此非正以善恶虽不同，

---

① 陈山榜：《颜元评传》，北京：人民教育出版社，2004年版，第309—310页。

然不可以恶者不为性乎？非正以恶为气质之性乎？请问，浊是水之气质否？吾恐澄澈渊湛者，水之气质，其浊之者，乃杂入水性本无之土，正犹吾言性之有引蔽习染也。其浊之有远近多少，正犹引蔽习染之有轻重浅深也。若谓浊是水之气质，则浊水有气质，清水无气质矣，如之何其可也！①

宋儒不否定性善，"天理之性和气质之性"的提出是为了解释恶的由来，天理之性纯是一善，恶则是源自形而下者气质之性，认为气质之性有恶。而颜元认为气质作为圣的本体，不是恶的，但是有偏全纯杂的分别。气质的偏杂都是天赋，不可以把它看作是恶的，恶则由引蔽习染所致：

> 著《存性》一编，大旨明理、气俱是天命，人之性命、气质虽各有差等，而俱是此善；气质正性命之作用，而不可谓有恶，其所谓恶者，乃由"引弊、习染"四字为之祟也。期使人知为丝毫之恶，皆自玷其光莹之本体，极神圣之善，始自充其固有之形骸。②

> 气质偏驳者易流，见妻子可爱，反以爱父母者爱之，父母反不爱焉。见鸟兽草木可爱，反以爱人者爱之，人反不爱焉。是谓贪营鄙吝，以致贪所爱而弑父弑君，吝所爱而杀身丧国，皆非其爱之罪，误爱之罪也。又不特不仁而已也。至于爱不获宜而为不义，爱无节文而为无礼，爱昏其明而为不智，皆一误为之也，固非仁之罪也，亦岂恻隐之罪哉。使笃爱于父母，则爱妻子非恶也；使笃爱于人，则爱物非恶也。如火烹炮、水滋润、刀杀贼，何咎？或火灼人、水溺人、刀杀人，非火水刀之罪也，亦非其热寒利之罪也。手持他人物，足行不正涂，非手足之罪也，亦非持行之罪也；耳听邪声，目视邪色，非耳目之罪也，亦非视听之罪也。皆误也，皆误用其情也。误始恶，不误不恶也。引蔽始误，不引蔽不误也。习染始终误，不习染不终误也。去其引蔽习染者，则犹是爱之情也，犹是爱之才也，犹是用爱之人之气质也；而恻其所当恻，隐

---

① 颜元：《借水喻性》，载陈山榜、邓子平主编：《颜李学派文库》（第1册），石家庄：河北教育出版社，2009年版，第8页。

② 颜元：《上太仓陆桴亭先生书》，载陈山榜、邓子平主编：《颜李学派文库》（第1册），石家庄：河北教育出版社，2009年版，第49页。

其所当隐,仁之性复矣;义、礼、智犹是也。①

恶的由来在于:恶始于误,而误始于引蔽习染,所以说恶最终由引蔽习染。人之为恶,显然是由于受外界邪恶的蒙蔽所引发的,并非由本性决定。在这一点上,颜元又与孟子的性善论相同。人生存于社会之中,就不可能不受社会环境的影响。听任外界邪恶引诱,便是弃善为恶;加强学习训练,便能弃恶从善。学习训练主要属教育范畴,因此关键在于教育转化之功。

> 明言气质浊恶,污吾性,坏吾性。不知耳目、口鼻、手足、五脏、六腑、筋骨、血肉、毛发俱秀且备者,人之质也,虽蠢,犹异于物也;呼吸充周荣润,运用乎五官百骸粹且灵者,人之气也,虽蠢,犹异于物也;故曰"人为万物之灵",故曰"人皆可以为尧、舜"。其灵而能为者,即气质也。非气质无以为性,非气质无以见性也。今乃以本来之气质而恶之,其势不并本来之性而恶之不已也。以作圣之气质而视为污性、坏性、害性之物,明是禅家六贼之说,其势不混儒、释而一之不已也。能不为此惧乎!是以当此普地狂澜泛滥东奔之时,不度势,不量力,驾一叶之舟而欲挽其流,多见其危也,然而不容已也。②

颜元是从人之器官的功能出发论性善,从人之器官作用谈情、才皆善,这乃是他论性的独到之处。这种性善论和孟子的性善论是不同的。"性"是耳、目、口、鼻、心等器官的功能。至于"性"的功能的大小,即是才力的强弱,这完全是后天教育和训练的结果。

颜元强调"习"对人之为善为恶的重要作用。"垂意于'习'之一字,使为学为教,用力于讲读者一二,加功于习行者八九,则生民幸甚,吾道幸甚!"③又提出"教人习性"和"戒人习恶"的主张,是以正反两个方面强调教育对人身心发展的巨大影响。

---

① 颜元:《性图》,载陈山榜、邓子平主编:《颜李学派文库》(第1册),石家庄:河北教育出版社,2009年版,第29—30页。

② 颜元:《性理评》,载陈山榜、邓子平主编:《颜李学派文库》(第1册),石家庄:河北教育出版社,2009年版,第17页。

③ 颜元:《总论诸儒讲学》,载陈山榜、邓子平主编:《颜李学派文库》(第1册),石家庄:河北教育出版社,2009年版,第42页。

学人不实用养性之功，皆因不理会夫子两"习"字之义。"学而时习"之"习"，是教人习善也；"习相远也"之"习"，是戒人习恶也。先王知人不习于性所本有之善，必习于性所本无之恶。故因人性之所必至，走道之所必然，而制为礼、乐、射、御、书、数，使人习其性之所本有；而性之本所无者，不得而引之蔽之，不引蔽则自不习，而人得免于恶矣。①

（四）颜元人性论主张的教育学反思

作为极具唯物色彩的教育家和哲学家，颜元对人性论做出了唯物主义的解释。人性指的是人体的潜能，主要指人体以生理器官的正常构造为基础的心理机能。他从客观物质对象反映论的角度理解人性的善恶，并解释了恶的由来。这说明其人性论思想已具有现代心理学的趣味。这种具有性善因素的人性论为其导出朴素的教育平等观念奠定了理论基础，充分反映了新资本主义经济萌芽对教育的诉求，具有时代进步性。

颜元认为，教育的作用就在于去掉引蔽习染，恢复人的善性，同时其更重要的作用是隔离引蔽习染滋生的环境及发生的机制。这样的设计既强调了环境对人的影响作用，又肯定人可以通过接受教育而改善环境对人的不良侵蚀。尤其值得重视的是：第一，他指出了人的气质虽有差异，但只要在"重学"和"力行"上下功夫，不同气质的人可以从不同方面得到发展。第二，他指出了已染成恶习的人，"若百倍其功"也可以"知过反善"。也就是说，只要主观努力，经过教育的训练或师友的提携，恶习是可以革除的，终必"日新月异"，"去其染著之尘污"。

纵观中国教育史诸家对人性的研究成果，颜元的人性论思想具有很重要的地位。它学术上具有现代心理学的质性，政治上提出了人人平等，教育上为科学教育指明了方向，具有深刻的历史意义和现代价值。

二、义利之辩与教育

在义利问题上，中国思想家对此颇有歧义，论点差异极大，难以统一。教育既

---

① 钟錂：《学人第五》，载陈山榜、邓子平主编：《颜李学派文库》（第2册），石家庄：河北教育出版社，2009年版，第538页。

与国民生产及物质经济之"利"联系,又与社会公道观念、个人伦理修养之"义"统合。因此,教育的价值取向及课程材料编制都与这一思想范畴息息相关。

(一)历史上的义利之辩回眸

根据文献记载,孔子是最早指出义利问题的教育家。孔子把"义"和"利"对立起来,提出了"君子喻于义,小人喻于利"的观点,把重义与趋利作为区分君子与小人的标志。之后孟子更系统地阐述义利观:"鱼,我所欲也;熊掌,亦我所欲也,二者不可兼得,舍鱼而取熊掌也。生亦我所欲也,义亦我所欲也,二者不可兼得,舍生而取义也。"①主张把义放在首位,先义后利。他在论证手法上采取比拟的文学手段与推理演绎的形式逻辑方法。鱼和熊掌,都是美味食品,两种美味都为我所欲,但此二者不可兼而有之,只能舍去鱼而取熊掌,因为熊掌比鱼更美味;生与义都为我所欲,但在危难的时候,生之利与死之义不能兼得的情况下,应该舍生取义,因为义比生更为重要。可以说孟子的义利观是对孔子的继承,更强调了"义"。

对于义利问题,荀子提出了自己鲜明的看法,那就是见利思义。"义与利者,人之所两有也,虽尧舜不能去民之欲利,然而能使其欲利不克其好义也。虽桀纣亦不能去民之好义,然而能使其好义不胜其欲利也。故义胜利者为治世,利克义者为乱世。"②在这里,荀子明确指出,"义"和"利"两者是人之所共有的,即使是尧舜这样的圣人也不能去掉民的利欲,桀纣这样的暴君使尽暴力等手段也不能去掉民的义欲,但是我们可以通过教化,让民欲利的同时,又不违背义的原则。

墨家则高举起"义利合一"的大旗,以反对孔孟的"义利观"。墨子认为"义利"是统一的,"义"就是"利","兼相爱"和"交相利"是统一的。"夫爱人者,人必从而爱之;利人者,人必从而恶之;害人者,人必从而害之。此何难之有焉?特上不以为政,而士不以为行故也。"③人的高尚品质,应体现为人人相爱,无彼无我,这就是"兼士";而只顾自己,不顾别人自私自利的人,就是"别士"。教育的目的

---

①《孟子·告子上》,载杨伯峻译注:《孟子译注》(下),北京:中华书局,1980年版。
②《荀子·大略》,载王先谦撰,沈啸寰、王星贤点校:《荀子集解》(下),北京:中华书局,1988年版,第502页。
③《墨子·节用中》,载李渔叔注释:《墨子今注今译》,台北:台湾商务印书馆,1979年版,第162页。

就是培养兼士,"兼以易别",实现"兼相爱,交相利"的理想社会。因此,应仿效明君圣贤改弦易辙,爱人与利人合轨而行,齐头并进。"古者明王圣人所以王天下,正诸侯者,彼其爱民谨忠,利民谨厚,忠信相连,又示之以利,是以终身不餍,殁世而不倦。古者明王圣人,其所以王天下,正诸侯者,此也。"①

韩非子作为法家的集大成者,继承了荀子的性恶论,提出"趋利避害"是人的本性,"欲利"是人之常情。不同的是韩非子认定,这种"欲利"一旦产生,便有了"邪心",而人一旦有了"邪心",就会邪僻而"弃理",由此导致的结果则是:"行邪僻则身死夭,动弃理则无成功。"这样不仅事情做不成功,连性命也会丢了,也就是我们常说的利欲熏心,必招来祸害。正所谓"夫内有死夭之难,而外无成功之名者,大祸也"②。如何处理这对矛盾?出路便是"任理去欲",即利用人的趋利避害之心,要臣民通过修养去私利,遵守社会规范,为国君效忠;要国君通过修养,去私心,推行法治,为封建国家的整体利益办事。③

汉代儒家大师董仲舒提出了"正其谊不谋其利,明其道不计其功"的人生基本价值取向,反映了国家利益作为道义的利益追求被置于个人欲望之上的设计路线。他对义利做了进一步定位:"天之生人也,使人生义与利,利以养其体,义以养其心。心不得义不能乐,体不得利不能安。义者心之养也,利者体之养也。"把利看成是养体的必备条件,所以强调圣人应该"兴天下之利,除天下之害","也即兴利除害",与此同时,又强调唯有义,方能满足滋养心灵、健全精神的要求。义与利两者之对于人,犹如日月星辰及山川草木之对于宇宙一样,不可或缺,必须兼备并相辅相成。但两者的重要程度及权重水平所导致排列顺序有先后,那就是先义后利:"体莫贵于心,故养莫重于义。义之养生人大于利,系以知之。今人大有义而甚无利,虽贫与贱尚荣其行,以自好而乐生。人甚有利,而大无义,虽甚富,则羞辱大恶,恶深祸患重……夫人有义者,虽贫能自乐也,而人无义者,虽富莫能自存。"④其义利观总体倾向于重义轻利说。这一学说成为其后封建统

---

① 《墨子·节用中》,载李渔叔注释:《墨子今注今译》,台北:台湾商务印书馆,1979年版,第108—109页。
② 韩非子:《韩非子·解老》,上海:上海古籍出版社,1989年版,第48页。
③ 朱伯崑:《先秦伦理学概论》,北京:北京大学出版社,1894年版,第136页。
④ 董仲舒:《春秋繁露》(卷9),上海:上海古籍出版社,1989年版,第54—55页。

治阶级的正统思想,并为后世儒者们所推崇,认为唯有如此,人生才能获得高度的和谐和最终的满足,也是道德修养的重要内容及原则。

宋明理学家在"义利观"问题上基本沿袭董仲舒的思想,只是朱熹将此推进一步,极端为"存天理,灭人欲"。但也有王安石主张"养生保形",陈亮提出"注重事功",叶适呼吁"以利与人"等思想。

(二)颜元的义利观

在颜元之前的大多儒学家都主张重义轻利,而颜元从历史和现实出发,发现了前贤的理论偏差,并提出了自己的义利观。他认为正常的逐利行为有利于促进社会的发展,而乐善好施则对社会的发展具有极大的道德价值,可以弥补工商经济造成的困惑及人性逐利的缺失。颜元"拒谢仪"的例子很好阐释了这一观点:

> 有求文者,谢以仪,却之。语门人曰:"君子贵可常,不贵矫廉邀誉。昔子路拯溺人,劳之以牛而不受,孔子责之曰:'自此鲁无拯溺者矣。'今蠡无医,自朱振阳施方医始也,博人无师,自吾家三祖施馆教食学者始也。小子识之,吾之却此,有谓也,不可法也。"①

说的是有人请他写家信之类的文章,主动给了他一些润笔费,他一方面婉言谢绝,一方面却向门生解释,我这样做是个人的事,你们不可效法。换言之,该收的报酬就得收。当代颜李学派的研究专家陈山榜指出:"合情合理合法的逐利行为,不仅是正常的、无害的,而且是有利于社会发展进步的,不仅不应横加指责,而且应该大力提倡,颜元在数百年前就已经认识到这一点,足见其思想的开放与深刻。"②

在《颜习斋先生言行录》中,有一段关于颜元与郝公函对话,也可看到他对上述观点的进一步解释:

---

① 李塨:《颜习斋先生年谱》(卷上),载陈山榜、邓子平主编:《颜李学派文库》(第2册),石家庄:河北教育出版社,2009版,第649页。
② 陈山榜:《颜元评传》,北京:人民教育出版社,2004年版,第135页。

郝公函问:"董子'正谊明道'二句,似即'谋道不谋食'之旨,先生不取,何也?"曰:"世有耕种而不谋收获者乎?世有荷网持钩而不计得鱼者乎?抑将恭而不望其不侮、宽而不计其得众者乎?这'不谋''不计'两'不'字,便是老无、释空之根,唯吾夫子'先难后获''先事后得''敬事后食'三'后'字无弊。盖'正谊'便谋利,'明道'便计功,是欲迷,是助长,全不谋利计功,是空寂,是腐儒。"公函曰:"悟矣。请问'谋道不谋食'。"曰:"宋儒正从此误,后人遂不谋生,不知后儒之道全非孔门之道。孔门六艺,进可以获禄,退可以食力,如委吏之会计。《简兮》之怜官可见。故耕者犹有馁,学也必无饥,夫子申结不忧贫,以道信之也。若宋儒之学不谋食,能无饥乎!"①

不难看出,在义利关系问题上,颜元的基本主张就是"以义为利",义利并重,道功兼收,既反对重义轻利的虚妄,也反对见利忘义的贪鄙。在取利方面则提倡恪守"以利为义"的原则。此外,颜元又极其重视实践,认为要言行一致,义利统一,才是圣贤平正道理:

尧、舜"利用",《尚书》明与"正德""厚生"并为三事。利贞,利用安身,利用刑人,无不利。利者,义之和也。《易》之言"利"更多。孟子极驳"利"字,恶夫克聚敛者耳。其实,义中之利,君子所贵也。后儒乃云"正其谊,不谋其利",过矣!宋人喜道之,以文其空疏无用之学。予尝矫其偏,改云"正其谊以谋其利,明其道而计其功"。②

颜元将上述论述与社会理想政治方案结合并统一起来。如"富天下""强天下""安天下"的方案是《存治编》中提出的理想社会模式,其中强调农业经济的立国基础作用,兼容工商业经济的地位和价值,以寓兵于农为治军强身手段和"六德""六行""六艺"为教学内容,培养实学实行的实用技术人才。上述设计的图谱提出于清代初期,主要针对的是他所深恶痛绝的宋明理学学风的空疏和社会的衰蔽,极力弘扬并指明为学与求功利之一致与统一的教育理念。

---

①钟錂:《教及门第十四》,载陈山榜、邓子平主编:《颜李学派文库》(第2册),石家庄:河北教育出版社,2009版,第570页。
②颜元:《大学》,载陈山榜、邓子平主编:《颜李学派文库》(第1册),石家庄:河北教育出版社,2009年版,第151页。

颜元主张重利不轻义的义利统一观,深刻地认识到重义轻利主张的缺陷和不足,并结合社会生活经验,在继承和发展义利并重求实思想的基础之上,提出了当时学术界最具现代性的实学教育观点。所以,颜元的义利观和教育主张达到了时代的高度和认识的前沿水平,具有重要的教育思想史地位和现实价值。

三、格物致知观与教育

格物致知作为中国古代教育哲学的特有范畴之一,主要表述知识的来源及教学过程环节与内容。虽然不同思想家对其的认识不同,但其均作为丰富教育思想的资源而发挥了不同作用。颜元在这一问题上的认识独到而深刻,具有现代教学论的精神。

(一)历史上格物致知观回眸

"格物致知"作为中国古代儒家思想中的一个重要概念,是儒家专门研究事物之理的学科,源于《礼记·大学》八目(格物、致知、诚意、正心、修身、齐家、治国、平天下)中论述的"欲诚其意者,先致其知;致知在格物。物格而后知至,知至而后意诚"。但《大学》文中只有此段提到"格物致知"一词,却没有做出明确解释,也没有任何先秦古籍使用过"格物"与"致知"这两个词汇,无可供参照之处。因此,"格物致知"的真正意义成为儒学思想的难解之谜。《现代汉语词典》对此的解释为:"穷究事物的原理法则而总结为理性知识。"[1]

纵观历史,许多思想家、教育家对此也有各自的理解和观点,列举如下:程颢称:"格,至也。穷理而至于物,则物理尽。""物来则知起,物各付物,不役其知,则意诚不动。意诚自定,则心正,始学之事也。"[2]程颐说:"格犹穷也,物犹理也,犹曰穷其理而已矣。穷其理然后足以致知,不穷则不能致也。"[3]"物即事也。凡事上

---

[1] 中国社会科学院语言研究所词典编辑室编:《现代汉语词典》(修订本),北京:商务印书馆,1996年版,第424页。
[2] 沈善洪主编:《黄宗羲全集·宋元学案一》(第三册),杭州:浙江古籍出版社,1992年版,第760页。
[3] 《宋元学案》(卷15),载顾树森编著:《中国古代教育家语录类编》(下册),上海:上海教育出版社,1983年版,第105—106页。

穷其理,则无不通。"①而朱熹对此表述为:"所谓致知在格物者,言欲致吾之知,在即物而穷其理也。盖人心之灵,莫不有知,而天下之物,莫不有理。唯于理有未穷,故其知有未尽也。是以《大学》始教,必使学者即凡天下之物,莫不因其已知之理而益穷之,以求至乎其极。至于用力之久,一旦豁然贯通焉,则众物之表里精粗无不到,吾心之全体大用无不明矣。此谓物格,此谓知之至也。"②二程(程颐、程颢)、朱熹训"格"为"致",释"格物"为"即物穷理",主张通过现实人伦关系的具体事例,来领悟仁义礼智等道德规范的先验性。他们从文字语义及自身哲学观的眼界理解格物致知,可解读为:穷究事物道理,致使知性通达至极。二者属继承与发展的关系,但其本质及基本思想是高度合拍的。

陆九渊从"尊德性"和"发明本心"出发,认为格物致知的含义为:修持心性不为物牵,回复天理之知。"天之与我者,即此心也。人皆有是心,心皆具是理,心即理也。""此理本天之所与我,非由外铄。明得此理,即是主宰。真能为主,则外物不能移,邪说不能惑。格物者,格此者也。伏羲仰象俯法,亦先于此尽力焉耳。不然,所谓格物,末而已矣。""学问之初,切磋之次,必有自疑之兆;及其至也,必有自克之实;此古人格物致知之功也。"③

王阳明继承并发展了陆九渊的"心学"思想,将格物致知诠释为:"端正事业物境,达致良知本体。""物者,事也,凡意之所发必有其事,意所在之事谓之物。格者,正也,正其不正以归于正之谓也。正其不正者,去恶之谓也。归於正者,为善之谓也。夫是之谓格。""心者身之主,意者心之发,知者意之体,物者意之用。如意用於事亲,即事亲之事,格之必尽。夫天理则吾事亲之良知,无私欲之间,而得以致其极。知致则意无所欺,而可诚矣;意诚则心无所放,而可正矣。"④格物"是去其心之不正,以全其本体之正。但意念所在,即要去其不正,以全其正。即

---

①见程颢、程颐:《二程遗书》(卷15)中"伊川先生语一",上海:上海古籍出版社,2000年版,第189页。
②朱熹:《补大学致知格物传》,载顾树森编著:《中国古代教育家语录类编》(下册),上海:上海教育出版社,1983年版,第166页。
③陆九渊:《象山全集》(卷11、卷34),载顾树森编著:《中国古代教育家语录类编》(补编),上海:上海教育出版社,1983年版,120—121页。
④王明阳:《王明阳全集》,上海:上海古籍出版社,1992年版,第25页。

无时无处不是存天理。即是穷理"①。王阳明训"格"为"正",训"物"为"意所在之事","格物"就是除却"物欲",发明人心之"良知"。在王明阳看来,"物"即是"事",而"格心之物"就是"格心之事",使不正之心归于正。也就是去掉恶的念头而归于善,即做存天理灭人欲的修养功夫。"格物"在此演绎为反观内省的道德体验与践履。

(二)颜元的格物致知论

颜元以"手格之格"对"格物"做出了独到的解释,表达了自己的认识论和知识观。他认为客观事物是人们认识的凭借:

> "知"无体,以物为体,犹之目无体,以形色为体也。故人目虽明,非视黑视白,明无由用也。人心虽灵,非玩东玩西,灵无由施也。今之言"致知"者,不过读书、讲问、思辨已耳,不知致吾知者,皆不在此也。譬如欲知礼,任读几百遍礼书,讲问几十次,思辨几十层,总不算知。直须碗拜周旋,捧玉爵,执币帛,亲下手一番,方知礼是如此。譬如欲知乐,任读乐谱几百遍,讲问、思辨几十层,总不能知。直须搏拊击吹,口歌身舞,亲下手一番,方知乐是如此,知乐者斯至矣。是谓"物格而后知至"。故吾断以为"物"即三物之物,"格"即手格猛兽之格,手格杀之路……一则言操存明理,然后把明白心到物上去,是知至而后物格矣;二则知宋儒为不学之术,而口口只道明理,是知当格物而不愿出穷理之套矣。②

即离开客观物体,人的耳目就起不了感知的作用。知识来源于外部的客观世界,学习必须从客观事物着手,"见礼于事","因行得知"。

他又在评述中国古代哲学思想流派的论点时,再次强调自己对这一核心命题的理解:"按'格物'之'格',王门训'正',朱门训'至',汉儒训'来',似皆未

---

① 王明阳:《王明阳全集》,上海:上海古籍出版社,1992年版,第6页。
② 颜元:《大学》,载陈山榜、邓子平主编:《颜李学派文库》(第1册),石家庄:河北教育出版社,2009年版,第148页。

稳……元谓当如史书'手格猛兽'之'格'、'手格杀之'之'格',乃犯手捶打搓弄之义,即孔门六艺之教是也。"①

颜元认为格物致知中的格是"手格猛兽"之格,即打、格斗之意,也是"手格杀之"中的格,即打的意思。而对于物,颜元说"吾断以为'物'即三物之物"。

> 思周公、孔子当逆知后世离事物以为道,舍事物以为学,故德、行、艺统名之曰"三物"。明乎艺固事物之功,德、行亦在事物上修德制行,悬空当不得,他名目混不得。《大学》"三纲领""八条目"何等大?何等繁?而总归下手处,乃曰"在格物"。谓之"物",则空寂光莹固混不得,即书本、经文亦当不得;谓之"格",则必犯手搏弄,不唯静、敬、顿悟等混不得,即读、作、讲解都当不得。如此真切,如此堤防,犹有佛、仙离物之道,汉、宋舍物之学,乾坤何不幸也!②

总之,"格物"就是"躬习实践",亲身接触"实事实物",认识必由实践获得,真知识的来源是实习、实行,不是静坐、顿悟,不是作文读书。因此,他断言:程朱、陆王学派所提出的反观内省、读书穷理的方法无济于事。"致知"在于"格物",而"格物"指的是亲手去做那件事。知识的获得仅靠闻见还不够,必须经过一番亲自动手的艰苦功夫。这就是将认识过程转而演进到了主动人为的实践活动。"虽从闻见知为肃慎之冠,亦不知皮之如何暖也。必手取而加诸首,乃知是如此取暖。如此菔疏,虽上智、老圃,不知为可食之物也,虽从形色料为可食之物,亦不知味之如何辛也,必箸取而纳之口,乃知如此味辛。"③"手格其物而后知至"这句出自颜元的名言,也充分体现了他认识来源于实践这一观点。

颜元认为"物"是客观存在的,独立于人的感官之外,但人若不以感官接触

---

① 颜元:《阅张氏王学质疑评》,载陈山榜、邓子平主编:《颜李学派文库》(第2册),石家庄:河北教育出版社,2009年版,第422页。
② 钟錂:《三代第九》,载陈山榜、邓子平主编:《颜李学派文库》(第2册),石家庄:河北教育出版社,2009年版,第553页。
③ 颜元:《大学》,载陈山榜、邓子平主编:《颜李学派文库》(第1册),石家庄:河北教育出版社,2009年版,第149页。

外物,也不可能获得应得的知识,主张"犯手实做其事""亲下手一番"的"格物致知"论就是直接观察实物和动手做事的活动。为此,颜元便提出了在劳动中和在客观事物中进行学习和教育的方法,即"习动"的教育法。

在颜元的认识论中,不只强调了知依赖于行,而且也注意到了知可促进行。他强调要通过主观努力去认识客观事物,通过主观努力去改造客观环境。人类在自然界和社会生活中要自强不息,不应萎靡懒惰。这就给中国古代哲学注入了新鲜血液,其中所蕴涵进取性的积极因素在现代来看仍具有启发意义。

近代思想家梁启超称:"有清一代学术,初期为程朱陆王之争,次期为汉宋之争,末期为新旧之争。其间有人焉,举朱陆汉宋诸派所凭藉者一切推陷廓清之,对两千年来思想界,为极猛烈极诚挚的大革命运动。其所树的旗号曰'复古',而其精神纯为'现代的'。其人为谁?曰颜习斋及其门人李恕谷。"[1]梁启超对颜元的思想体系冠以"实践实用主义"学派。其实,颜元生活于封建社会末期,他的主导思想是按《周礼》"以乡三物教万民而宾兴之"的遗教为出发点,强调"六府""三事""三物""六德""六行""六艺""四教"等,与现代美国以社会工商产业为依托,注重科学经验的实用主义思想不同,但其所阐释、宣扬"格物致知"认识论却是极富现代意识及科学理性精神的,梁氏上述所定义"现代的",应是精神层面的定性把握。

颜元"格物致知"论,强调直接经验和感官认识以及亲身习行对于获得知识的重要作用,这无疑是进步而且正确的。但是颜元提倡习动习行,反对习静,将习动推崇到很高的位置,有些偏激。习动、习行只是学习的主要方法之一,在学习的最初阶段,我们要借助实物教学——习动和习行,但是在学习的更高阶段,我们需要引导儿童从感性认识上升到理性认识,即从习动和习行提高到抽象思维的层次,这才有利于学生在知识技能学习与掌握前提下的创新力培养,或综合素质能力的养成。

---

[1] 梁启超:《中国近三百年学术史》,北京:商务印书馆,2006年版,第135页。

四、体用一致

"天理",或在人之外作为客观的绝对精神,或在人之内属人心的本体"良知""良能"。由此,理学家思想中"体"一般指的是心性本体,亦是天赋的道德观念。理学家的学问根本是做居敬持志、虚静体认、反观内省的"明体"功夫。他们属学用脱节,"学而不能成其业,用而不能行其学"。而颜元的"体"的内核或精神则主要承载于周公、孔子"三物"之学当中,不过,尤其强调实用的技能及操作的方法。

> 某闻气机消长否泰,天地有不能自主,理数使然也;方其消极而长,否极泰来,天地必生一人以主之,亦理数使然也。然粤稽孔、孟以前,天地所生以主此气机者,率皆实文、实行、实体、实用,卒为天地造实绩,而民以安,物以阜。虽不幸而君相之人竟为布衣,亦必终身尽力于文、体、行、用之实,断不敢以不尧、舜,不禹、皋者苟且于一时虚浮之局,高谈袖手,而委此气数,置此民物,听此天地于不可知也;亦必终身穷究于文、体、行、用之实,断不敢以惑异端、背先哲者肆口于百喙争鸣之日,著书立说,而误此气数,坏此民物,负此天地于不可为也。①

宋儒多不重视"实用""实行"之学,而颜元无论是在学术上还是理论上,特别强调"用",他认为学术以及理论的价值关键在于是否有用。

> 静极生觉,是释氏所谓至精至妙者,而其实洞照万象处皆是镜花水月,只可虚中玩弄光景,若以人照临折戴则不得也。……盖镜中花,水中月,去镜、水则花力、月无有也。即使其静功绵延一生不息,其光影愈妙,虚幻愈深。正如人终日不离镜水,玩弄其花月一生,徒其自欺一生而已,何与于悟性广大高明之体哉?……无用之体,不唯无真用,并非真体也。有宋诸先生,吾固未敢量,但以静极有觉为孔子学宗,则断不敢随声相和也。②

---

① 颜元:《上太仓陆桴亭先生书》,载陈山榜、邓子平主编《颜李学派文库》(第1册),石家庄:河北教育出版社,2009年版,第48页。
② 颜元:《性理评》,载陈山榜、邓子平主编《颜李学派文库》(第1册),石家庄:河北教育出版社,2009年版,第66页。

可见,在他看来没有实用价值的学术和理论不是真的学术和理论。

> 今释氏、宋儒,有伏而无作,有体而无用。不能作之伏,非伏也;无所用之体,非体也……宋儒偏处只是废其事;事是实事,他却废了,故于大用不周也。人皆知古来无无体之用,不知从来无无用之体,既为无用之体,则理亦虚理。释氏谈虚之宋儒,宋儒谈理之释氏,其间不能一寸。尧、舜名其道曰"三事",周、孔名其道曰"三物",殆逆知后世有无事之理、谈理之学,而预防之乎!①

颜元认为宋儒和释氏的理论都是因为无"用",才不具备真理性。而且儒之衰和释之坏都是因其不重视实用的结果。

> 宋人则有事外之理,行外之文,且牵释、老,附会《六经》《四子》中,使天下迷酣;弃尧、舜之道,亡孔子之业,卒致普地庠塾无一可用之人才,九州职位无一济世之政事,是以莫之御而儒统至此也,莫之御而世道至此也。吾虽欲避其势焰以自爱,亦乌能自已耶!但愿世之君子,净眼一辨,今世尚有儒道否?则必悟儒之所以亡,而怜我谅我者出矣。②

颜元重视实用,但也没有轻视理论,只是反对那些脱离实际的空洞说教而已,例如他创作《存学编》缘由就是在于此:

> 吾《存学编》之作,只为两千年纸上有《四书》《五经》,口上有《四书》《五经》,吾人身家、朝廷政事、海域边疆上全不见《四书》《五经》也……印之于心,足以自娱;传之于世,足以惊人。而仆以为终是纸笔口头上之《四书》也,亦犹是周、程、张、朱之能事也。……置义田,严城守,送难妇,终操守,是即敦睦九族,平章百姓,明明德于天下,合天人而时习乎位育,体仁义而不以利为利矣。尚犹是纸笔口头之《四书》也哉!③

---

① 颜元:《朱子语类评》,载陈山榜、邓子平主编《颜元学派文库》(第1册),石家庄:河北教育出版社,2009年版,第245—246页。
② 颜元:《习斋记馀》(卷九),载陈山榜、邓子平主编《颜李学派文库》(第2册),石家庄:河北教育出版社,2009年版,第477—478页。
③ 颜元:《读习文孝用六集十一卷评语》,载陈山榜、邓子平主编《颜李学派文库》(第2册),石家庄:河北教育出版社,2009年版,第436页。

由上述论述可知,颜元并非否定四书五经的典籍知识及文本内容载体,而是反对以此纲领要目作为机械教条,走向僵化、空洞的形式主义。其实,这正表明了他重视将理论和实践结合起来,即"体用一致"的核心取向。

这里的"用"包括三方面内容:日用经济民生的生产生活知识及技能;农业、手工业及部分工商贸易的实践;国家民族的根本大事——存亡治乱。颜元"体用一致"思想深刻揭露了道学唯心论的禅学根源,唯心论者割裂了体用关系,实际上是要否定实有的形体。"盖吾儒起手便与禅异者,正在彻始彻终总是体用一致耳,故童子便令学乐舞勺。夫勺之义大矣,岂童子所宜歌?圣人若曰,自扫洒应对以至参赞化育,固无高奇理,亦无卑琐事。故上智如颜、贡,自幼为之,不厌其浅而叛道;粗疏如陈亢,终身习之,亦不至畏其难而废学。"[1]颜元批判理学家陷于脱离实际的"用"去求空洞无用的心性本体,认为假若离开了实际应用,心性本体价值不能发挥,甚至心性的本体本身也是流于虚幻的。也就是说,有其体必有所用,并以其用通其体。

---

[1]颜元:《性理评》,载陈山榜、邓子平主编《颜李学派文库》(第1册),石家庄:河北教育出版社,2009年版,第55页。

第二节 教育活动中的实与习

颜元的教育思想主要是在批判宋明理学的基础上形成的,其最大的特征就是重视实践,强调习行,而反对程朱理学的读书穷理,空谈心性。他断言:"心上思过,口上讲过,书上见过,都不得力,临事时依旧是所习者出。""心中醒,口中说,纸上作,不从身上习过皆无用也。"①这是一种实用主义教育活动论的如实表述,几乎可以媲美于近300年之后美国现代教育派进步主义教育大师的经验论与教育本质问题的观点。

一、教育的目的

明末清初,中国社会发生了急剧的变化。清朝政权统治下的封建剥削愈加残酷,土地高度集中,农民起义时有发生。颜元作为农民及工商业阶级的利益代表,既反对种族压迫,也反对官僚大地主的残酷剥削,由此体现了广大基层民众的要求。

颜元的社会立场和民族意识导致他要求学校教育设计新的教育目标,而这是建立在对静坐、读书的理学教育予以揭露的基础之上的。

颜元反对传统的理学读书教育理念,主张以习动和习行的实学教育代替习静和讲读的空洞无实、画饼充饥的教育。传统教育方法习静和讲读的内容主要有禅理、语录、训诂、诗文、制艺等,而以习动和习行为方法的实学教育内容是"三事""六府""三物""四教"。传统教育的内容和方法大多只能养成百无一用的书生和文人,与之相反的实学教育则能培养身心健康、德才兼备的人才。

---

① 颜元:《性理评》,载陈山榜、邓子平主编:《颜李学派文库》(第1册),石家庄:河北教育出版社,2009年版,第56页。

(一)教育的总目标

颜元赞同战国时期的经典著作《礼记·大学》中对教育目标的阐述:"大学之道,在明明德,在亲民,在止于至善。"这也是教育的总目标。他做如下阐发:

> 《大学》首四句,吾奉为古圣真传。所学无二理,亦无二事,只此仁义礼智之德,子臣弟友之行,《诗》《书》《礼》《乐》之文,以之修身则为明德,以之齐治则为亲民。明矣而未亲,亲矣而未止至善,吾不敢谓之道也;亲矣而未明,明矣而未止至善,吾亦不敢谓之道也。亲而未明者,即谓之亲,非《大学》之亲也;然既用其功于民,皆可曰亲。其亲而未明者,汉高帝与唐太宗之类也;其亲且明而未止至善者,汉之孝文、光武之流也。凡如此者,皆宋明以来儒者所共见,皆谓之非道者也。其明而未亲,明且亲而未止至善者,则儒者未之言也。非不肯言也,非不敢言也,尧、舜不作,孔、孟不生,人无从证其为道者。①

总而言之,"明明德""各专一事"等是颜元实学教育的总体目标或对学生的普遍要求。

1.明明德

"明明德"就是要弘扬德性,提高并促进学生道德修养的素质或能力。

> 吾儒所谓"明德",即禀受于天,仁、义、礼、智之德,见父知孝,见兄知弟,以至万善皆从此出。孟子所谓"良知良能",子思所谓"诚明",尧之"钦明",舜之"哲",孔之"一贯",此"明德"也。"虚"之一字,从何来哉?朱子不唯错了尧、舜"和三事,修六府",周、孔习行"三物"路径,即"德、性"二字,早为佛、老蔽之矣。同志但观予《存性》《存学》,则此等自晓然,尺雾不能障青天矣。②

---

① 颜元:《明亲》,载陈山榜、邓子平主编《颜李学派文库》(第1册),石家庄:河北教育出版社,2009年版,第43页。

② 颜元:《训门人类》,载陈山榜、邓子平主编《颜李学派文库》(第1册),石家庄:河北教育出版社,2009年版,第240—241页。

由此可以看出"明德"即是良知良能,是培植并完善禀受于天的仁、义、礼、智、信等德行修养,所以说"明德"的教育也可以看作理想的道德教育。同时,颜元反对程朱学派受佛、老浸染的道德教育理念及门径,力求要将其归于正途,并光耀或传播儒学道义精神。

同时,在颜元看来教育目标亦可说是"明伦",即在于使人相亲相爱,合作互助,营造和谐的美好的五伦关系。

> 且学所以明伦耳。故古之小学教以洒扫应对进退之节,大学教以格致诚正之功,修齐治平之务,民舍是无以学,师舍是无以教,君相舍是无以治也。迨于魏、晋,学政不修,唐、宋诗文是尚。其毒流至今日,国家之取士者,文字而已,贤宰师之劝课者,文字而已,父兄之提示,朋友之切磋,亦文字而已,不则曰"诗",已为余事矣。求天下之治,又乌可得哉?①

2.各专一事

颜元认为实学的教育目标在于为国家造就实才实德的官吏、治术人才和专业人才。

> 昔人言本原之地在朝廷,吾则以为本原之地在学校。朝廷,政事之本也;学校,人才之本也。无人才则无政事矣。令天下之学校皆实才实德之士,则他日列之朝廷者皆经济臣。……令天下之学校皆无才无德之士,则他日列之朝廷者皆庸碌臣。虽有愿治之君相,谁与为养民,教民,作为艰危,兴礼乐,定成平事者。故教职最闲,实最要也。②

这里是从治术人才的培养来立论的。国家行政管理者应具有实才实德的知识和能力,方能承担养民、教民的职责,显然是对两汉北宋经世派崇尚经世致用人才观的弘扬。颜元已经认识到人才决定国家命运的重要性,认为唯有通过教育

---

① 颜元:《学校》,载陈山榜、邓子平主编《颜李学派文库》(第1册),石家庄:河北教育出版社,2009年版,第101页。
② 颜元:《送王允德教谕清苑序》,载陈山榜、邓子平主编《颜李学派文库》(第2册),石家庄:河北教育出版社,2009年版,第347—348页。

改革才可以培养出"斡旋乾坤,利济苍生"的经世致用人才,才能提升民生经济的水平,促进社会文明的进步。

同时,他指出又应该意识到人的资质、禀赋各不相同,不是任何人都能成就"通儒",而且社会本身也难以提供那么多"通儒"的岗位。因此,学校教育要为社会培养"百职人才","学须一件做成便有用,便是圣贤一流。试观虞廷五臣,只各专一事终身不改,便是圣;孔门诸贤,各专一事,不必多长,便是贤;汉室三杰,各专一事,未尝兼摄,亦便是豪杰"[①]。颜元认为这种百职人才应该成为社会当中各行各业的支柱。可见,颜元是把培养"通儒"和"专才"放在同等重要的地位。显然,培养"专才"的人才思想多少包含有早期市民阶级要求的某些倾向,反映了17世纪由于工商业的发展,引起的行业分工对科学技术和实用知识人才的需求,也体现了呼唤实用人才的现实需求。就这一点来说,颜元的教育目标论,突破了传统的教育观念,在中国古代教育思想史上写下了新的篇章。

宋儒的教育目标是"学为圣人"。颜元认为这一目标是可望而不可即的,而且"圣人"在生活中未必有用。因此,他创造性地提出了成就现实中实用专业人才的现实目标。"历事久,取精多,则魂魄强。今于礼乐、兵农无不娴,即终身莫之用而没,以体用兼全之气还于天地,是谓尽人道而死,故君子曰终。故曰学者,学成其人而已,非外求也。"[②]"学成其人"是一个宽泛的概念,或者说是教育的目标方案。只要学习之人能够发掘其潜力,尽其所长,成为其所能成为的人,也便是"学成其人"了。

(二)教育的差异性目标

颜元认为,要使社会安定、经济发展,必须兴办学校,培养社会所需要的人才。程朱理学把学者引入歧途,培养出来的人,只知卖弄虚文,而毫无"利济苍生"的能力。这是学校教育的误区或死胡同,必须及时回头,立即转向。教育不应成为歧路的"羔羊",而要成为迷途知返的"觉醒者"。学校教育正确的走向应该

[①] 钟錂:《学须第十三》,载陈山榜、邓子平主编《颜李学派文库》(第2册),石家庄:河北教育出版社,2009年版,第567页。

[②] 颜元:《学辨一》,载陈山榜、邓子平主编《颜李学派文库》(第1册),石家庄:河北教育出版社,2009年版,第52页。

是培养"实学""实行"的经世致用人才。

从实学实用的角度出发,结合社会的需要,颜元又提出了具体的教育目标——"通儒""专才"。"通儒"即"上下粗精皆尽力求全"。颜元十分厌恶读书人只会读书、背书、著书,而无实际的经邦治国本领。

培养德才兼备的"通儒",由他们来管理国家大事是历代具有远见卓识的思想家、政治家向来所重视的。颜元所谓的"通儒"是能够办天下人所不能办、任天下人所不能任的"险重繁难"之事,这些"通儒"是"上下精粗"都尽力求全的人,具有治国治民的知识素养,在政治、经济、军事方面有实际才干,而不是静坐清谈的儒生士大夫。"人必能斡旋乾坤,利济苍生,方是圣贤。不然,虽矫语性天,真见定静,终是释迦、庄周也。"①

过去,说到"圣贤",人们总觉得距离很遥远,但是,颜元在学习、训练及自我修养的手段下确认"途之人皆能为禹",犹如荀子的外铄论所揭示的那样。这样就一下子拉近了普通人和圣贤之间的距离。这些圣贤也没有什么特别之处,他们的口、鼻、耳、目和常人没有什么区别,不同之处是圣贤肯用功而已,而常人却不肯用功。普通人和圣贤之间的距离只有一步之遥,并没有不可逾越的鸿沟。所以从理论上讲,只要肯用功,就可以成为令人羡慕的圣贤,让人敬仰有加的"通儒"。

"专才"即经世致用、各求一艺的专门人才。颜元认为,各种专门人才也是社会不可缺少的,因此通儒难达,专人亦可。"其实上有上,下有下,上下粗精皆尽力求全,是谓圣学之极致矣。不及此者,宁为一端之实,无为全体大用之虚。如六艺不能兼,终生止精一艺可也;如一艺不能全,数人共学一艺……"②除了个体之间学业水平、天赋能力的差异之外,个性气质及兴趣志向也存在着不同。"人之质性各异,当就其质性之所近,心志之所愿,才力之所能以为学,则易成。圣贤而

---

①钟錂:《教及门第十四》,载陈山榜、邓子平主编《颜李学派文库》(第2册),石家庄:河北教育出版社,2009年版,第572页。
②颜元:《学辨二》,载陈山榜、邓子平主编:《颜李学派文库》(第1册),石家庄:河北教育出版社,2009年版,第54页。

无龃龉扞格终身不就之患。"①颜元曾问弟子果斋自认为才智如何,果斋回答说想无所不能。对此,颜元进行了质疑及开导:"误矣。孔门诸贤,礼、乐、兵、农各精其一,唐虞五臣,水、火、农、教各司其一;后世菲资,乃思兼长如是,必流于后儒思、著之学矣。盖书本上见,心头上思,可无所不及,而最易自欺、欺世。究之莫道一无能,其实一无知也。"②因为具有普通才智的人毕竟是多数,所以,常人应有常人现实一点的目标,那就是各专一长,各精其一。只要他学习的是对社会有用的实用之学,同样能发挥其价值。由此可见,他理想中的人才是斡旋乾坤、无所不能的通才,但同时又立足于现实,注意讲求实用,并能够从人的实际情况出发,做出实事求是的要求。因此,只要"学须一件做成,便有用,便是圣贤一流"③。

总之,颜元的实学教育思想在我国教育史上留下了深深的印记,对我国近现代教育影响深远,在新时代也有积极意义。颜元的教育思想中提出了人全面发展的理念,同时也注重专业知识与技术的培养,这与现代的教育目标是不谋而合的,既重视学生的全面发展,同时也为学生今后的就业做铺垫,培养学生的专业技能。

二、教学内容

颜元关于教学内容的规范或筹划自然是以实用、实学人才的培养为归宿的。他认为:"迨于秦火之后,汉儒掇拾遗文,遂误为训诂之学。晋人又诬为清谈,汉、唐又流为佛、老,至宋人而加甚矣。仆尝有言,训诂、清谈、禅宗、乡愿,有一皆足以惑世诬民,而宋人兼之,乌得不晦圣道,误苍生至此也!仆窃谓其祸甚于杨、墨,烈于嬴秦。每一念及,辄为太息流涕,甚则痛哭!"④

---

① 颜元:《四书正误》(卷六),载陈山榜、邓子平主编:《颜李学派文库》(第1册),石家庄:河北教育出版社,2009年版,第205页。
② 钟錂:《习过之第十九》,载陈山榜、邓子平主编:《颜李学派文库》(第2册),石家庄:河北教育出版社,2009年版,第589页。
③ 钟錂:《学须第十三》,载陈山榜、邓子平主编《颜李学派文库》(第2册),石家庄:河北教育出版社,2009年版,第567页。
④ 颜元:《寄桐乡钱生晓城》,载陈山榜、邓子平主编《颜李学派文库》(第2册),石家庄:河北教育出版社,2009年版,第379页。

对于程朱学派专务读书,颜元曾经有深刻体验,并有切肤之痛:"目击而身尝之,知其为害之巨也。"他举了不少例子来证明静坐读书损害人的身体健康,甚至以至于丧命的危害。例如,河北元氏县,有一读书士子,过于沉湎静坐勤读程朱理学书籍,最终致双目失明。又如祁阳刁蒙包,致力于静坐读书,深思程朱理学义理,昼诵夜书,疲筋劳神,虽著书百卷,但早早离世,将卒之三月前,已出言无声。而且这种情况并不是个别现象:"况今天下兀坐书斋人,无一不脆弱,为武士农夫所笑者,此岂男子态乎?"这种学术风气小则毒害群儒,大则使天下士子皆成"弱人""病人""无用之人",以致危害国家和社会。

不仅宋朝的败于金、元是与程朱理学相关的,就连清兵的入关,明朝的学术与教育都是有一定责任的:"真失学宗以误斯人,则近代之祸,吾儒焉得辞其责哉!"①当然,客观而论,宋、明之亡,政治腐败乃其首责,不能单单归咎于学术,但学界也难辞其咎。

也正是基于实学的指向与实践功夫作为参照的项目,颜元才找到了自己培育人才标准:

  聪明不足贵,只用功夫人可敬;善言不足凭,只能办事人可用。孔子之道,如宗庙、朝廷,宫殿巍峨,百庑千廊,礼容、乐器,官寮政绩,荡荡济济,贤其座庑。三千人其各得闲舍也,最下亦垣门、沼榭、花柳之属。故吾尝云得其徒众之末,亦师事之,为其实也。后儒之学,则如心中结一宗庙朝廷景况,纸上绘一宗庙朝廷图画,方寸操存,尽足自娱;读、讲、著述,尽足快口舌,悦耳目;故每自状如镜花、水月,惜无实也。②

颜元深切感到宋明理学空谈心性义理的危害。对此指出:

  读书愈多愈惑,审事机愈无识,办经济愈无力。试历观宋、明已事可为,

---

① 颜元:《性理评》,载陈山榜、邓子平主编:《颜李学派文库》(第1册),石家庄:河北教育出版社,2009年版,第77页。
② 钟錂:《王次亭第十二》,载陈山榜、邓子平主编:《颜李学派文库》,(第2册),石家庄:河北教育出版社,2009年版,第564—565页。

可为痛哭。朱子胸中妙思，口里快道，直如许津津有味。试问立朝四旬，亲民九考，干得甚事？吾尝谓："读书欲办天下事，如缘木而求鱼也。"圣人复起，不易吾言矣。①

这种空言虚文的教育，一是败坏人才，从而危害国家；二是败坏风俗，从而危害民众，可谓祸国殃民。

因此，颜元主张在知识技能的教学内容方面必须倡导实学教育，极力地反对理学、八股及虚玄无用之学：

> 至大经大法，如班爵、班禄、井田、学校，王道所必举者，明则明，行则行，非后世空言之比，正子贡所称"贤者识其大者"。子云赞之一语颇易，文公议之。今朱子出，而气质之性谗杂于荀、扬，静坐之学出入于佛、老，训诂繁于西汉，标榜溢于东京，礼乐之不明自若也。实学不明，言虽精，书虽备，于世何功，于道何补！然赖其讲解，朝廷犹以《四书》《五经》取士，周、孔之文不至尽没，有志于学者承袭其迹，以主敬静坐求道，不至尽奉释、道名号，与二家鼎峙而已。若问自周以来圣贤相传之道，则绝传久矣。②

也就是说，如果不实行实学，即使"言精""书备"，却也于事无功，于道无补。这样的教育方法只会败坏社会风气，古代的学子首先学习的是怎样侍奉父亲、兄长，而当今的学子却是袖手静坐，奴役父亲、兄长，古今的做法完全颠倒过来了，这既是八股取士所带来的危害，也是理学教育造成的弊端。颜元认为要克服这样的弊端，就必须在教育内容上突破理学教育的窠臼，将实学内容充实进来，对传统儒学教育内容加以改造。

教育愿景的核心灵魂在于培养"以经世为宗""实德实才之士"。教育内容，便自然应该是以"六艺"为中心的"三事""六府""三物"为课程门类的主干。"三

---

①颜元：《训门人类》，载陈山榜、邓子平主编：《颜李学派文库》（第1册），石家庄：河北教育出版社，2009年版，第223页。

②颜元：《性理评》，载陈山榜、邓子平主编：《颜李学派文库》（第1册），石家庄：河北教育出版社，2009年版，第72页。

事"指正德、利用、厚生;"六府"指金、木、水、火、土、谷;"三物"指六德、六行、六艺。"六德"为智、仁、圣、义、中、和;"六行"为孝、友、睦、姻、任、恤;"六艺"为礼、乐、射、御、书、数。这三事、六府、三物,就是颜元所谓的"实学"。其中"六德""六行"属于道德伦理范畴。同时,颜元在之中赋予其"富国强兵"的政治理想,还提出教育要"兵农合一""文武兼备""教文即以教武""治农即以治兵"的实学实用言论。①

在《习斋教条》中规定:"凡吾徒者当立志学礼、乐、射、御、书、数及兵农、钱谷、水火、工虞。予虽未能,愿共学焉。"③他所主持的漳南书院中包含"文事斋"(研习数、天文、地理等科目)、"艺能斋"(研习水学、火学、工学、象数等科),其中自然科学课程占总课程的三分之一。其中,"礼"是一门重要学科。颜元认为"礼"有增进健康、涵养德行和经世致用的价值,常与学生一起习行冠礼、士相见礼、祭礼。音乐有陶冶德行的功用,故"乐"也是一门重要学科,在颜元所办的学校中,每逢四、九日,他都令其弟子歌诗习乐。学生每逢五、十日习射,颜元自身骑术颇为熟练,在办漳南书院时,尝教弟子骑马、举石、超距、击拳等。在书法教学中,他不仅要求字形笔画正确,而且注重笔法的优美,教习数时注重循序渐进,规定学生每逢一、六日习数。"兵"学也是所重视的学科之一,在漳南书院的武备斋内,设有黄帝、太公及孙、吴诸子兵法,攻守、营阵、陆水诸战法。鉴于儒者应兼从事农圃劳动,因此颜元专门设有"农学"一科。"钱谷"即理财学,宋儒轻视理财,颜元认为这是一种极端迂腐的见解。"水"即水利学,与之并列的还有"火学""工学""象数"等科技课程。颜元设计的实学教育内容不仅有实用知识而且有科学技术与技能,不仅有中国传统文化遗产,而且融入了现代科学技术,"这正反映了当时科学的曙光和新兴工商业者的需要"②。颜元课程设计与教育的内容包罗万象,既有传统的知识教育,如"六艺"中的一些传统儒学的内容,也加入了自然科学的内容,如"兵学、农学、钱学、谷学、水学、火学、工学"等,超过了"六艺"的范围。

尤其是颜元把参加劳动也视为教育的一项重要活动,认为常劳动则"筋骨飒,

---

① 颜元:《治赋》,载陈山榜、邓子平主编:《颜李学派文库》(第1册),石家庄:河北教育出版社,2009年版,第99页。
② 邱椿著:《古代教育思想论丛》(下册),北京:北京师范大学出版社,1985年版,第221页。
③ 李塨:《颜习斋先生年谱》(卷上),载陈山榜、邓子平主编:《颜李学派文库》(第2册),石家庄:河北教育出版社,2009年版,647页。

气脉舒",久之则"魂魄强",这样,学习时就可以"振飒精神,使心常灵活"。所以,劳动不仅可以掌握有用的技能,还可以"练智""达才",即发展人的智力才干。劳动还可以"治心",提高道德修养水平。"吾用力农事,不遑食寝,邪妄之念,亦自不起。若用十分心力,时时在天理上做,则人欲何自生哉？信乎'力行近乎仁'也。"颜元重劳动教育,把劳动当作完善个人修养的手段,突出了实用之学与对"习行"的重视,诚为封建社会晚期思想观念的革命性解放,彰显了一代教育家的崭新气魄。

颜元颇有类似于西方近代教育学奠基者捷克教育家夸美纽斯"泛智论"思想观念,是对传统儒者所称"一物不知,儒者之耻"理念的继承与弘扬。但这种"百科全书"式教育资源的设计,在学校教育中毕竟是有违时空条件及学生实际需求的,这就需要选择。一如夸美纽斯的实用科学技术取向,颜元也是在实用实学前提下走向操作与运用道路。"这种'百科全书'式课程体系创造了一种新的课程模式,孕育了分科教学、专业设置教学思想。"①

由上可见,颜元的"六府""三事""三物"的教育内容包含了道德伦理规范、自然科学、军事、农工等诸多科学。此外,还包括国防、体育、音乐等科目。因此,我们不难看出颜元为培养"实学""实用"之全才所做的努力。

三、教学方法

针对当时流行的程朱理学教育强调清谈、静坐,严重脱离社会实际的状况,颜元认为,这些脱离社会实际的教育方法使得教育只是"处在纸面上、文墨中",这种只是关注在口头上、纸笔上下"空功夫",而忽视在实际生活中追求实效的教育方法,对于教师、学生、社会和国家都是有害的。对此,颜元注重联系实际生活提出了习行的教学方法。

他注重"习行",这和传统的"主静"与"闭门读书"的教学方法相对立。

---

① 周德昌主编：《中国教育史研究·明清分卷》,上海：华东师范大学出版社,1995年版,第312页。

颜元认为,孔子之学与程朱之学的最大区别就在于治学方法上的根本不同。"朱子论学,只是论读书",所以"欲人读天下许多书,是将道全看在书上,将学全看在读上"。此处的"道"就是程朱之学所追求的"理",或称"天理"。这样做,读书明理往往会落空,颜元则认为见理于事,方能落实。"见理已明而不能处事者多矣,有宋诸先生便谓还是见理不明,只教人明理。孔子则只教人习事,迨见理于事,则已彻上彻下矣。此孔子之学与程朱之学所由分也。"①

教学方法是与认识论紧密关联的。在认识论上,颜元对"格物致知"命题有所发展,认为"物"就是客观实际存在的具体事物。"格物"就是亲自去接触事物,亲手"实做其事",从而获得知识。他强调感性经验,并肯定地阐明了认识对实践的依赖性。同时,又指出:"学问以用而见之得失,口笔之得者不足恃。"要获得真正有用的知识,就必须直接观察、接触客观事物,亲自动手去做,才能认识客观事物的规律;知识也只有运用于实际,才能发挥出其内在的力量。这种认识论已经包含了认识来源于实践,实践是检验认识正确与否的标准等内容,与唯心主义先验论显然不同。

基于上述认识,在教学中,教育者必然注重"习行",即组织学生亲自去观察,亲身去实践,去"实做其事",才能认识领悟其中的理,达到融会贯通的地步,以获得真知。"孔子开章第一句,道尽学宗。思过,读过,总不如学过。一学便住也终殆,不如习过。习三两次,终不与我为一,总不如时习方能有得。'习与性成',方能'乾乾不息'。"②颜元反对理学家向内反省,师心自用,脱离实际或闭门造车的治学方向及实施门径。"但凡从静坐读书中讨来识见议论,便如望梅画饼,靠之饥食渴饮不得。"③心中想、口中说、纸上作,不是切身练习体验或经历过,都是空洞无实的,缺乏实际应用性。单纯读书所得的知识既不足恃,而且也无益于

---

① 颜元:《性理评》,载陈山榜、邓子平主编:《颜李学派文库》(第1册),石家庄:河北教育出版社,2009年版,第68页。
② 钟錂:《学须第十三》,载陈山榜、邓子平主编《颜李学派文库》(第2册),石家庄:河北教育出版社,2009年版,第568页。
③ 颜元:《性理评》,载陈山榜、邓子平主编《颜李学派文库》(第1册),石家庄:河北教育出版社,2009年版,第64页。

事功。所以他评述朱、孔两个门派治学的差别,认为"看朱子叹息他人,真是自以为中,居之不疑矣。若以孔门相较,朱子知行竟判为两途,知似过,行似不及,其实行不及,知亦不及"①。这与原始儒学教育的内容及方法大相径庭:

> 古者学从六艺入,其中涵濡性情,历练经济,不得躐等,力之所至,见斯至焉。故聪明如端木子,犹以孔子为多学而识,直待垂老学深,方得闻性道,一闻夫子以颜子比之,爽然自失,盖因此学好大鹜荒不得也。后世诵读、训诂、主静、致良知之学,极易于身在家庭,目天下,想像之久,以虚为实,遂侈然成一家言主,而不知其误也。②

"习行"这一词是由"习""行"两个独立而又相互联系的字联合而成,"习"本意更多指练习、巩固的意思,而"行"则意谓实行、推行,将这两个字加以联用,大概是发端于颜元,使之成为该学派的思想符号及精神特征。"习行"具有实践、应用、操作、实施、实际现实及事功等多重含义,也兼涉实学、实用的内容,"行"改换为"动"二字,便组成了"习动"一词。这也是颜元所惯用的,其意义便有新意:包括诸如锻炼、劳作、运动,甚至探索、操作与实验的现代方法论因素了。与此相对的程朱理学的治学与教育路径方法是典型书本文字教育的模本,属中世纪或传统封建时代教育方法,颇类似于西方中世纪后期经院哲学派托马斯·阿奎纳(Thomas Aquinas,约 1225—1274)的经院哲学经义说教演绎敷陈及推理漫说,这是颜元所不断指责的和批评的。对"习""行"单独使用在教学方法上又不乏独立性价值。以下分述之。

"习"是学习的进一步深入,教学过程建立在感知认识及理解基础上,又有复习、思考之意。教学中的学高于教、教为了学,两者结合方能有效地达到教的目标。对于感知、理解及加工基础上学生学习所获得的知识和信息,如果不进一步

---

① 颜元:《性理评》,载陈山榜、邓子平主编《颜李学派文库》(第 1 册),石家庄:河北教育出版社,2009 年版,第 80 页。

② 颜元:《性理评》,载陈山榜、邓子平主编《颜李学派文库》(第 1 册),石家庄:河北教育出版社,2009 年版,第 17—18 页。

加强巩固,就容易遗忘。学习者只有及时并且经常不断地复习、巩固,才有利于知识的保持。在颜元看来,"习"除了复习之外,还有通过手足动作、身体行动的学习,提高认识体验以及加强独立思考的意味。

"行"是学习的最终归宿,也是学习的价值得以实现的重要环节。颜元所指之"行",指行为发生以后活动的进程和结果,主要指实践活动,是学习过程中的一个关键阶段。"人之为学,心中思想,口内谈论,尽有百千义理,不如身上行一理之为实也。人之共学,印证《诗》《书》,规劝功过,尽有无穷道德,不如大家共行一道之为真也。"①学习时,读想许多次,均不及躬身实践一次。因此,"读书无他道,只需在'行'字着力。如读'学而时习'便要勉力时习,读'其为人孝弟'便要勉力孝弟,如此而已。"②"书房习数,入市便差。则学而必习,习又必行,固也。"③也就是说,要将所学到的知识,及时去实践,使之发挥作用,并在实践中得到知识运用的功效及价值,同时它也有助于知识的巩固与提升。只有不断实践,反复行动,才能推动学习与运用的交互作用,获得知识应用价值的实现,进而促进学校与社会良性正循环关系的相依相存。

> 今乃谓全不学习经世之事,但明得吾体,自然会经世,是人人皆"不勉而中"矣。且虽不勉之圣人一管,断不能吹。况我辈为学术所误,写字、习数已不胜昏疲,何与于礼、乐乎?……今日《四书》尽亡矣。如"学而时习"一句,夫子言之,不是教人讲说、作文,乃是教人学道、习道也。今日有一"学而时习"者乎?倘以六艺、六府取士,人始真学、真习,《四书》始有用矣。④

颜元又从"经世致用"的观点出发,阐述其注重"习行"教学方法的主张。人们获得知识的目的完全在于"实行""实用",这也正是获取真知、培养"经世致

---

① 钟錂:《习过之第十九》,载陈山榜、邓子平主编:《颜李学派文库》(第 2 册),石家庄:河北教育出版社,2009 年版,第 587 页。
② 钟錂:《理欲第二》,载陈山榜、邓子平主编:《颜李学派文库》(第 2 册),石家庄:河北教育出版社,2009 年版,528 页。
③④ 钟錂:《世情第十七》,载陈山榜、邓子平主编:《颜李学派文库》(第 2 册),石家庄:河北教育出版社,2009 年版,第 583 页。

用"人才的主要途径和教学方法。颜元在讨论其习行的教育方法时注重结合实践的原则及其"动"的学习策略。

> 盖《四书》、诸经、群史、百氏之书所载者,原是穷理之文,处事之道。然但以读经史、订群书为穷理处事以求道之功,则相隔千里;以读经史、订群书为即穷理处事,曰道在是焉,则相隔万里矣。兹李氏以先生解书得圣人之本旨,遂谓示斯道之标的,以先生使学者读书有序,遂谓将无理不可精,无事不可处。噫!宋元来效先生之汇别区分,妙得圣人之本旨者,不已十余人乎?遵先生读书之序,先《大学》,次《语》《孟》,次《中庸》,次穷诸经,订群史以及百氏,不已家家吾伊,户户讲究乎?而果无理不可精,无事不可处否也?譬之学琴然:诗书犹琴谱也;烂熟琴谱,讲解分明,可谓学琴乎?故曰以讲读为求道之功,相隔千里也。更有一妄人指琴谱曰,是即琴也,辨音律,协声韵,理性情,通神明,此物此事也。谱果琴乎?故曰以书为道,相隔万里也。千里万里,何言之远也!亦譬之学琴然:歌得其调,抚娴其指,弦求中音,徽求中节,声求协律,是谓之学琴矣,未为习琴也。手随心,音随手,清浊、疾徐有常规,鼓有常功,奏有常乐,是之谓习琴矣,未为能琴也。弦器可手制也,音律可耳审也,诗歌惟其所欲也,心与手忘,手与弦忘,私欲不作于心,太和常在于室,感应阴阳,化物达天,于是乎命之曰能琴。今手不弹,心不会,但以讲读琴谱为学琴,是渡河而望江也,故曰千里也。今目不睹,耳不闻,但以谱为琴,是指蓟北而谈云南也,故曰万里也。①

实学与习行都属颜元实学教育思想体系的两个关键词,两者既有内容、手段及目标、方法之间的关系,更有存在物与条件之间的内在依存性。诚如学者所称:"'实学'只有靠'习行'才能熟习和熟练起来。尤其是一些技艺的课程,如果光靠静坐读书的方法,要获得应有的技能、技巧,那就等于缘木求鱼、水中捞月。如学琴只能勤于练习琴谱,拨弄琴弦,才会成为'弹琴'的能手,光坐在书房里诵读琴谱是无济于事的。"②

---

① 颜元:《性理评》,载陈山榜、邓子平主编《颜李学派文库》(第1册),石家庄:河北教育出版社,2009年版,第74页。
② 周德昌主编:《中国教育史研究·明清分卷》,上海:华东师范大学出版社,1995年版,第314页。

习行不仅是获得真知、掌握技能,运用知识、学以致用的根本方法,而且还是验证知识、提高能力素质的重要与可靠凭据及尺度。颜元说:"今世之儒,非兼农圃,则必风鉴、医卜,否则无以为生。盖由汉、宋儒误人于章句,复苦于帖括取士,而吾儒之道、之业、之术尽亡矣。若古之谋道者,自有礼、乐、射、御、书、数等业,可以了生。观孔子委吏,《简兮》《硕人》,王良掌乘可见。后儒既无其业,而有大言道德,鄙小道不为,真如僧道之不务生理者矣。"①也就是说,能力的培养不能光靠死的书本知识,必须通过"习行"来"练习世务""历练经济",就像学医必须注重临床:

> 辟之于医,《皇帝素问》《金匮》《玉函》,所以明医理也,而疗疾救世,则必诊脉、制药、针灸、摩砭为之力也。今有妄人者,止务览医书千百卷,熟读详说,以为予国手矣,视诊脉、制药、针灸、摩砭以为术家之粗,不足学也。书日博,识日精,一人倡之,举世效之,岐、黄盈天下,而天下之人病相枕、死相接也,可谓明医乎?愚以为从事方脉、药饵、针灸、摩砭,疗疾救世者,所以为医也,读书取以明此也。若读尽医书而鄙视方脉、药饵、针灸、摩砭,妄人也,不唯非岐、黄,并非医也,尚不如习一科、验一方者之为医也。读尽天下书而不习行六府、六艺,文人也,非儒也,尚不如行一节、精一艺者之为儒也。②

把医理用于临床实践并取得疗效的才算是真正的医术,才能产生"疗疾救世"之用。推而广之,读完了天下书而不去"习行",不是货真价实的"儒",仅是一般文人而已。那些"行一节、精一艺"的"儒",方才算得上真正意义上的"儒"。毕竟一种理论是否正确,对某种知识是否真正掌握,只有处事操作实施,并获得预设效果方能实证。

同时,习行是一种修养的方法,能促进学生形成良好的道德观念与行为习

---

① 钟錂:《学问第二十》,载陈山榜、邓子平主编:《颜李学派文库》(第2册),石家庄:河北教育出版社,2009年版,第592页。
② 颜元:《学辨一》,载陈山榜、邓子平主编:《颜李学派文库》(第1册),石家庄:河北教育出版社,2009年版,第50页。

惯，也是检验道德动机是否纯正的标准。在此过程中，"习行"还有利于健壮筋骨，强健体魄。颜元说："人心动物也，习于事则有所寄而不妄动，故吾儒时习力行，皆所以治心；释氏则寂室静坐，绝事离群，以求治心，不唯理有所不可，势亦有所不能，故置数珠以寄念。今子病目，既废读讲学习功，当亲师访友，求所以寄心适志；乃惟闭户寄处，乌得不身日闲而心日妄乎！当急改图。"①治心的目的就是纯正动机，提升德性修养。因为，"德性以用而见其醇驳，口笔之醇者不足恃"②。

理学家的读书明理、格物致知，欲达到道心的修养，然后反躬践实。虽然理论上知而后行，但重心在知，行只是苍白无力的注脚，往往只表现出知行割裂，只知无行的浮夸与虚伪。而真德在行，不在言，言与行的统一、才是"真德"。所以，修德必须"励躬行"。习行不仅可以养性，而且可以修身，二者是统一的。颜元说："吾辈若复孔门之学，习礼则周旋跪拜，习乐则文舞武舞，习御则挽强把辔，活血脉，壮筋骨，利用也，正德也，而实所以厚生矣。岂至举天下事胥为弱女，胥为病夫哉？"③习静、只知读书使天下士子成为病夫，弱不禁风，柔然无力，成为士大夫的代名词。可见，习行、习动才能使个体、家庭、民族乃至国家强大。"习行礼、乐、射、御之学，健人筋骨，和人血气，调人性情，长人仁义。"④就手足活动、身体锻炼及实际操作等活动而言，又恰是以习动反对静坐读书教育直接而典型的案例："常动则筋骨竦，气脉舒，故曰'立于礼'，故曰'制舞而民不肿'。宋元以来，儒者皆习静，今日正可言习动。"⑤

---

①钟錂：《刚峰第七》，载陈山榜、邓子平主编：《颜李学派文库》（第2册），石家庄：河北教育出版社，2009年版，第547—548页。

②李塨：《颜习斋先生年谱》（卷上），载陈山榜、邓子平主编：《颜李学派文库》（第2册），石家庄：河北教育出版社，2009年版，第651页。

③钟錂：《吾辈第八》，载陈山榜、邓子平主编：《颜李学派文库》（第2册），石家庄：河北教育出版社，2009年版，第550页。

④钟錂：《习过之第十九》，载陈山榜、邓子平主编：《颜李学派文库》（第2册），石家庄：河北教育出版社，2009年版，第590页。

⑤钟錂：《世情第十七》，载陈山榜、邓子平主编：《颜李学派文库》（第2册），石家庄：河北教育出版社，2009年版，第583页。

上述言论及主张充分表现了习行教学法是知识结合实践,是两者统一的新式教学法。在教学活动中面对读书、记诵与行动、练习及应用双方的关系处理中,颜元强调了后者,属于重习行轻诵读的教学方式,或称是重习行而轻讲论的教学途径取向。总之,注重"习行"与重"实学"相表里,构成颜元教育思想不同于传统教育的一大特色,是其实学教育思想发展到一定阶段的产物。

第三节 颜元的师道观

师道观是指对为师之道的总体认识,涉及对教师的地位、作用、职责、任务、资格、要求及师生关系等方面的看法。①颜元执教长达47年,形成了系统而完备的师道观。

一、开明的师教观念

中国自古有尊师重教的传统,可谓源远流长。荀子提出"天地君亲师"的说法,认为教师是与"天""地""君""亲"同一等级的人物。韩愈也曾将师道并称,提出人无年幼长序之别,但以道之所得而尊其为师的精辟见解:

> 古之学者必有师。师者,所以传道受业解惑也。人非生而知之者,孰能无惑?惑而不从师,其为惑也,终不解矣。生乎吾前,其闻道也,固先乎吾,吾从而师之;生乎吾后,其闻道也,亦先乎吾,吾从而师之。吾师道也,夫庸知其年之先后生于吾乎?是故无贵无贱,无长无少,道之所存,师之所存也。②

"人莫患于自幼不从师,又莫患于早为人师。"③在对知识如饥似渴的求学时代里,颜元遍访名师以求教:"欲希古圣贤之所为,闻为古圣贤者辄造庐拜访,师之,友之,求切劘我,提相我。"④

---

① 俞启定:《论中国古代的师道观》,《高等师范教育研究》1995年第3期,第68页。
② 孙培青、杜成宪主编:《中国教育史》,上海:华东师范大学出版社,2009年版,第209页。
③ 钟錂:《鼓琴第十一》,载陈山榜、邓子平主编:《颜李学派文库》(第2册),石家庄:河北教育出版社,2009年版,第561页。
④ 颜元:《送安平杨静甫作幕序》,载陈山榜、邓子平主编:《颜李学派文库》(第2册),石家庄:河北教育出版社,2009年版,第351页。

颜元对待老师十分尊敬,在年少之时,曾先后拜师三位:吴洞云、贾金玉、贾端惠。虽然三人才德不尽相同,高低有差,但颜元对他们都十分尊敬。吴洞云去世之时,颜元曾为他做祭文,赞美之辞益于纸上,并助其葬。颜元为贾金玉做《美惠芳集序》,供其行医之用,从言辞中可看出对其的尊敬:

> 吾师金玉先生自童蒙诲某为儒者学,抚之如子,谆谆望某以出身从政,庶将举孔子所论者于身亲见之。某愧不才,甘蹈于医;然铭佩师德,罔敢一日忘。①

在贾金玉晚年时,颜元曾邀请老师来家居住以方便照顾,但贾金玉因路途遥远而不愿,颜元便带礼物前去看望,并侍其寝。在贾金玉去世之时,颜元率门人往哭送,并为其守心丧五个月。颜元亦为贾珍作传,夸赞其学识与人品,私谥其为"端惠先生",去世之时亦为其持心丧五个月。除这三位之外,还有一些人与颜元虽无师徒名分,但确实在其学术之路上有所助益,颜元对待他们也十分景仰,曾自言:"仆昔事石卿先生,尝拱手以听,先生院中游走讲论,目不一视,至二鼓,仆不敢移处;事文孝先生,侍坐,先生南面,时而指使如仆役。"②

颜元在求学之时对待自己的老师如此恭敬,而当他成为别人的老师之后,也这样要求他的学生,这一点从他设立的学规中就可以看出来。这是传统师道精神的传承延续。习斋学规中专门有一条为"敬尊长",其内容为:

> 凡内外尊长,俱宜小心侍从,坐必隅,行必随,居必起,乘必下,呼必难,过必趋,言必逊,教必从,勿得骄心傲气,甚至戏侮。干犯者责。③

在学生对老师的礼仪方面也有所规定:

---

① 颜元:《美惠方集序》,载陈山榜、邓子平主编:《颜李学派文库》(第2册),石家庄:河北教育出版社,2009年版,第348页。
② 钟錂:《三代第九》,载陈山榜、邓子平主编:《颜李学派文库》(第2册),石家庄:河北教育出版社,2009年版,第554页。
③ 李塨:《颜习斋先生年谱》(卷上),载陈山榜、邓子平主编:《颜李学派文库》(第2册),石家庄:河北教育出版社,2009年版,第646页。

> 每日清晨饭后,在师座前一揖,散学同。每遇朔望、节令,随师拜至圣先师四;起,北面序立,以西为上,与师为礼;再分东西对立,长东幼西相再拜。①

学生所做有不合礼仪之处,他会予以斥责,使其矫正。

颜元虽然强调尊师重教,但并不主张学生应盲目遵从老师,他认为老师所说的并非都是对的,老师的权威并非是不容质疑与反抗的。他的尊重更多表现在礼仪与行为举止上,而在知识文化与学术见解方面则给予了师生对话、探讨的自由。虽为师生,但学术上可以有不同的观点,即尊其师可以不同其论。反过来说,可以不遵其识见,但却要尊重其师的身份或角色。就像他与其师贾金玉,与其他两位老师相比,他也尊敬这位老师,却从不夸赞他的学术见解或思想造诣。在跟随老师学习的日子里,"看寇氏《丹法》,遂学运气术""娶妻不近,学仙也""知仙不可学,乃谐琴瑟,遂耽内。又有比匪之伤,习染轻薄"②着实过了几年荒唐的日子。这些都是在跟随吴洞云学习时所没有的,而在和下一个老师贾端惠学习时,"习染顿洗"。此外,颜元的学说自成一派,既不赞成陆王,更加反对程朱,但是这并不妨碍他与这些显学深有造诣者的交流,并给予其一定的师道尊重。对于这样的行为,他曾有这样的解释:辨学不容假借;若其居官廉干,自是可取。吾尝谓今日若遇程、朱,亦在父事之列,正此意也。③颜元对程朱理学批判最是彻底,却愿意把程朱当作父亲来对待,由此可知其师道观念深意之所在。

对于学生,颜元也是保持着这样的态度,允许师生之间学说的不同。譬如,李塨从青年时期便跟随颜元学习,亲受指教,但是他又不单单只跟随乃师学习,也曾向刘见田学习数学,从张函白学琴,问射法于赵锡之、汪若记。正式拜颜元为师之后,这种情况也没有改变,他先后跟随毛奇龄学乐,交往各个学派的朋友。

---

① 李塨:《颜习斋先生年谱》(卷上),载陈山榜、邓子平主编:《颜李学派文库》(第2册),石家庄:河北教育出版社,2009年版,第647页。
② 李塨:《颜习斋先生年谱》(卷上),载陈山榜、邓子平主编:《颜李学派文库》(第2册),石家庄:河北教育出版社,2009年版,第619页。
③ 李塨:《颜习斋先生年谱》(卷下),载陈山榜、邓子平主编:《颜李学派文库》(第2册),石家庄:河北教育出版社,2009年版,第678页。

王法乾曾对这种情况表示了担忧:"刚主交某某,又与某通有无,可忧。"而颜元却夸赞了李塨:

> 果有之乎?然吾以为刚主不及吾二人在此,其胜吾二人亦在此,吾二人不苟交一人,不轻受一介,其身严矣。然为学几二十年,而四方未来多友,吾党未成一材。刚主为学仅一载,而乐就者有人,欲师者有人。①

他们师生二人对于某些观点的看法也不尽相同,且多次争辩无果。颜元认为封建可复,并大有益处,但李塨认为封建存在很大的弊端,不可复,赞成郡县制。在取与舍的问题上,颜元主张"非力不食",李塨则主张"通功易事"。还有最为直接冲突的一点是,颜元治学反对书本,依靠习行,而李塨则受考据学的影响,依据书本解经。虽然存在这些不同,但却无损二人之间的师生感情。颜元始终视李塨为最优秀的弟子,而李塨也没有辜负他的期望,将颜李学派发扬光大。

二、教师的职业要求

教师是如此重要的一个职业,那在颜元看来,什么样的人才能成为合格的教师呢?对颜元的老师们进行分析,便可知道这一点。他的第一位老师吴洞云博学多才,不仅能文,还通晓军事兵法、武术、术数,又能医,是一个具有真才实学的人才,这就使得颜元的学问,自蒙养之时就同别人与众不同,为他后来的实学之路奠定了基础。他十分感谢这位老师。第三位老师贾珍幼时即有文名,为人更是儒雅,"峨冠博服,行步雅重,及接人,则遍体春风,色和仪恭,望之知为有道君子也"。颜元曾对他的师德大书特书,表示赞赏:"处士以身率人,训迪有方,尤镇静有常。每昧爽临斋端坐,终日肃如也。""又重义轻利,弟子入学,不效俗人索谢。"教学技艺也尤为高超:"随材施教,宽严适宜,尝轻箴片语,令人泣恨,不能自已。"②在跟随这位老师学习之后,他才结束了荒嬉散漫、随性而为的生活方

---

① 李塨:《颜习斋先生年谱》(卷上),载陈山榜、邓子平主编:《颜李学派文库》(第2册),石家庄:河北教育出版社,2009年版,第657页。

② 颜元:《贾处士传》,载陈山榜、邓子平主编:《颜李学派文库》(第2册),石家庄:河北教育出版社,2009年版,第409页。

式,而走上了积极进取的人生道路。唯有对第二位老师贾金玉,只是出于师道尊严的礼仪表示尊重而已。从上述不同的态度中,我们就可以发现,颜元所认为的合格的教师,不但要具备身为教师所应该有的专业知识,包括科目知识和教学技艺方面的能力,以及与此相关的学识素养,还要具备高尚的师德,即德艺双馨。

而颜元自己在成为教师之后,也始终践行着这一标准。颜元十分喜爱看书:"某平生无过人处,只好看书。忧愁非书不释,忿怒非书不解,精神非书不振。夜读不能罢,每先息烛,始释卷就寝。"①这使他获得了很多的知识。后因丧事而耽误了学业,颜元便反思告诫自己:"思丧中废业,兼以毁脊,极易萎惰,故先正制为祝祠云:'夙兴夜处,不惰其身。'期以内不惰犹易,练以后不惰更难。"②对于射箭、武术等技艺颜元也十分擅长,与弟子演练射箭,弟子皆不如他。直到年事已高,他武技依然十分高超,57岁时与李子青切磋:"乃折竹为刀,对舞,不数合,击中其腕。木天大惊曰:'技至此乎!'又与深言经济,木天倾倒下拜。"③在教导学生之时,因材施教,循序渐进,主张学生为学应立志成才与培养自己的兴趣。颜元德行十分高尚,很早便以孝闻名于乡野,乡人以"圣人"称之,他亦能够以身作则,成为弟子的好榜样,李塨多次感慨要向其师学习。在颜元去世之时,李塨为其作祝词,其中有一句话:"士民公举德学苦孝,学使者李公、巡抚于公,将交章上荐,先生力阻若伤之,乃止,是为先生之守。"④由此可看出颜元确实具有虚怀若谷、谦逊持让的君子人格风范。

三、教学活动中的师生角色地位

一直以来,学术界对师生在教学中所处的地位问题有不同见解。教育史上就

---

① 钟錂:《齐家第三》,载陈山榜、邓子平主编:《颜李学派文库》(第2册),石家庄:河北教育出版社,2009年版,第531页。
② 钟錂:《禁令第十》,载陈山榜、邓子平主编:《颜李学派文库》(第2册),石家庄:河北教育出版社,2009年版,第556页。
③ 李塨:《颜习斋先生年谱》(卷下),载陈山榜、邓子平主编:《颜李学派文库》(第2册),石家庄:河北教育出版社,2009年版,第675页。
④ 李塨:《颜习斋先生年谱》(卷下),载陈山榜、邓子平主编:《颜李学派文库》(第2册),石家庄:河北教育出版社,2009年版,第695页。

存在着"教师中心说""学生中心说"及"师生主导主体说"三种不同流派。颜元的观点大致在第一、三种之间游移、徘徊。他并不主张教师处于完全的主导地位，而是给了学生很大的自由，最突出之处就是允许学生规范自己的过错，这一点在封建社会尊师重道，乃至于教师拥有绝对权威的氛围中着实难能可贵，这不仅是对教师自身德行、学问的监督，也是一种考验，颜元的这一做法不仅表现了一位乡村教师的勇气与自信，也反映了他的真诚。"得从弟子者其道行，得畏弟子者其道光。"①这句话就是说听话的弟子可使师之道得行，而敢于对老师提出批评的弟子则可以使师之道发扬光大。②秉持着一颗为学、为道之心，颜元十分乐于弟子提出自己的过错，曾对彭好古说："今后许汝五日投规录一纸。"马遇乐从游，能规其过，便欣然谢之曰："吾之于人，虽良友，非责吾善，其交不深；虽嫌隙，但责吾善，其憾即释。"③《习斋学规》对此也有明确记载："即师之言行起居有失，俱许直言，师自虚受。"④颜元又与李塨做了与上述要求相一致的私下约定：

  九月，与塨订规约，以对众不便面规者，可相互秘觉也。云："警惰须拍坐，箴骄示以晴，重视禁暴戾，多言作噍声，吐痰规言失，肃容戒笑轻。"⑤

颜元之所以能如此坦然，与他改过迁善的思想认识是分不开的。

  "改过迁善"，吾儒做圣贤第一义也；"规过劝善"，吾儒交朋友第一义也；吾学无他，只"迁善改过"四字，日日改迁，便是功夫；终身改迁，便是效验。⑥

---

① 李塨：《颜习斋先生年谱》（卷上），载陈山榜、邓子平主编：《颜李学派文库》（第2册），石家庄：河北教育出版社，2009年版，第650页。
② 陈山榜：《颜元评传》，载陈山榜、邓子平主编：《颜李学派文库》（第7册），石家庄：河北教育出版社，2009年版，第2426页。
③ 李塨：《颜习斋先生年谱》（卷上），载陈山榜、邓子平主编：《颜李学派文库》（第2册），石家庄：河北教育出版社，2009年版，第638页。
④ 李塨：《颜习斋先生年谱》（卷上），载陈山榜、邓子平主编：《颜李学派文库》（第2册），石家庄：河北教育出版社，2009年版，第648页。
⑤ 李塨：《颜习斋先生年谱》（卷上），载陈山榜、邓子平主编：《颜李学派文库》（第2册），石家庄：河北教育出版社，2009年版，第658页。
⑥ 钟錂：《王次亭第十二》，载陈山榜、邓子平主编：《颜李学派文库》（第2册），石家庄：河北教育出版社，2009年版，第565页。

  而且,他认为,我们都是普通的人,哪有不犯错的呢,圣人也只是功夫常人,也会犯错,即使频繁犯错,只要能改也没有关系。"世间只一颜子'不贰过',我辈不免频复。虽改了复犯亦无妨,只要常常振刷,真正去改。"[①]基于这种思想,颜元认为教师也会犯错,也要改正错误。师生之间要相互监督,才能德知交融,知情并重,取得综合全面的教育效果。这也是师生之间平等的具体表现。虽然这里颜元并没有明确提出师生之间要民主平等的观念,但他的很多做法确实体现了类似现代的交互沟通的师生关系理念,很有现实意义。

[①] 钟錂:《王次亭第十二》,载陈山榜、邓子平主编:《颜李学派文库》(第2册),石家庄:河北教育出版社,2009年版,第565页。

第三章

文武合一育人才

明清早期作为中国封建社会发展的最后阶段，不仅将中国传统的教育制度日臻完善到了一定的高度，其教育的体制与管理措施也是封建社会历代所不能及的。此期以儒学教育为核心的学校教育系统，如社学、私塾、义学广泛设立，不仅扩大了教育范围，客观上也使得教育内容有所丰富及拓展。同时，书院教育以官办、民办结合的方式办学，弥补了官学教育模式的不足，充分发挥了对正规教育的促进作用。但是，其缺点与不足也是显而易见的。其中最显著的表现是教育脱离社会现实，所授知识有悖于实际应用，学生个性压抑、道德虚伪、缺乏创新能力。因此，作为启蒙思想家与教育探索家的颜元在反思、批判传统教育弊端的基础上，提出了一幅"文武合一育人才"的蓝图。

第一节 明清早期学校教育概述

本节从明清早期颜元出生前后的历史纵向维度为基础,着重选择构成学校教育主体的中央及地方儒学和作为这一制度补充的小学、书院以及其他教育类型,对学校教育制度做了一个基本介绍。

一、官学教育

(一)封建社会官学教育的历史回眸

我国古代封建社会的学校教育,按性质和办学主体的不同可以划分为官学、私学和书院三大类别。其中,官学在悠久的教育史上占据着重要的地位。官学概指中国古代官府举办的学校事业。由朝廷直接举办管辖的学校称为中央官学,凡按行政区域在地方设置的学校称为地方官学。①严格意义上来讲,最早的官学制度始于汉武帝在长安创设太学为起。元朔五年(前124)汉武帝根据董仲舒"天人三策"中"兴太学"的建议,下旨要求丞相公孙弘和太常孔臧等讨论设立太学。当然,除了由中央直接管辖的太学、宫邸学和鸿都门学之外,还有地方管辖的郡国学校,彼此之间都有严格的建制和标准,是典型的贵族教育。在经过魏晋南北朝时期的演化之后,官学的发展逐渐呈现出复苏的气息,创建了适应这一时段新的官学办学形式,并为其后隋唐官学制度的发展打下坚实的基础。到了唐代,官方教学制度已得到基本的确立,专门学校在学制中占据了一定的地位,各种教育形式走上了系统化的道路,较完备的中国古代官学体系初现雏形。宋代以后,科举制度的不断强化与完善和官学发展的衰微不振形成了强烈对比。为了调整科举考试同学校教育的关系,北宋发动了三次较大规模的兴学运动(庆历兴学、熙宁兴学、元丰兴学)。特别是王安石主持第二次兴学,改革了太学教学形

---

① 教育大辞典编纂委员会:《教育大辞典》(卷八),上海:上海教育出版社,1991年版,第20页。

式和内容,缓解了重科举轻官学的局面。官学教育得以恢复和发展,元代实际上进入了一个延续及调整阶段,没有多少根本变动。

(二)明清前期官学教育的嬗变

明清两代(至鸦片战争前)长达近500年,官学教育日益受到重视,无论是学校体制的结构,还是入学的条件、修业的年限,或是传授的内容和考试的制度等方面,都已定型并集中体现了古代封建社会学制的特点。然而,纵观此期官学演进历程,发展并非一帆风顺,其沉浮是伴随着封建统治的盛衰而变化的。我们可以暂且把这一发展轨迹分为三个阶段,即明初的昌盛期,明中叶以后的衰落期,清前的重振期。当然,这里的"昌盛""重振"用词只是针对教育形态及数量而言,并非喻示其内容及质性问题。唯此,才会促成颜元反省、揭露现存教育缺陷,并提出解决方案或出路。

1.明初官学的昌盛期

明初,明太祖重教兴学,于洪武元年(1368)即下令筹建中央国子学,后改名国子监。国子监"延袤十里,灯火相辉"。所谓"规制之备,文教之盛,自有成均,未之尝闻也"。监内建筑仅讲堂、藏书楼、学生宿舍、食堂就有2000余间。学生人数最多时高达8000余人。

明太祖对地方学校的建设也很重视,特下诏各地办学。据《明史》卷69《选举制一》及《明太祖实录》卷239文献记载:"京师虽有太学,而天下学校未兴。宜令郡县皆立学校,延师儒,授生徒,讲论圣道,使人日渐月化,以复先王之旧。"明代府、州、县普设学校。明政府从教师编制、学生人数与待遇、教学内容等诸多方面对地方学校提出要求。经过一段时间的不懈努力,各地儒学"教官四千二百余员,弟子无算,教育之法备矣"。为了使边疆地区子弟"知君臣父子之义,而无悖乱争斗之事,亦安边之道也",又下令于边疆和特殊地区设卫学,或令少数民族上层贵族子弟入国学。此外,还在城镇乡村广设社学,力图将皇权的触角延伸到社会最基层,以实现对全国的有效控制。自此,明代学校体制形成了三级网络,网点的分布遍及全国各地。正所谓"无地而不设之学,无人而不纳之教。庠声序音,重规叠矩,无间于下邑荒徼,山陬海涯。此明代学校之盛,唐宋以来所不及也"。此言虽充满了溢美之词,但也不乏事实可据。

2.明中叶后官学的衰败期

明朝中后期,教育昌盛的景况早已不复存在,整个官学教育势头犹如江河日下,日渐衰败。宣德年间(1426—1435),政府官员选任侧重科举,举荐遂废,国子监生的优越地位逐渐消失,致使其无心向学,专在甲科。而且明代的地方教官俸禄及地位不高这一事实也为师资队伍的不稳定埋下了隐患。当时,不论从品位、待遇,还是前途来看,入监读书远比任教地方要强得多,造成了一定人才流失。

从以上现象来看,明中叶以后的学校教育衰败是教育制度内在矛盾发展的必然结果,而这一矛盾的根源又与其政治统治、经济危机息息相关。

3.清代前期官学的重振期

清初的官学制度在框架结构上基本与明代吻合,其中最鲜明的特点在于突出满族贵族的教育特权。清代中央最高学府仍是国子监。清世祖考虑到满族贵胄子弟就学不便,特设八旗官学隶属国子监。在随后的几年,八旗官学遍布各地。较为有名的是康熙二十四年(1685)设的景山官学和雍正六年(1782)设的咸安宫官学。其后,为了使满洲宗室子弟都能接受初等教育,又于八旗各设宗学与觉罗学,以便培养本族的子弟,更有效地维护满族贵族的统治权。

清代地方的学校因袭明制,称府、州、县、卫儒学,于各省设督学道或提督学政,管理地方学校事宜,据《清史稿》卷106《选举制一》所述:"府设教授,州设学正,县设教谕,各一,皆设训导佐之。"地方基层也根据自身的条件设立了社学和义学,起初是为旗人子弟所设,教授幼童学习满、蒙文字。后来为了维持边境地区的稳定逐渐扩散到全国,成为清代蒙学的重要组成部分。

(三)明清前期官学教育的若干问题简析

此期官学教育遵循以程朱理学为办学理念,以培养具有封建道德及伦理修养素质、较强经典文化知识,并能适应封建社会稳定发展需要的官僚士大夫为目标。这是办学的导向,其实就是教育目标。不过,这种愿景及设计的方案是通过科举制度实现的。于是,科举选拔的政治价值、考试科目内容及组织方法就成为制衡官学教育的杠杆,官学教育就成为科举的预备场所,必备的阶梯。换言之,官学教育也可称之为科举教育。以此为视角,以下列举相关教学机构以及管理措施加以说明。

1. 国子监

明代国子监以"四书""五经"为主要课程,故在明成祖朱棣统治的永乐年间(1403—1424),规定《四书》《五经大全》为各学校必读之书。同时,兼习《性理大全》《御制大诰》,刘向《说苑》及"律令""书数"等课程。此外,还设有习字及习射两科。课堂授课由祭酒、司业、博士及助教担任。每月除朔望二日为例假外,每日分晨、午两课举行。

清代国子监中所习的功课相较明代略有不同,每月初一、十五各监生到监随祭酒、司业行释奠之礼,然后听六堂教官讲"四书""性理""通鉴",博士讲"五经"。听讲后,各监生读讲章句、复讲、背书、复背诸课文。如有未能通晓者,即赴教官处再行请益讲解,或交流讨论。平日则由助教、学正等教职人员课以制艺时文,即八股文或策论。

清代的国子监考试主要分为月考和季考两种:月考每月举行,由司业主持;季考每隔三个月举行,由祭酒主持。考试的内容是"四书""五经"和诏、诰、表、策、论、判。同明代一样,国子监实行积分制。一年内以积满八分为及格。如积分不及格而仍愿留监者,听其自便。

明、清代前期国子监的监规有56项之多,十分严格。凡上课、起居、饮食、衣服、沐浴及告假出入等,都有详细的规定。违反监规的学生轻者被斥责,重者挨打。监生因违犯监规被开除、充军、跪于监门甚至强制饿死的都时有发生。可见,其教育管理之严苛实为前代所未曾有。

2. 地方官学

明代普遍设官学始于洪武二年(1369),因朱元璋对地方教育的重视,各地得以皆立学。当时的地方官学大致依各地行政区域而设,一般选址在行政机构所在地。所设立的学校名称在府曰府学,在州曰州学,在县曰县学,在卫曰卫学,统称为儒学。清代地方按行政分省、府、州、县四级,省不设学校,仅在府、州、县设学,统称为儒学或学宫。除此之外,还有地方上的特殊学校,如卫学及土司学等。

明代府、州、县学学生称为生员,俗称秀才,即童试合格者,隶于本籍,分配在当地各官学。明初规定生员的入学名额为:府学 40 人、州学 30 人、县学 20 人,每人每月由国家发给食米 6 斗,并享有免赋税、兵役及劳役的特权。政府对地方教育的重视使得入学生员人数日渐增多。据《明实录》记载,明末崇祯年间(1628—1643),一般规模较大、人口较多、经济较强的府、州、县已有官学生员 1000 至 2000 人,其他的府及所辖州、县学学生数也不低于 700 人。这种现象在清代仍然延续,还呈上升趋势。

明代规定:府学设教授 1 人,训导 4 人;州学设学正 1 人,训导 3 人;县学设教谕 1 人,训导 2 人。县学教官由于位低俸薄多由国子监充当。他们的升迁废黜在于政府对其考核的结果,而这主要看学生科举升学率高低。

清代对地方官学教师的规定基本沿袭明代,其社会地位及经济地位有所提高,但教师任职考核的要求却相对较低。再加上八股取士的标准化测评偏于记诵及形式体裁的空疏僵化训练,使得官学教学秩序混乱,质量更难保障。教官在官学却不必教书这一现状,使大多数生员仅是混取科举入场券的资格而已,平时读书、考试中学风腐败的情形更是可想而知。统治者的整顿不力更是恶化了地方教育的发展。

明代府、州、县学的课程内容与国子监相似,但程度相对较易。《明史·选举志》中记载,洪武二年(1369)规定:学科为每人专习一经,以礼、乐、射、御、书、数设科分数。到了洪武二十五年(1392)又重新规定,分为礼、乐、射、数四科。清代地方儒学规定的教学内容无外乎儒家学术,宋明义理学说及法制规章等一系列教材。这类书籍均由政府颁发,并规定若非圣贤之书,一家之言,绝对不能诵习。上述情形明显反映了明清早期封建专制社会的政治高压与思想控制的特点。

明代地方官学的考试除月考、岁考之外,对于学生平时的品行还有稽考记录。学生成绩较佳方能参加科举考试的激烈竞争,以求最终获得功名。清代地方考试相较明代稍有变化,减少至岁考和科考两种。由于清代教育以科举八股取士为中心,府、州、县学生员都不能安心就学,缺考、拒考之事时有发生。朝廷虽多次下令整改,但都无济于事。地方官学生员对经典思想、制度沿革的知识理解及文史素养的基本水准都有下降及缺乏,更谈不上务实创新和解决社会不断出现的矛盾和危机了。

3.社学

社学设立于元代,是设在乡镇地区最基层的一种地方官学。明朝统治者十分重视社学在封建统治中的地位和作用,于是有了明代洪武八年(1875)的"昭天下立社学"。明代社学大约每35家设置一所,入学年龄一般限制在15岁以下。学生入学无须经过考试,招生人数也不受限。社学的师资大都是由官吏出面从民间挑选而来,大多数教师为乡村中的才学之士,经济和社会地位都不高。社学的课程内容除了读书识字、学经习礼之外,也要学习一些历史知识和历法、算数之类的常识。

社学到清代仍然存在,清政府在各地纷纷设立,旨在教化百姓,借以加强自身的统治地位。需要说明的是,社学与义学无太大区分,在官方文件中统称义学。但严格意义上说,义学更趋向于教育贫家子弟,属于团体或私人捐资设立,义学教师称为塾师。

二、私学教育

明清时期私学教育与官学教育及书院讲学呈三足鼎立之势,其发展变化主要表现在数量及入学生童人数规模扩张方面。由于民间社会对断文识字及记账理财的需求,私学倍受欢迎,塾师成为一种正当行业,组成的群体可视为独立的阶层,其作用及影响力不断增长。

(一)明代的私学

明代的私学是宋、元私学的继续和发展,是与官学并存的一种重要的教育形式。明代的私学按其程度可以分为两类:一类是以识字和学习基本知识为主的"蒙学",相当于"小学";一类是在蒙学基础上,学习儒家经典和理学著作,准备参加科举考试的经馆等,相当于"大学"。前一类学生入学不受年龄限制,以相应程度为参照,虽以儿童为多,但也有青年或成人,课业以授书、背书和写字为最基本的内容,以培养儿童符合封建道德为目的;后一类除攻读儒家经典及注疏文字外,还要诵读诗赋,学作诗赋和八股文章,广泛涉猎时文,作为科举考试的预备。

私学的创办者除了"不屑仕进""耻事权贵"的高洁之士以及居官授徒讲学的当朝士大夫外,更多的是屡试不第,为了养家糊口而"教授乡里"的秀才。私学的办学不拘条件,形式多样、灵活。

明代的私学发展较为稳定,没有像官学那样随着政治兴替而兴衰,办学质量也相对较高。高层次的私学,多以传授程朱理学为主,后来也有王门学派及其信奉者讲学、研究陆王心学及其实用学科,但其主体仍应属于理学的传播、扩散场所。从某种意义上说,私学是传递和延续学术思想的重要机构。

(二)清代的私学

清初,统治者虽然在文教方面采取高压政策,实行严格的思想控制,但对民间的私学并未公开禁止。加之国子监和府、州、县学存在诸多局限,私学的数量得以持续增加,在城乡民间较为普遍。

清代以传承学术流派,研究学术思想为主的私学虽仍然存在,但蒙学无疑成为私学的重要组成部分,所占权重比例极高。其中最多的是各种组织形式的私塾,包括家塾、族塾、村塾或教馆、座馆等。

清代蒙学已经定型,有了固定的教学制度和教学程序,也有了一大批以私塾为职业的教师队伍,即俗称的塾师或"教书先生"。由于受制于自给自足的自然经济结构,私塾对学生的入学年龄、学习内容以及教学水平等没有统一的要求。学生年龄从幼童到青少年都有,教学采用个别教授法,初入塾者先识字,能初解字义之后,便教他们学对联以为作诗赋之基础。四书、五经课程修完后,继续学习作文以及八股制艺等课程,以为科举考试做准备。同时,学童须严格遵守学规,稍有错误，教师便实施严重的责罚，包括体罚。可想而知，这种教学组织管理带有束缚儿童身心发展及僵化教条的偏颇。

三、书院教育

（一）明清书院发展概述

书院作为中国封建社会一种新型教育组织，虽并未完全列入封建国家的学制体系，但自宋代至清末一直都是封建官学的重要补充。明清早期书院经历了沉寂、勃兴、禁毁的曲折历程，呈现出独具特色的魅力。

1.明初书院的沉寂期

明初至中期书院并不发达，统治者既不禁止，但亦未提倡，任其自然发展。以广东省为例，明代共有书院168所，但洪武至成化时期（1368—1487）仅有15所，还不及9%。而位于江西九江庐山五老峰之侧的宋代著名书院白鹿洞书院此时则沦落到草木丛生，荒凉满目，并未得到应有的修葺与恢复。全国范围内书院的不景气与明初官学教育的兴旺形成了鲜明的对比。这其中的原因主要归结为明初政府重视官学，提倡科举。故当时虽有书院，却其风不盛。

2.明中期书院的发展期

明朝中期，由于官学弊端丛生、徒具形式，书院得到了较大的发展空间。这也与当时理学思想及教育的改良派王守仁领军的心性学派注重以学术整治时弊，热心讲学，注重乡规民约建立及乡土习俗整顿不无关系。其中以王守仁、湛若水为代表，他们足迹遍布多省区域，讲学于书院，不仅促进了书院数量扩展，且继承和发扬了两宋书院讲会讨论之传统，使之一时蔚然成风。明代书院以嘉靖年间（1522—1566）所建立的最多，据刘伯骥在《广东书院制度沿革》中统计，自正德年间（1506—1521）起至明末，广东书院共150所，其中嘉靖年间（1522—1566）有78所，万历年间（1573—1619）为43所，其他时期有29所。广东省如此，其他省书院状况亦可类推。

3.明代书院的毁废

然而，明代书院的发展并不是一帆风顺的。众多的书院以自由讲学为标榜，抨击当权者,并得到许多在野士大夫及一批在职官吏的附和,形成一股反对当朝的政治势力,这自然是明统治者所不容的。明中叶以后接连发生了四次禁毁书院的事件,此处不再赘述。四次禁毁书院,虽然具体起因不同,但均与当时统治阶级内部的矛盾斗争紧密相关,其实质是为了巩固封建专制统治,反对学术自由思想在教育领域的表现。当然,也体现了明中期后学术自由、思想活跃的教育精神与现实政治之间的矛盾异常敏锐,角逐之势形同冰炭。

4. 清代书院的沉寂期

清代书院在顺治、康熙年间(1644—1722)受到抑制,处于沉寂状态。这一时期,虽然尚存前朝讲学之风,但曾经在明代中叶一度遍布南北的书院,已是寥若晨星。这其中根本原因在于清初统治对书院采取了抑制政策。据《大清会典·儒学·学规》所载,顺治九年(1652)曾诏令:"各提学官督率教官生儒,务将平日所习经书义理着实讲求躬行实践。不许别创书院,群聚徒党及号召他方游食无行之徒,空谈废业。"从中可以看出清政府对书院发展的恐慌与怀疑态度。

5. 清代书院的发展期

据《清文献通考》卷70及《大清会典》卷37所述:直至雍正十一年(1733),清朝统治者迫于客观形势,又出于笼络汉族士大夫的需要,才令直省省城设立书院,各赐帑金千两,为营建之费。这是清政府提倡并鼓励书院教育的发端。书院解禁的赦令下达后,统治者对书院采取提倡与笼络控制并重的方针。因此,清代直至1840年鸦片战争前书院的数量远比宋、元、明各代数量都大很多。据各省地方志统计,清代除延续或重修明代的书院之外,新建的书院共有781所,雍正年间(1723—1735)创设的最多,有233所,乾隆年间(1736—1795)次之,有288所。而按官办和民办统计,民办的大约占10%,官办的占80%左右,其他为官民合办。由此可见,清代书院严重官学化,官方控制着书院的设立及管理,书院的目标及学生的出路几乎等同于官学。

从以上述明清两代书院沉浮转折的进程可以看出,明代统治者多采用禁毁的方法,以显示君主专制的威慑力,而清代统治者则采取了利用及控制的方法,使其徒有其名。

(二)明清书院的类型

明清书院的种类繁多,但归纳起来,大致可以分为两类:一类为考课式书院,一类为讲学式书院。两者难以截然区分,其中的教学目的、教学内容和方式方法都有互相交叉渗透的倾向。且考课式书院与讲学式书院又可以往下再进行细分,在这里就不做赘述了。

1.考课式书院

考课式书院是指书院的宗旨完全以科举为目标,书院的教学偏向单纯训练八股文,以便学生参加科举考试。考课式书院兴起于明代,在清代达到极盛,并长期占据主导地位。此类书院有固定的考期,每次考试的基本内容都有严格的规定,借以督促学生练习八股制艺时文的相关内容及其基本技能。如《续碑传集》记载:李兆洛主讲江阴暨阳书院,"教读通鉴、通考以充其学,选定《史记》《汉书》《春秋繁露》……以博其义,择其才者教作诗赋、经解、策论"。此类书院教学组织大致围绕着提高成绩而设,学生的科举及第比例及级别不仅影响书院的社会声望,也与书院教师的待遇挂钩。

2.讲学式书院

讲学式书院是指书院办学注重学术思想与学术研究,以义理之学、考据学、辞章文学或实学作为书院课程的中心。清代统治者虽然加强了对书院的控制,但部分书院秉承传统精神,注重讲学之风的培植,并未因教育生态困顿而有所泯灭。明代讲学式书院比例较高,清代虽以考课式书院为主,但真正反映书院积极进取性质的却是讲学式书院。明代讲学式书院多以讲求理学为主,其次为王湛学派和东林学派。其中王湛学派代表是王守仁和湛若水,二人讲学的基本宗旨是将陆学作为旗帜,宣扬心学理论。王守仁强调"致良知",湛若水主张"随处体认天理",共同之处在于求天理于内心。讲学形式活泼,讨论热烈,气氛甚是融洽,声势壮观。无锡的东林书院原是宋代学者杨时的讲学之地,后发展演变为反对宦官专权斗争的阵地。他们标榜气节,反对空谈心性,崇尚实学,倾向积极参与国家的政治活动。

清代讲学书院又可分为讲求理学、博习经史辞章与实用技术两种类别。清初在考课式书院占据半壁江山的情况下,因程朱理学在教育中的正统地位,使理学书院仍得以获得主流的地位。著名的理学书院,如陕西的关中书院、福建的鳌峰书院、江西的姚江书院等,均为区域性的书院代表。理学家们继承明代传统,讲学于书院,倡明"圣学",并通过大量的学规、学约来达到这一目的。理学书院的教学研究以程朱理学派的哲学家、教育家论著为基础,尤其突出"四书""五经"的讲读及记诵,其思想教育内容以道德教育为主,并以经史知识作为道德教育资源或素材。

理学书院随着时代的发展而日渐受到挑战,乾嘉以后博习经史辞章的书院开始崛起,改变了偏向性理思辨的传统,而走向钻研经史、训诂、辞章治学路径。其中的代表人物阮元先后在杭州孤山创办诂经精舍,在广州创办学海堂,针对理学书院空谈心性,专习八股的积弊,反其道而行之,促使学生对古代制度、文物及思想文化重新审视,具有西方文艺复兴末期以来西方经验主义实证论的方法因素,带有近代学科理论的启蒙价值。

颜元心仪且付之办学实践的书院教育模式与诂经精舍、学海堂同属一个派系、但显然又有差别,即他更着眼于民生经济的提高,社会生产、生活状况及水平的改善,实际应用及现实功利的因素明显加强。有的论著因此而将他举办的漳南书院以及同期相类的其他书院合为另一类,即实学书院。

(三)明清书院的教学特点

1.以德育人

明清两代作为我国封建社会的末期,在政治、经济、文化等方面都达到了高度集权,统治阶级对思想的控制也达到了空前的高度。一些新的思想只能借助书院进行广泛的传播,而士大夫积极参与讲学的动机也是期望借助书院传播自身的学术观、人生观及价值观,唤醒人们的伦理道德心,以期达到救世的目的。所以书院的教育目标大都是以德育为首位,力求培养符合儒家道德规范的人才。如河南嵩阳书院的《为学六则》,通篇概括了程朱理学的修养内容和途径,是当时道德修养规范的典范之作。湖南岳麓书院则将"以德育人"的教学目标通过生徒每日就席肄业加以实施,等等。

2.学习与研究渗透

中国古代文化思想的交流和传播大都是由士大夫等知识分子来完成的,所以士大夫云集的书院便承担起学术研究和文化传承的使命。学术研究和教育教学相结合,是当时书院教学的一个主要特点。一些著名书院的山长除了每日督促学徒勤奋读书,定期举行讲学之外,还勤于著述,如《诂经精舍文集》《南菁文钞》《学海堂课艺》等,注重学术研究与教育结合。这类文集不仅是书院研究成果的汇编,也是极好的教学用书。其次,书院凭借每年举行的学术性讲会活动,也促进了书院的教学、研究及文化传承的结合。书院的每次讲会日,听众都多达数千人,一些名师都是不惮远涉,千里赴讲。这种教学方式不仅使生员了解到不同学派的思想,加强了学派之间的联系,而且活跃了书院教学气氛,锻炼了学生的思维能力。

3.以学生探究性自学为主

明清前期书院教学的另一个重要的特点就是以自学为主。书院老师虽也面授生徒,但主要是方法及心得的指导,"授人以渔",而不是"授人以鱼",由生徒自行探究性学习与体验。也就是说,作为一种不同于汉唐教育的新型教育机构,书院重在自学与钻研学问的方法指导,培养学生的自学能力。例如,教师选择性地挑出精华书目,以便学生在有限的时间内取得较好的学习效益;根据不同的教学目的和学生的学习情况定出教学内容,既有相对统一的目标要求及设计方案,更有针对学生的差异性进行的教学设计;在指导学生读书求学与学术探究的同时,也培养了他们的求学态度与学风,再辅以作文、课艺、讨论及考课等多种方式检验学习效果,督促学生获得真才实学,提高探究能力。

4.情境教学的办学模式

明清前期的官学教学僵化呆板,书院教学则与之产生了鲜明的对比。书院在坚持教师指导与学生相结合的活动中,逐渐摸索出适合自身的办学模式。山长在筹划书院建设时,往往将地点选在风景优美的山区或郊外,以求为师生提供一个优美的教学环境,巧妙地把学生"苦思冥想"中的烦闷化解于山水名胜及文人渊雅的审美愉悦意境中,并充分利用自然与人文结合形成的"潜在课程"达到情境教学的效用。如葛屺瞻在《白鹿洞书院课语》中曾说道:"在用功过勤者,心力既疲,未见得手,便须于诵读之余,卷书搁笔,明窗净几,万虑俱损,悠然独坐;或支颐(腮)而对爽气于青山,或缓步而看生机于花鸟;或遗情以若失,或领趣以欲狂。一日之间,量留片刻于此,但默坐观心,尤为要法。令此心常如鱼之在水,如鹤之在空,悠悠洋洋,活活泼泼,方能心旷而闻见可以互融,神怡而思虑可以深入。是诚天下之至乐,亦即读书之至法也。"①从这可以看出,一味强迫学生读书记诵、磨炼心性的苦学其成效是有限的,不如将知识、修养的体认与培养融入自然陶冶情操的情境教学活动之中,且如果组织方法得当,便可以处处获益。

四、检讨与反省

自明代开始到清代鸦片战争前的近 500 年时间,封建专制的思想控制达到了巅峰。学校教育制度的腐朽、保守在以官学、书院、蒙学以及科举考试制度这些教育实践形式中不同程度地得到了体现。

(一)单一的办学目标

"科举必由学校",强化八股取士的权威性,限制了学校教育的多方面功能,也压抑了学校的灵活性。明朝统治者的"诱以利禄之途"的思想控制使占据学校教育主流的中央官学和其他地方儒学教育最直接的培养目标窄化为培养国家未来的官僚,而使科技实用技术人才及其他社会专门人才的教育与训练走向边缘化,仅由民间家学、私学及师徒传授来承担。尽管这样做的目的是为了建设一支高素质的官员队伍,但是把培养官员作为学校教育的唯一目标,显然不符合教育的实质。教育培养的人才应该是具有多种类型知识层次结构的人才,这样才能适应社会对多样性人才的需求,促进人的良性健康发展。同时,教育更是人完善自身、全面发展的必要途径。换言之,教育之所以为教育,首先是对人的教育。教育的首要目标是充分发掘个体的潜力,促进个体的社会化进程,实现自身的价值,而入仕为官仅仅是其中一种途径而已。因此,将学校教育的培养目标仅定位于官吏这一狭窄的目标,不仅抑制了个体本身为实现自身价值产生的创造力,也直接导致了竞争过程中出现的种种不正当手段,从而危害了学校教育制度的公正性。

(二)科举控制了学校

学校成为科举考试的预备场所,这是传统教育自科举考试以来便呈现出来,

---

① 石成金撰,汪茂和、翟大闿等校注:《传家宝全集·快乐天机》,北京:北京师范大学出版社,1992年版,第 840 页。

并一直附着在教育体制中的痼疾。这直接导致了学校教育职能的弱化和教学制度的混乱。许多条规往往因科举的冲击,而变得有名无实。如国子监的经义、治事分斋教学、地方官学的岁试、季考等,都是如此。虽然明清的统治者也了解这样的情况,尝试进行调整,但收效甚微。如清高宗曾于乾隆五年(1740)《钦颁太学训饬士子文》中称:"成均课士之道,徒唯贵躬行实践,不在多立科条。如徒视为具文,虽再增条款,又复何补?"[①]科举一日为士子晋身之阶,学校课程就一日为科举之学,学校也逃不开科举掌握一切的命运。

科举考试原本是选才的手段,目的是选拔德才兼备的人才,而学校则是培养人才的专门教育组织机构,两者相对独立而又相辅相成。然而,在统治者的引导及功名利禄的刺激下,选才成为育才的主导,考试成为教育的方向。重科举而轻学校,重考试而轻教育,学校变成科举考试的预备机关,形成学校有考课而无讲学、制度废弛、学生束书不观、空谈心性、埋头时文等许多弊端。统治者原本试图利用科举指挥棒调控学校教育,控制士子思想,却造成了教育和人才的凋敝。明清教育与科举关系处理上的失败,充分反映了片面注重应试教育的弊端。

(三)八股文空洞呆板,抑制人才的创新力

作为一种文体,八股文的格式要求,要比唐宋时代科举考试中的诗赋格式宽松得多。而八股文这一文体的单纯流行,开始时也只是为了检测考生作文的能力,并无足以损坏教育,更遑论消磨人才的创新力了。真正对教育产生危害的根缘,乃在于八股文为士子入仕的唯一途径。士子的学习不再是将精力集中于经典本身的学习和理解上,而是将精力集中于考试的技巧上。八股文的空洞浅薄实际上体现了作文者缺乏对经史典籍的基本了解。空疏的是文章的内容,而不是文章的格式。造成这种空疏的是士子才识的缺失,是教育目标的过分单一化。由于学校教育的重心是注重训练、教授如何写好八股文,这样就忽视了其他科目的学习。《四书》《五经》作为应试所需的记诵材料(主要是制艺时文的讲义及汇编)成了师生组织教学活动的主要内容,而很少涉及其他方面,尤其是自然科学与专业技术的教学。理学经典、考试资料汇编带有迂腐、空幻、教条及僵化之气,大大影响了学子创新力的发挥,培养出来的所谓人才大多思想僵化,缺乏创新能力。

---

① 《钦定大清会典事例》卷389,光绪己亥夏御制本,第12页。

(四)人文教育占据主流

明清前期书院办学以人文教育为重心,对科学教育的功能、价值认识不足,致使许多书院缺乏科学教育内容及方法的成分。尽管相对于官学、私塾教育而言,一些书院的课程及教学活动中相对地增加了社会民生经济,乃至自然知识、天算数理、实用技能的内容,但毕竟是比例极低,且水平及含量都处于附属地位,这也使得此期教育体系一直存在着缺陷。

诚然,重视人文而轻科技非明清独有,中国古代教育中一直存在这一困境,但明清却比任何朝代都走得更远。在明清由国家制定的教育体系中,科学的命运只能视封建统治阶级的政治需要而定,甚至只能视帝王个人的好恶而定,仅有的一些包含了科技教育的活动(医学、天文学),被作为特定职业的能力构成而置于特定的机构中,而这些机构多只是统治阶层御用的职能机构。而同一时期的欧洲,经历了宗教改革,建立起了新教伦理为主的价值体系,尤其是近代工业革命爆发所建立的机器化大生产体系使科学技术的力量得以充分展现,促进了科学技术革命,逐步建立了体系严密的数学、天文、物理、化学、医学等多种学科,并开始冲破宗教的束缚而进入实验研究阶段。从这一对比更可以看出,脱离生产实践劳动,无视自然科学知识及实用技术,致使中国丧失了发展近代科学的有利时机,是值得我们深思的。

第二节　静坐读书教育的流弊

中国古代教育本有着历史悠久的实学传统，尧、舜、周、孔就是最好的代表。例如，孔门之教便很注重礼、乐、射、御等实际活动。然而从宋朝开始，传统教育却慢慢偏离了原有的轨道，向着著解讲读与闭目静坐的方向滑行。直到明清时期，传统教育已经发展为集汉代训诂、晋代清谈、唐代禅宗以及诗文、制艺之大成的教育形态，以"半日静坐、半日读书"作为主要特征存在于社会，成为明清教育的主体风景物象与图符象征。

一、静坐空谈

由于深受统治者科举制度的制约以及理学的影响，宋明以来的教育一味地推行经书讲诵、心性玄思、天理体验及八股帖括的教育内容，采取"半日读书""半日静坐"的教学方法，培养出的大多是一些没有治国安邦本领、不懂兵农钱谷为何物的羸弱书生。颜元对此深感痛心：

> 汉宋以来，徒见训诂章句，静敬语录与帖括家，列朝堂，从庙庭，知郡邑，塞天下庠序里塾中，白面书生微独无经天纬地之略，礼、乐、兵、农之才，率柔脆如妇人女子，求一腹豪爽倜傥之气亦无之。间有称雄卓者，则又世间粗放子。故仆身游之地，耳被之方，唯乐访忠孝恬退之君子与豪迈英爽之俊杰，得一人如获万斛珠，以为此辈尚存吾儒一线之真脉也。凡训诂、章句诸家，不欲间。即有告语者，辄思举手塞耳，因痛误苍生之原，不忍闻也。①

因为，在颜元看来，人的耳目感官、聪明智慧应该应用于实学、实用及伦理协

---

① 颜元：《朱坠集序》，载陈山榜、邓子平主编：《颜李学派文库》（第2册），石家庄：河北教育出版社，2009年版，第345页。

调,而不是文字书本的空谈。"人身之宝,莫重于聪慧,莫大于气质,而乃不以其聪慧明物察伦,唯于玩物索解中虚耗之,不以其气质学行习艺,唯于读、讲、作、写旷闲之,天下之学人,逾三十而不昏惑衰惫者鲜矣,则何以成人哉!"①也就是说,人最重要的财富是聪慧和气质个性,人们要用这些东西来明物察伦、学行习艺,而不要玩物索解,在读、讲、作、写上白白浪费时间,这些对人自身发展起不到有益的帮助,只会在大好时光中埋没自身的才华。

宋明的道学家认为静坐有教育意义,足以使人息思虑、摒杂念、深体察及细思虑,殊不知书本教育和习静教育才是导致实用技术人才匮乏的根本原因。颜元十分反对宋儒静观默识的禅宗僧侣式学习方法:

> 静极生觉,是释氏所谓至精至妙者,而其实洞照万象处皆是镜花水月,只可虚中玩弄光景,若以之照临折戴则不得也。吾闻一管姓者,与吾友汪魁楚之伯同学仙于泰山中,止语三年。汪之离家十七年,其子往觅之,管能预知,以手画字曰:"汪师今日有子来。"既而果然。未几,其兄呼还,则与乡人同也。吾游北京,遇一僧敬轩,不识字,坐禅数月,能作诗,既而出关,则仍一无知人也。盖镜中花、水中月,去镜、水则花、月无有也。即使其静功绵延一生不息,其光景愈妙,虚幻愈深,正如人终日不离镜水,玩弄其花月一生,徒自欺一生而已,何与于吾性广大高明之体哉?②

宋明理学家硬说"静极生觉",可使人的内心洞悉万物并且预知未来。但事实是,静坐只能换回人的错觉或者幻觉,并无实用,恰如水月不能用来照临,镜花不能佩戴是一个道理。至于未卜先知那一套,更是天大的骗局,不足为信。他还曾对程朱陆王讲"虚",评价称:"浮言之惑甚于焚坑,吾道何日再见其行哉?"③因此,救弊之道,在乎实学,而不在空言。

---

① 钟錂著:《学人第五》,载陈山榜、邓子平主编:《颜李学派文库》(第2册),石家庄:河北教育出版社,2009年版,第539页。
② 颜元:《性理评》,载陈山榜、邓子平主编:《颜李学派文库》(第1册),石家庄:河北教育出版社,2009年版,第66—67页。
③ 颜元:《由道》,载陈山榜、邓子平主编:《颜李学派文库》(第1册),石家庄:河北教育出版社,2009年版,第41页。

除了静坐主敬之外,习静教育的另一种表现方式就是清谈性道。宋儒的清谈主要是谈天道、义理、正心、诚意等空疏无实、脱离日用民生的内容及方法。"为爱静空谈之学,久必至厌事,厌事必至废事,遇事即茫然。贤豪不免,况常人乎?予尝言误人才、败天下事者,宋人之学,不其信夫。"①在颜元看来,宋儒理学教育无论是目标、内容还是价值,都有违于教育办学的有效作用及价值,应该重新思考,并加以改革:

> 仆妄谓性命之理不可讲也,虽讲,人亦不能听也,虽听,人亦不能醒也,虽醒,人亦不能行也。所可得而共讲之,共醒之,共行之者,性命之作用,如诗、书、六艺而已。即诗、书、六艺,亦非徒列坐讲听,要唯一讲即教习,习至难处来问,方再与讲。讲之功有限,习之功无已。孔子唯与其弟子今日习礼,明日习射。间有可与言性命者,亦因其自悟已深,方与言。盖性命,非可言传也。不特不讲而已也;虽有问,如子路问鬼神、生死,南宫适问禹、稷、羿、奡者,皆不与答。盖能理会者渠自理会,不能者虽讲亦无益。②

对于此的改革之道应当是以实学为根本,根据社会现实需要,培养经世致用的人才,才能切实有助于政治清明、解决民生问题,彰显教育应有的生产与生活作用价值。

二、磨灭个性

先秦儒家普遍注重学生人格的构建,"圣人""君子""圣贤"等称谓常被他们用来表述教育目标,以孔子为代表的早期儒家心目中的受教育者人格,一般表述为:坚定不移地追求社会政治的理想,富有坚定乐观、自强不息的意志和品格,努力完善个人品德,且具有胸怀天下的济世情怀与实践精神。士子们也多希望

---

① 李塨:《颜习斋先生年谱》(卷下),载陈山榜、邓子平主编:《颜李学派文库》(第2册),石家庄:河北教育出版社,2009年版,第679页。
② 颜元:《总论诸儒讲学》,载陈山榜、邓子平主编:《颜李学派文库》(第1册),石家庄:河北教育出版社,2009年版,第42页。

通过修身养性成为君子或圣人,从而实现个体生命的完善。然而孔子以后,儒门后学逐渐开始对圣人如何构建理想人格产生了分歧,慢慢偏重于内在的德性涵养。到了宋明理学家后则尤其强调心性义理之学,看重内在德性的涵养,并要求人们穷理灭欲、居敬持志,从而达到内圣外王之境。朱熹就曾提出凡人须以圣贤作为自己的奋斗目标,要求学者做个圣人,一切学问归根到底都是学为"圣人之事"。虽然表面上,教育目的仍然标榜培养"圣贤人格",达到共为天下、无私无我的道德境界,但在手段与方法上多体现为读书反省、自主、自律的形式,实际上也就走向自我约束型的道德论。"战战兢兢,如临深渊,如履薄冰",其结果是使人循规蹈矩,谨小慎微,束缚了人的个性发展和首创精神,因而鲜有创新型人才出现。

颜元对这种教育设计提出了质疑,认为它使人过于抑郁、缺乏精神。"行远不加急,叫人不至,声不加大,坐处有字,必不坐看,天地间岂有此理乎?莫谓可以,速则速,可以久则久,之孔子不如此,虽伯夷、柳下惠亦断非如此气象。"①依他的看法,这种教育图景就是迂腐拘束,浪费时间。若对全体学生的教育都如此,长此以往就如同一个模子里刻出来的一样,全然泯灭了个性差异。

三、伤生害命

颜元主张动,反对静;提倡习行,反对单纯读书。他认为,静坐读书的理学教育损害人的身体健康,使学生的精神和智慧被逐渐耗损。长此以往,受教者精神萎靡,无心于实功、实绩的践行,无力于真实、有益的探索;最终厌恶世事,或是只会夸夸其谈,遇事则茫然不知所措。所以,他极力地反对宋明理学的这种静坐读书、修身养性的方案。

> 尧、舜以至孔子只是修和府事,学习经济,以经书为谱耳,如看琴谱学琴,非以读谱为学琴也。试观古人全无读、说、著撰之学,小乱于汉,大乱于

---

① 颜元:《性理评》,载陈山榜、邓子平主编:《颜李学派文库》(第 1 册),石家庄:河北教育出版社,2009 年版,第 65 页。

宋,而圣人之道亡矣。朱、陆、陈三子并起一时,皆非尧、舜、周、孔之道之学也。龙川之道行,犹使天下强。象山之学行,虽不免禅宗,还不全靠书本,即无修和、习行圣人成法以惠天下,犹省本来才力精神,做得几分事功,正妙在不以读书误人也。朱子更愚,全副力量用在读书,每章"读取三百遍",又要"读尽天下书",又言"不读一书,不知一书之理"。此学庸人易做,较陈学不犯手,无杀战之祸;较陆学不须上智超悟,但工"之、乎、者、也",口说、笔做,易于欺人,而天下靡焉从之。但到三十上下,耗气劳心书房中,萎惰人精神,使筋骨皆疲软,天下无不弱之书生,无不病之书生,一事不能做。而人生本有之"三达德"尽无可用,尧、舜、周、孔之"三事""三物"无一不亡。千古儒道之祸,生民之祸,未有甚于此者也。呜呼伤哉!①

反之,习动、习行,恒常有序的锻炼,则会使人精神朝气蓬勃,使人更加有毅力,有助于机体的强健。

  养身莫善于习动,夙兴夜寐,振起精神,寻事去作,行之有常,并不因疲,日益精壮;但说静息将养,便日就惰弱。故曰:"君子庄敬日强,安肆日偷。"②

他还以自己的亲身经历告诫学生:"予戊申前,亦尝从宋儒用静坐功,颇尝此味,故身历而知其为妄,不足据也。"③

朱熹倡导书本文字教育的主要活动方式包括读书、讲书、著书这三方面,要求读书人全部力量都用在这上面。但颜元认为这样做对身体的弊害甚多:

  朱子虽逃禅归儒,惜当时指其差误犹有未尽处。只以补填礼、乐、射、

---

①颜元:《训门人类》,载陈山榜、邓子平主编:《颜李学派文库》(第1册),石家庄:河北教育出版社,2009年版,第237—238页。
②钟錂:《学人第五》,载陈山榜、邓子平主编:《颜李学派文库》(第2册),石家庄:河北教育出版社,2009年版,第538页。
③颜元:《唤迷途·第二唤》,载陈山榜、邓子平主编:《颜李学派文库》(第1册),石家庄:河北教育出版社,2009年版,第121页。

御、书、数为难。谓待理会道理通透、诚意正心后，方理会此等，便是差误。夫艺学，古人自八岁后即习行，反以为难；道理通透，诚意正心，乃《大学》之纯功，反以为易而先之，斯不亦颠倒矣乎？况舍置道理之材具、心意之作用，断无真通透、真诚正之理。即使强以其镜花水月者命之为通透诚正，其后亦必不能理会六艺。盖有三故焉：一者，游思高远，自以为道明德立，不屑作琐繁事。一者，略一讲习，即谓已得，未精而遽以为精。一者，既废艺学，则其理会道理、诚意正心者，必用静坐读书之功，且非猝时所能奏效。及其壮衰，已养成娇脆之体矣，乌能劳筋骨，费气力，作六艺事哉！吾尝目击而身尝之，知其为害之巨也。吾友张石卿，博极群书，自谓秦、汉以降二千年书史，殆无遗览。为诸少年发书义，至力竭偃息床上，喘息久之，复起讲，力竭复偃息，可谓劳之甚矣。不唯有伤于己，卒未见成起一才。比其时欲学六艺，何以堪也！祁阳刁蒙吉，致力于静坐读书之学，昼诵夜思，著书百卷，遗精痰嗽无虚日，将卒之三月前，已出言无声。元氏一士子，勤读丧明。吾与法乾年二三十，又无诸公之博洽，亦病无虚日。虽今颇知愤恨，期易辙而崇实，亦惴惴恐其终不能胜任也。况今天下兀坐书斋，无一人不脆弱，为武士农夫所笑者，此岂男子态乎？差毫厘而谬千里，不知谁为之祟也，噫！①

颜元认为："多看诗书，最损目力，更伤目。"伤目、耗损精力都是损害身体健康的一方面。元氏县的一位书生曾因读书而双目失明，时常腰疼，病无虚日；颜元的朋友张石卿"为诸少年发书义，至力竭偃息床上，喘息久之，复起讲，力竭复偃息，可谓劳之甚矣。不唯有伤于己，卒未见成起一才"。他的另一个朋友刁蒙吉"著书百卷，遗精痰嗽无虚日，将卒之三日前，已出言无声"。连颜元自己在二三十岁时，也因读书过劳而病倒，这大概就是当时读书人的通病吧。面对此情此景，颜元大为感慨："今天下兀坐书斋人，无一不脆弱，为武士、农夫所笑者，此岂男子态乎。"上述文字描述正是士林读书生活的真实写照，也是理学教育危害世道人心、削弱士人身心健全的集中表现。颜元由点到面，从个体到一般的立论辨析，至为深刻，亦极具说服力。

---

① 颜元：《性理评》，载陈山榜、邓子平主编：《颜李学派文库》（第 1 册），石家庄：河北教育出版社，2009 年版，第 69—70 页。

鉴此,颜元深有感触地发出呐喊:

> 文家以有用精神,费在行墨上,甚可惜矣。先生辈舍生尽死,在思、读、讲、著四字上做功夫,全忘却尧、舜三事、六府,周、孔六德、六行、六艺、不肯去学,不肯学习,那从讨"庸德之行",那从讨"终日乾乾,反复道也"。千余年来率天下入故纸堆中,耗尽身心气力,作弱人、病人、无用人者,皆晦庵为之,可谓迷魂第一、洪涛水母矣。①

依据理学家的方案及要求,士人如此辛勤读书过日,缺乏相应的活动、操练以及劳动锻炼,有违于其生理机能的健康及身体素质的提高,只会徒然伤害自己的身心健康。颜元反对静坐读书的教育,强调"动"的教育,希望以动代静,以行代止,希望扭转不良的士风与学风,从而培养出利国利家利己,具有实德实学的人才,这种良好愿望在当时不啻是一种积极进步而又大胆、富有朝气的诉求。

---

① 颜元:《训门人类》,载陈山榜、邓子平主编:《颜李学派文库》(第1册),石家庄:河北教育出版社,2009年版,第222页。

第三节 动的教育与事物教育

颜元主张学校为"人才之本",必须培养"实才实德之士",提出应该传授包括诸多门类的自然科学知识,以及各种军事知识和技能在内的"真学""实学";强调接触实际、主动获得知识的"习行"教学法,重视向学生进行劳动教育等。他设计的实学教育方案虽然打着恢复"古学"的旗帜,实际上却开辟了近代教育思想的先河,为近代实用主义教育思想的产生提供了丰富而深刻的历史资源。

一、劳动教育

颜元一生中大部分时间都生活在农村,作为庄户农家子弟,从小就参加力所能及的家务劳动,下地干活对他来说早已是家常便饭。在农圃的生活经历,使他深感劳动对人身心健康的益处,并决心将积累到的宝贵经验融入于自己的实学教育思想当中去。

(一)劳动教育的价值

1.德育意义

颜元认为,劳动教育不但兼有教人谋生的功能,且具有达成德育目标的作用。因为劳动能"治心",使人"心存"而"身修",通过劳动得以杜绝邪念的产生。"吾用力农事,不遑食寝,邪妄之念,亦自不起……信乎'力行近乎仁'也。"[①]同时,劳动还能克服懒惰、疲沓,使人勤奋,振奋精神。他曾说:"人不做事则暇,暇则逸,逸则惰、则疲,暇逆惰疲,私欲乘之起矣。"[②]而"君子之处世也,甘恶衣粗食,

---

[①] 钟錂:《理欲第二》,载陈山榜、邓子平主编:《颜李学派文库》(第2册),石家庄:河北教育出版社,2009年版,第529页。

[②] 钟錂:《禁令第十》,载陈山榜、邓子平主编:《颜李学派文库》(第2册),石家庄:河北教育出版社,2009年版,第556页。

甘艰苦劳动,斯可以无失矣"①。劳动的作用不仅在于促使学生形成良好的道德观念,更在于养成其良好的行为习惯,进而内化为学生自身的价值观,最终成为检验真德真行的重要指标,"德性以用而见其醇驳,口笔之醇者不足恃"②。

2.体育、智育意义

颜元认为,劳动作为重要的养身之道,有助于增强体魄,振奋精神。"养身莫善于习动,夙兴夜寐,振起精神,寻事去做,行之有常,并不困疲,日益精壮。"③因为"常动则筋骨竦,气脉舒",久而久之就能"魂魄强",学习起来就能"振竦精神,使心常灵活"④。即劳动可以增强学生的体质,使其学习起来更能发挥心智活力,反应力和接受力也会随之提高,学习效率自然也会上升。如果没有良好的身体做基础,难免体弱多病、反应迟钝,学习起来则会事倍功半。所以劳动对于学生而言,既可以锻炼身体,也可以增进学习的效率,何乐而不为!

3.社会意义

按照《礼记·大学》"八条目"的内容要求,格物、致知、诚心、正义、修身之后,就是齐家、治国、平天下了。所以从大的方面讲,"习动"还有治国安邦、治理天下之功效。颜元以为"三皇、五帝、三王、周孔皆教天下以动之圣人也。五霸之强,正强其动也。汉、唐袭其动之一二,以造其世也。晋、宋之苟安,佛之空,老之无,周、程、朱、邵之静坐,徒事口笔,总之皆不动也。而人才尽矣,圣道亡矣,乾坤降矣"。颜元提出了"一身动,则一身强;一家动,则一家强;一国动,则一国强;天下动,则天下强"⑤的主张,提倡把劳动教育与国家政治功能融为一体,以无数个人的"动"汇集成国家的"动",最终国家就会因此得以强大。

---

①李塨:《颜习斋先生年谱》(卷上),载陈山榜、邓子平主编:《颜李学派文库》(第2册),石家庄:河北教育出版社,2009年版,第653页。

②李塨:《颜习斋先生年谱》(卷上),载陈山榜、邓子平主编:《颜李学派文库》(第2册),石家庄:河北教育出版社,2009年版,第651页。

③钟錂:《学人第五》,载陈山榜、邓子平主编:《颜李学派文库》(第2册),石家庄:河北教育出版社,2009年版,第538页。

④李塨:《世情第十七》,载陈山榜、邓子平主编:《颜李学派文库》(第2册),石家庄:河北教育出版社,2009年版,第583页。

⑤钟錂:《颜习斋先生言行录》,载陈山榜、邓子平主编:《颜李学派文库》(第2册),石家庄:河北教育出版社,2009年版,第568页。

(二)劳动教育的内容

颜元主张的劳动教育内容大致上可以分为劳动知识、劳动技能和劳动思想观念三个方面。他在冀中平原的乡下生活时,亲自种菜浇灌、插秧播谷、采收赶集、兴修水利,可以说农活是无所不干,无所不能。在长期劳动实践中积累了丰富的农业生产经验和有关农业的专业知识,这些均融于其教学实践中。颜元35岁时曾与弟子王法乾协作写过《农政要务》一书,对耕耘、收获、辨土、水利等均有涉猎,并作了扼要的阐述。这是一本农业教育的教科书,范围不仅包含林、牧、渔、园艺、桑蚕、车御,可能还有药材的种植、采集、炼制等。可惜该书已失传,其整体影响及水平也许不及明末科学家徐光启的《农政全书》,但在具体应用或操作方面应有较高价值。

颜元在肥乡主持漳南书院时,始终把向学生传授农业知识置于重要地位。他在西第二斋"艺能斋"开设水学、火学、工艺、象数等科,统称为"文",并要求学生:"凡为吾徒者,当立志学礼、乐、射、御、书、数及兵、农、钱、谷、水、火、工、虞。予虽为能,愿共学焉。"①在颜元亲自制定的"习斋教条"中亦贯彻着劳动知识和技能的教育,认为"文",不独《诗》《书》、六艺,"凡威仪、辞说、兵、农、水、火、钱、谷、工、虞"均包在内,而且它们能"藻彩吾身,黼黻乾坤"②。

颜元一生从未脱离过劳动生产,且其"平生非力不食",他认为:"不当穿天下人的衣,吃天下人的饭。""白白的吃了人家的,活时做个不妥当的人,死了还做个带缺欠的鬼。"③"偷安白吃"是可耻的。人人都应以生产劳动为己任,"上自天子,下至庶人,皆有所事,早夜勤劳。偷安白吃,就如世间仓鼠木蠹一般了,是甚么好?"④他要求学生尊重劳动者,"吾辈为子弟者,正当劳力得甘旨以奉父母,既不能矣,且反受食于父母,而安逸读书,又何骄侮乎?慎勿然也"⑤。

---

①李塨:《颜习斋先生年谱》(卷上),载陈山榜、邓子平主编:《颜李学派文库》(第2册),石家庄:河北教育出版社,2009年版,第647页。
②颜元:《论语上·雍也》,载陈山榜、邓子平主编:《颜李学派文库》(第1册),石家庄:河北教育出版社,2009年版,第172页。
③颜元:《唤迷途·第一唤》,载陈山榜、邓子平主编:《颜李学派文库》(第1册),石家庄:河北教育出版社,2009年版,第116页。
④颜元:《唤迷途·第二唤》,载陈山榜、邓子平主编:《颜李学派文库》(第1册),石家庄:河北教育出版社,2009年版,第118页。
⑤钟錂:《世情第十七》,载陈山榜、邓子平主编:《颜李学派文库》(第2册),石家庄:河北教育出版社,2009年版,第581页。

颜元把劳动教育安排为两个阶段进行。小学阶段为8—15岁,劳动活动形式主要是"常动",即"轮班当值",包括"扫洒学堂、注砚盛,夏汲水、冬然火,敛仿进判,俱三日一班"①。李塨说这是"学小艺、履小节",虽然都是小事,却很有意义,所以颜元要求学生做好值日劳动。15岁以后是第二个阶段,颜元要求学生进入大学以后,礼乐兵农,"一切明亲止至善者俱步步踏实地去做"②。在此基础上,"身习夫礼、乐、射、御、书、数以及兵农、钱谷、水火、工虞之属而精之,凡弟子从游者,则令某也学礼,某也学乐,某也兵农,某也水火,某也兼数艺,某也尤精几艺,则及门皆通儒"③。而兵、农、水、火、钱、谷、工、虞作为与生产劳动息息相关的实用学科,彻底体现了劳动知识和劳动技能教育在实践中的贯彻落实。

由此可见,颜元劳动教育的内容不仅丰富充实,还将其置于和政治、道德、文化知识教育同等的地位,给予充分重视,这也是颜元实学教育的重要特色之一。

(三)简短评价

颜元的劳动教育思想具有教育观念的启蒙解放意义。相较于传统教育状况,颜元勇敢地反对读书静坐、袖手空谈,不仅对此口诛笔伐,而且身体力行,将两千年来世人所不齿的技艺工商、劳动生产上升到新的高度,冲破了科举应试教育的条条框框,使教育内容更加丰富,教育组织及方法更加灵活多样,且包含了一些近代科学技术教育的思想元素,是具有进步意义的。

二、军事教育

华夏民族的武功素来名扬海内外,千百年来也不乏身怀绝技的高人和战死沙场的英雄。但中国长久以来作为一个奉行"不尚力争"的文化社会,对军事、武艺的重视程度往往有失偏颇。尤其是在宋明理学风行之后,重文轻武之风大肆

---

① 梁启超:《中国近三百年学术史》,天津:天津古籍出版社,2003年版,第110页。
② 颜元:《唤迷途·第四唤》,载陈山榜、邓子平主编:《颜李学派文库》(第1册),石家庄:河北教育出版社,2009年版,第128—129页。
③ 颜元:《明亲》,载陈山榜、邓子平主编:《颜李学派文库》(第1册),石家庄:河北教育出版社,2009年版,第45页。

盛行，文弱书生成为士子学人的代名词。"将不知分合奇正，兵不知进退坐作"的情况时有发生，军队将官和士兵的战斗力极低。到明时社会上流行"好铁不打钉，好男不当兵"的俗语，这正是"尚文事，抑武备"社会观念的真实反映。针对这种现状，颜元十分忧虑："长此不返，四海溃弱，保有已时乎……学丧道晦，至此甚矣！"而反观孔门私学教育活动，则与此截然不同："弓矢、剑佩不去于身也，武舞干戚不离于学也！身为司寇，堕三都，会夹谷。无不尚武事也。子路战于卫，冉、樊战于齐。其余诸贤气象皆可想也。"通过对比，他提出"教文既以教武"的教育主张，以求培养平日可"修己治人"，战时能"持干戈，卫社稷"的人才。他不仅以身作则，率先做出表率，"见七家兵书，悦之。遂学兵法，究战守机宜，尝彻夜不寐，技击亦学焉"①，还终身习武、演练拳法，为其学生做出了很好的表率。

（一）思想起源

颜元自幼在其养祖父朱九祚的教养下成人。这位朱九祚曾出任兵备道的巡捕官，颇有些军事才智。他童年时代又师从吴洞云。吴洞云善"骑、射、剑、戟"，因目睹明朝国事日益颓靡，遂潜心研究百战神机，并结合自己的理解，撰述有关攻、战、守方面的著作两部。颜元随师学习5年，受到比较全面的军事教育和锻炼，后来研读兵书、苦练骑射应与此有莫大关系。

加之，颜元生于明末清初政局交替之时，在亲眼看见了百姓饱受动荡之苦，社会日益凋敝，朱明王朝气数已尽的现状后，内心更是企盼社会安定、民族团结、百姓安居乐业。在这样的社会背景下，颜元的军事思想逐渐形成。

（二）教育内容

1.兵农合一

颜元对上古兵政一体、文武合一制度钟情有加。他论述道："夫以三公带武权而济国如此，唐、虞即三公，即元帅，历三代文武未分，其善又何如乎？"②在感叹之余曾断言："夫兵、民分而中国弱，文、武分而圣学亡。"中国之弱，弱在兵农

---

① 李塨：《颜习斋先生年谱》（卷上），载陈山榜、邓子平主编：《颜李学派文库》（第2册），石家庄：河北教育出版社，2009年版，第621页。
② 颜元：《训门人类》，载陈山榜、邓子平主编：《颜李学派文库》（第1册），石家庄：河北教育出版社，2009年版，第257页。

不一,兵将分离。他认为取兵选将:"如天下不废予,将以七字富天下:垦荒,均田,兴水利;以六字强天下:人皆兵,官皆将;以九字安天下:举人才,正大经,兴礼乐。"①也即只有天下人都成为有用之兵,国家才能安定富强。那么如何能使天下人成为有用之兵呢?最好的办法就是建立农兵合一的国防体制。这不仅能增强士兵的作战能力,提高士兵的积极性,而且能节省国家财政开支,促进农业生产,一举两得。否则就算人人皆兵,也只是乌合之众,"临阵遇敌,万人皆散",有兵反而相当于无兵。他设想内容如下:

> 一曰预养。饥骥而责千里则愚;上宜菲供膳,薄税敛,汰冗费,以足民食。一曰预服。婴儿而役贲、育则怒;井之贤者为什,什之贤者为长,长之贤者为将,以平民情。一曰预教。简师儒,申孝弟,崇忠义,以保民情。一曰预练。农隙之时,聚之于场。时,宰士一较射艺;月,千长一较;十日,百长一较;同井习之不时。一曰利兵。甲胄、弓刃精利者,官赏其半直,较艺贤者庆以器。一曰养马。每井马二,公养之,彷北塞喂法。操则习射,闲则便老行,或十百长有役乘之。一曰治卫。每十长,一牌刀率之于前,九人翼之于后。器战之法具《纪效新书》。一曰备羡。八家之中,四骑四步。供役不过各二人,余则为羡卒,以备病、伤或居守。一曰体民心。亲老无靠不卒;老弱不卒。出戍给耕,不税;伤还给耕,不税。死者官葬。②

综上所看,颜元的思想是一种积极的军事实践思考。无论其现实性如何,都是颜元对以往宋明理学教育的深刻反思。

2.作养将才

颜元提倡的军事教育归根到底是要落到实用、实践、实战这些军事效应上的,所以自他开始研究军事教育时,关注的目光就落到有关军人的训练与选拔问题上。他认为首先要充分认识军人的重要地位:"军者,天地之义气,天子之强民,达德之勇,天下之至荣也。"③他批评政府将罪犯补充为军人的行为,认为这是把军人

---

① 李塨:《颜习斋先生年谱》(卷下),载陈山榜、邓子平主编:《颜李学派文库》(第2册),石家庄:河北教育出版社,2009年版,第666页。
② 颜元:《治赋》,载陈山榜、邓子平主编:《颜李学派文库》(第1册),石家庄:河北教育出版社,2009年版,第99—100页。
③ 钟錂:《颜习斋先生言行录》(卷下),载陈山榜、邓子平主编:《颜李学派文库》(第2册),石家庄:河北教育出版社,2009年版,第593页。

与罪犯划为一体,如此看待军人,战场上怎么还会有为国为民英勇杀敌的将士?以此呼吁统治者重视军人、培养军人,号召老百姓热爱军人、尊重军人。在此基础上,颜元又进一步对如何作养将才做出了这样的回答:"以武生为乡落保长,其能守御抓贼者,即擢为郡邑关口守将;其守将之能守御捉贼者,即擢为总帅、参副之职,庶历练之干略,不比纸上之韬钤矣。不然,即尊宠一同科甲,恐亦如无用之文人而已。"①即上级军官应当从下级中择优选拔,且选拔的人不能是纸上谈兵者,选拔军事将领的标准在于考察他们是否具有实战经验和军事能力的真才实干之人,只有这样的人才担得起捍卫国家和民族利益的重任。

(三)实践训练

颜元除了主张寓兵于农、作养将才的主张外,还提出加强士兵的军事体育训练的主张。他清楚地认识到士兵的身体素质是提高军队作战能力的关键,所以将军事体育摆到了前所未有的高度。颜元不仅将军事课程列为学生的必修课,与"文事""经史""理学""帖括"四大主课相提并论,同时还为书院设计了"步马射圃",供师生习武练兵之用,不论晴雨,照常进行。除了射御外,颜元认为先王"借禽兽蠢类以习"②的田猎活动也是训练士兵战术较好的手段,颇能增强士兵的实战经验。他还建议民兵军事训练的具体内容要遵循戚继光的《纪效新书》,不仅要锻炼士兵的身体,还要锻炼士兵的勇气和胆量等。

三、体育教育

近代大思想家、教育家梁启超曾在其传世名著《中国近三百年学术史》中称赞颜元:"中国两千年来,提倡体育的教育,除颜习斋外,只怕没有第二个人。"颜元是极为重视体育运动的,在中国教育家群体中,这是其十分显著的特点。

---

① 钟錂:《颜习斋先生言行录》(卷上),载陈山榜、邓子平主编:《颜李学派文库》(第2册),石家庄:河北教育出版社,2009年版,第538页。
② 颜元:《为政》,载陈山榜、邓子平主编:《颜李学派文库》(第1册),石家庄:河北教育出版社,2009年版,第163页。

(一)体育教育的主要内容

1.反对重文轻武,提倡文武兼修

自汉武帝推行"独尊儒术,罢黜百家"的文教政策后,学校教育的学风及文人士大夫的士风逐渐向着重文轻武的方向转移,整个社会开始逐渐盛行"万般皆下品,唯有读书高"的价值观。明清前期受程朱理学的影响,封建教育几乎完全排除了有关武备军事的内容,导致士子学人体质,尤其是学校读书人的体质明显下降,逐渐成"弱女子姿态",而当时全社会却深以为然。且一旦发现读书人从事体育运动后,不仅视为怪异之举,家人更是觉得他没出息。世人受重文轻武思想毒害之深,已成为"不可疗之痼癖"。颜元恨极这种学风,咬牙切齿以砒霜来比喻朱子之学:"但入朱门者,便服其砒霜,永无生气、生机。""耗竭心思气力,深受其害,以致六十余岁,终不能入尧、舜、周、孔之道。"①又说:"今天下尽弱病之儒,晦翁遗泽著矣。孔学不复,其如苍生何?"②他将该种病态归因于信赖程朱,远离实学的后果:"我辈多病,皆不务实学所致。古人之学,用身体气力,今日只用心与目口,耗神脆体,伤在我之元气,滋六气之浸乘,乌得不病!"③

2.德、智、体合一

颜元把学校当作实施教化、培育人才的重要部门,同时也将自己的体育思想置于学校教育中加以落实。上文所述颜元的招生条件就规定:"凡为吾徒者,当立志学礼、乐、射、御、书、数及兵、农、钱、谷、水、火、工、虞。"④这些学习内容设定便包涵德育、智育、体育、劳动教育等多方面内容。其中的体育教育,被认为对人身心发展起着特定作用,诸如涵养学生的性情德行,增进身体健康等。也即颜元所说:"常动则筋骨舒,气脉舒;故曰'立于礼',故曰'制舞而民不肿'。"⑤体育教

---

①颜元:《训门人类》,载陈山榜、邓子平主编:《颜李学派文库》(第1册),石家庄:河北教育出版社,2009年版,第221页。

②颜元:《训门人类》,载陈山榜、邓子平主编:《颜李学派文库》(第1册),石家庄:河北教育出版社,2009年版,第228页。

③李塨:《颜习斋先生年谱》(卷上),载陈山榜、邓子平主编:《颜李学派文库》(第2册),石家庄:河北教育出版社,2009年版,第638页。

④李塨:《颜习斋先生年谱》(卷上),载陈山榜、邓子平主编:《颜李学派文库》(第2册),石家庄:河北教育出版社,2009年版,第647页。

⑤钟錂:《世情第十七》,载陈山榜、邓子平主编:《颜李学派文库》(第2册),石家庄:河北教育出版社,2009年版,第583页。

育也与德、智有着密切的关系,如:"习礼则周旋跪拜,习乐则文舞武舞,习御则挽强把辔。活血脉,壮筋骨。"①它们又是互动的关系,例如在以礼仪活动的德育过程中,自然而然地能起到舒筋活血的体育作用。关于智育作用,他认为体育锻炼可以增强心智灵敏度,学生学习起来就可以"振竦精神,使心常灵活"。可以看出,颜元在论述体育时,通常会指出它的德育、智育功能。按照现代的说法正是德、智、体三位一体,相辅相成。

颜元强调体育应该从幼童起步,让其"勿美衣饱食,勿怀抱娇脆"。他最常说的话便是"身心一齐竦起""人己事物一致""身心道义一致加功也"。

3.动以致强,推崇习动、主动

颜元自"目击身尝"宋明理学的"害人""害身""害国"之果,故极力批判宋儒的静坐,认为静坐是"虚妄",是"镜花水月",还针对静坐的一系列流弊,提出了完全相反的主动教育法和习行教育法。他将"习行""主动"作为中华民族的传统美德,从"觉思不如学,而学必以习"出发,得出"宋元来儒者皆习静,今日正可言动"②的结论,也即要成为一个合格的人,就要调动整个身心,身要动,心也要动,否则就是不完整的。即在"动"的过程中,一方面通过进行身体活动来实现身动,使身体机能得到充分的发挥和锻炼,即"健人筋骨,和人血气,调人性情,长人信义";另一方面,通过思维活动来实现"心动":"人之心不可令闲,闲则逸,逸则放。"③综上所述,可以得出颜元"习行""主动"的教育理念不论是对于个人的健康,还是对于国家的富强、民族的兴旺都具有积极的意义,值得我们认真地发掘探索。

(二)体育教育的实践

颜元十分重视体育锻炼,一生坚持参与武艺训练,对养生之道颇有顿悟,得

---

① 钟錂:《吾辈第八》,载陈山榜、邓子平主编:《颜李学派文库》(第2册),石家庄:河北教育出版社,2009年版,第551页。

② 钟錂:《世情第十七》,载陈山榜、邓子平主编:《颜李学派文库》(第2册),石家庄:河北教育出版社,2009年版,第583页。

③ 钟錂:《杜生第十五》,载陈山榜、邓子平主编:《颜李学派文库》(第2册),石家庄:河北教育出版社,2009年版,第576页。

出"养身莫善于习动,夙兴夜寐,振起精神,寻事去做,行之有常,并不困疲,日益精壮"的论点。他幼年时即学骑马、射箭,青年时见"七家兵书"爱不释手,彻夜不眠研究兵法,练习技击。到了中年仍坚持"学习书、射及歌舞,演拳法"[1]。颜元自己勤练武艺的同时,还教导弟子习武、举石、击剑锻炼力量,并与学生一起登山、玩水、吟诗、骑射。直到晚年,颜元亦时常习武,从未间断,且技艺高超。毛泽东在《体育之研究》中就对此做出评价:"清之初世,颜习斋、李刚主,文而兼武。习斋远涉千里之外,学击剑之术于塞北,与勇士角而胜焉。故其言曰:文武缺一岂道乎?"[2]

颜元的实学实用思想,是其身处特定时代背景之下结合个人独特的社会经历与思想起伏所总结得出的产物。在章句、训诂、帖括之学泛滥的时代,他以大无畏的战斗精神,将拯救民族、拯救国家作为目的,倡导实学实用、习行主动为方法,对儒家经典和宋明理学的弊端进行了精辟独到的分析研究,深刻讽刺和揭露了其为后世带来的严重不良影响。近代学者梁启超就曾在《清代学术概述》中评价道:"颜元以实学代虚学,以动学代静学,以活学代死学。"实为开一代新风、顺乎世纪新潮之一代思想家与教育革新家。

同时,颜元将自然科学知识和各行各业的职业技术以及军事技能引入教育领域,在广度和深度上都大大超越了传统教育的范畴,冲破了千百年来儒家经史之学从内容到方式方法的固定框架。尤其是在教育方法上,他突破了理学教育家静坐读书、专心讲读的教育方式,强调躬行实践,这种新方法和颜元重视自然科学、生产及军事技术的新的教育内容相适应,为近代中国提倡教育与社会实践相结合以及革新教学方法,开创了先例。

---

[1] 李塨:《颜习斋先生年谱》(卷上),载陈山榜、邓子平主编:《颜李学派文库》(第2册),石家庄:河北教育出版社,2009年版,第636页。

[2] 毛泽东:《体育之研究》,《新青年》第3卷第2号,1917年。

第四章

漳南书院的办学活动

颜元在主持漳南书院期间,打破陈规、力行教育改革,本着"宁粗而实、勿枉而虚"的原则办学,试图建设一所全新的学校,由此亲自为之制定了详细的蓝图规划,包括书院建筑、办学宗旨、管理规章、课程设计、教学方法等多方面内容,集中地反映了他关于"实学""实习""实用"的教育思想,成为清初独具特色的书院。虽然,漳南书院因水患而很快停办,但其价值和意义却奠定了它在中国教育史上的地位,展现了其现代教育的初步理念。

书院是中国封建社会特有的教育机构,它的主要教育特征是聚众讲学、著书立说以及研讨交流。书院教育对我国封建社会后期学术文化的发展、人才的培养曾起过巨大的推动作用。书院产生于唐代,完善于宋、明,至清代已发展到顶峰。由于明末清初剧烈的社会动荡,清朝统治者对书院采取限制与笼络并行的政策。一方面,统治者看到汉族士子在反清斗争中的鼓动作用,禁止他们群聚结党、创立新的书院;另一方面,也不能不顾及书院的社会影响和人们对书院教育长久以来的依赖心理。于是,自顺治十四年(1657)支持修复衡阳石鼓书院开始,各地书院才渐渐复苏。其中,颜元主持的直隶(今河北省)漳南书院就是清初讲学书院的代表。对此,在前文中,本书已有浅显论述,在本章中我们将对其进行一个较为完整的论述与剖析。

第四章 漳南书院的办学活动

第一节 实学教育家颜元主持漳南书院

漳南书院位于直隶广平府肥乡县屯子堡（今属河北邯郸市广平县），前身是直隶巡抚于成龙在此建立的义学，书院共有100亩学田。后来当地士绅郝文灿同乡人杨计亮、李荣玉等人扩建了学舍，使学舍初具规模，并改建为书院，时任的兵部侍郎许三礼为书院题匾，命名为"漳南书院"，此后来求学的人数逐渐增多。为了办好漳南书院，郝文灿花了15年时间寻找有名的老师，但始终没有找到合适的人选，后来通过友人陈子彝的介绍，了解到颜元，于是决定聘请已经60多岁的颜元主持漳南书院。康熙三十三年（1694），郝文灿拿着陈子彝的书信不远数百里来到颜元住处，邀请他主持院事，但遭绝。第二年，张文升又用重金前来聘请颜元，再次遭到婉拒。第三年，郝文灿派漳南书院学生苗尚信到博野北杨村，按照聘请教师的礼仪，连续十天向颜元下跪，颜元终被感动，同意到漳南书院任教，临行之前，向供奉祖先的祠堂辞行，带着养孙颜重光和弟子钟錂一同前往漳南书院。《漳南书院记》对此做了清晰的记录：

> 肥乡之屯子堡，遵中丞于清端公令，建有义学，田百亩。学师郝子文灿以所入倡乡众杨计亮、李荣玉等协力经营，益广斋舍。许侍郎三礼题曰"漳南书院"。问学者众。郝子遂谦不任事，别寻师者十有五年。于康熙三十三年，郝子不远数百里抵荒斋，介友人陈子彝书，延元主院事，元辞。去已又过，陈说百端，作十日留，元固辞。明年，又价张文升以币聘，予再辞。又明年，遣院中苗生尚信至，进聘仪，披起复跪者十日，予不得已，告先祠行。[①]

颜元到达漳南书院后，由于漳河水涨，郝文灿和村民用船将他们迎接进村中。进村后，先住在郝文灿家。后郝文灿等人选定良辰吉日举办释奠礼，也就是书院

[①] 颜元：《漳南书院记》，载陈山榜、邓子平编：《颜李学派文库》（第2册），石家庄：河北教育出版社，2009年版，第356页。

的开学典礼。在典礼上郝文灿率领当地的士绅父老向颜元行拜迎礼,表示对老师的尊重。之后,颜元登上老师的座位,学生便带着师生初次相见的礼物,向颜元四拜,以示他们与颜元建立正式的师生关系。师生相见礼完毕后,颜元将学生分班,每班的学生互相施行同学相见礼。同学相见礼结束后,颜元便讲读他的《习斋教条》,整个开学典礼就此结束。《漳南书院记》中对这一过程有十分详细的描述:

> 距堡北十余里,漳水涨,堡人檥舟入,乃知其地苦水久矣。郝子率弟子拜迎,止其舍。卜吉,郝子及乡父老、子弟咸集,从予行释奠礼于孔子主前。郝子、乡父老再拜,予答拜,揖,升座。弟子委贽四拜,乃令分班,行同学相见礼。谕之曰:"而地无文士乎?而遽致予,盖将以成人之道自勖也。予不敏,敢以成人之道告。"乃出予《习斋教条》读讲讫,揖退。①

颜元刚到漳南书院时,书院建筑只完成了一斋,其余建筑还没有规划。颜元便对郝文灿说出了自己对书院建筑的规划:书院的正厅是习讲堂,正厅东边第一间教室面向西是文事斋,正厅西边第一间教室面向东是武备斋,正厅东边第二间教室面向西是经史斋,正厅西边第二间教室面向东是艺能斋。书院正厅南边三五丈远是书院的大门,挂着许三礼为书院题的"漳南书院"大匾。院门的内侧东边是理学斋,西边是帖括斋。按照颜元的规划,漳南书院的学生在固定的教室上课,不同学科的教学在不同的讲堂进行。

颜元还对书院的其他后勤建筑设施做了规划。按照颜元的设想,进入书院院门左面的六间屋子是客房,作为到书院参观、拜访的宾客居住的场所,右边六间屋子用来存放车马。书院正厅西讲堂的东北边是仓库和厨房,西北边是存放柴炭和木炭的地方,后边是厕所。书院前门的东边建造更衣室,取名为更衣亭,是宾客洗漱、换衣、饮茶的地方;书院前门的西边建造小型马场,是学生练习骑射的地方。书院修建教室等建筑时就地取材,所用的泥土是在书院前边挖来的,因此挖土的地方形成一个小池塘,计划从附近引来水,种上莲花,在池塘中间盖上亭子。

---

① 颜元:《漳南书院记》,载陈山榜、邓子平编:《颜李学派文库》(第2册),石家庄:河北教育出版社,2009年版,第356页。

第四章 漳南书院的办学活动

郝文灿等人听颜元讲完书院的规划后，十分赞同他的主张，便马上动工修建书院楼舍场地及教学设施。本地乡民纯朴好义，纷纷前来帮助建造书院，辛勤劳作，昼夜不息。不巧建造楼舍时赶上雨季，漳河洪水泛滥，无法买到足够的砖瓦，他们便用木头绑成架子，用木板作为教室的墙，覆草垫子作为为教室的屋顶，先盖个草堂作为临时教室。没过多长时间，书院便建好了，学生开始在颜元规划的书院中学习和生活。李塨所著《颜习斋先生年谱》及颜元所著《漳南书院记》中对此情节有所披露：

> 建正庭四楹，曰"习讲堂"。东第一斋西向，榜曰"文事"……西第一斋东向，榜曰"武备"……东第二斋西向，曰"经史"……西第二斋东向，曰"艺能"……其南相距三五丈为院门，门仍悬许公三礼"漳南书院"匾，不轻改旧称也。门内直东曰"理学斋"……直西曰"帖括斋"……比空二斋，左处宾价，右宿来学。门外左房六间，榻行宾；右厦六间，容车骑。为东更衣亭，西为步马射圃堂，东北隅为仓库、厨灶，西北隅积柴炭。①

> 门之左腋房六间，榻行宾；右腋厦六间，容车骑。习讲堂之东北隅为仓库、厨灶，西北隅积柴炭，后为厕。院前门东一斗室，曰"更衣亭"，凡客至，通傧、拂洗、更衣，一茶乃入。西为"步马射圃"，上构小亭。此矩模大略也……须院事竣，院前掣启土必更深广，引水植莲，中建亭，窗棂四达……克日兴工。堡人好义云集，许许之声逞迓宵闻。习讲堂成，高二丈有奇，架木覆苫，以肆望汪洋，莫购砖瓦也。②

按照这一规划，漳南书院教学、生活等各种校园基础设施一应俱全，俨然是一所综合性大学的建置，书院的东一斋、西二斋相当于今天的文理学院，西一斋是军事、体育学院，东二斋是文史、政法学院。从中可以看出，颜元对漳南书院建筑规划的系统、完备与独到，在书院教育建筑史上具有重要的意义。颜元主持的书院教育改革便是在此种教育环境与条件下展开的。

---

① 李塨：《颜习斋先生年谱》（卷下），载陈山榜、邓子平编：《颜李学派文库》（第 2 册），石家庄：河北教育出版社，2009 年版，第 680 页。
② 颜元：《漳南书院记》，载陈山榜、邓子平编：《颜李学派文库》（第 2 册），石家庄：河北教育出版社，2009 年版，第 357 页。

第二节　漳南书院的办学宗旨

书院的办学宗旨体现着其培养目标、办学导向及书院管理者的人才质量观。虽然自宋明以来,讲学、研讨学术已经成了书院共同的办学特点,但培养什么样的人才,以什么样的方式育人,却不尽相同,这也体现了各个书院办学宗旨的不同取向。漳南书院的办学宗旨可在书院的楹联上见其一二。书院的习讲堂有两丈多高,上面挂着颜元题的楹联:

聊存孔绪励习行,脱去乡愿禅宗训诂帖括之套
恭体天心学经济,斡旋人才政事道统气数之机①

上联旨在勉励学生革除弊端、打破陈规,意为保存孔子的真儒学并躬行实践,挣脱世俗、宗派、训诂、帖括这些牢笼束缚。下联旨在勉励学生学习"实学经济",把握政事关键,意为恭敬地体验帝王的意愿,通过学习"经济"来把握人才、政事、道统的关键所在。这组对联表现了颜元针砭时弊、倡导革新的气概,他的语言锋芒毕露,极显才识胆略。颜元不改"漳南书院"的旧名,但他将一般书院的"讲堂"改为"习讲堂",这一"习"字与这副对联,表明"励习行"和"学经济"是漳南书院的思想精髓,是其培养经世实用人才目标的浓缩。

颜元之所以对主讲漳南书院之邀再三推辞,是因为他对宋明书院讲学墨守成规、迷信书中所讲信条十分厌恶。因此,当他同意主持漳南书院后,便和郝文灿讲明自己的心志:"谬托院事,敢不明行尧、孔之万一以为吾子辱。顾儒道自秦火失传,宋人参杂释老以为德性,猎弋训诂以为问学,而儒几灭矣。今元与吾

---

① 李塨:《颜习斋先生年谱》(卷下),载陈山榜、邓子平编:《颜李学派文库》(第2册),石家庄:河北教育出版社,2009年版,第680页。

子力抵狂澜,宁粗而实,勿妄而虚。"①这就是说,办学必须讲授真正的孔子儒学,注重培养学生的实际能力,开创一个"宁粗而实,勿妄而虚"的书院改革新局面。这也成了漳南书院办学的宗旨所在。

颜元对宋明以来的教育制度做了深刻的批判,认为在那种制度之下,绝不可能达到培养经世致用人才的教育目的。明朝继承唐、宋、元三代的科举制度而略加变动,《明史·选举制二》记载:"科目者,沿唐宋之旧,而移变其试士之法。专取四子书及《易》《书》《诗》《春秋》《礼记》五经命题试士。盖太祖和刘基所定,其文略仿宋经义,然代古人语气之为,使用排偶,谓之八股,通谓之制义。"明朝利用这种制度麻痹读书人的心智,起了非常消极的作用。科举制度的流行截至明末已近1000年之久,它的毒害是很深的。

> 近自唐宋,试之以诗,弄之以文……无论庸庸辈不足有为,即有一二杰士,迫于出仕,气丧八九矣。宜道义自好者,不屑就也。而更异其以文取士矣。夫言自学问中来者,尚谓有言不必有德,况今之制艺,递相袭窃,通不知梅枣,便自言酸甜,不特士以此欺人,取士者亦以自欺。彼卿相皆从孔穿过,岂不见考试之丧气,浮文之无用乎?顾甘以此以诬天下也。观之宋明,深可悲矣。②

同时,颜元还道出了帖括的弊端:

> 天下人之入此帖括局也,自八九岁便咿唔,十余岁便习训诂,套袭构篇,终身不晓习行礼义之事,至老不讲致君泽民之道,且无一人不弱不病。灭儒道,坏人才,厄世运,害殆不可胜言也。③

清朝统治中国以后,由于害怕汉人反抗,极力要扑灭"反清复明"的民族思

---

① 颜元:《漳南书院记》,载陈山榜、邓子平编:《颜李学派文库》(第2册),石家庄:河北教育出版社,2009年版,第356页。
② 颜元:《重征举》,载陈山榜、邓子平编:《颜李学派文库》(第1册),石家庄:河北教育出版社,2009年版,第106页。
③ 钟錂:《杜生第十五》,载陈山榜、邓子平编:《颜李学派文库》(第2册),石家庄:河北教育出版社,2009年版,第576页。

想,除了对知识分子实行高压政策和恐怖手段外,还提倡程朱理学,制定并颁行《圣谕广训》,借此来麻痹人心,笼络士子,阻止进步思想的发展和传播。而其中危害最大、流毒最深、收效显著的莫过于科举制度了。自顺治二年(1645)起即开科取士,一切按照明朝旧制,使一般的知识分子埋头于八股帖括,借以缓和尖锐的阶级矛盾和民族矛盾;康熙十八年(1679),实施的"博学鸿词科"一次即录取彭孙遹等50人,俱授翰林官,其中朱彝尊等5人以布衣入选,"海内荣之",对士人产生很大的影响。一些最初观望形势的山林隐逸文士和社会贤达都纷纷报考应试。目睹上述情况,颜元严词反对,认为"八股之害,甚于焚坑",而且是当时士风败坏的根本原因:

  思汉、唐来至今日,作文者仿某大家也,写字者仿某名家体也,著书、谈学者仿某先儒宗旨也,唯体道、作事而不仿古人之成法,是可异也。……仿古人之体道、作事,人则讥笑之,是尤可异也。而其实不足异,以取士者在文字、书、言,而不在体道、作事也。及其考功课绩,则悖道者斥之,合道者贤之,事治者谓之能,事败者谓之庸,文字、书、言莫之问矣。取非其所考,考非其所取,此唐、宋之惑政,而士风之所自坏也。司柄者宜知变计矣。①

  颜元把士风败坏的根源归咎于八股取士制度,认为文人学子模仿名家的文章书句却不效仿古人做事成法的风气实不可取。通过科举制度选拔人才,其结果只能是"无学术,则无人才,无人才,则无政事,则无治平、无民命"②,而这也是明朝灭亡的主要原因之一。为此,他立志要培养能担负"圣道"、济世救民的人才,这样的人才不是静坐空谈,整日在书房中研究空疏学问的人,而是能"斡旋乾坤,利济苍生"的人,与此相应的教育,不是华而不实的教育,而是学用结合的"实用"教育。

  由此,颜元提出教育目标在为国家造就"实才实德"之士,即品德高尚,有真才实学的官吏或专业技术人才。

---

① 钟錂:《不为第十八》,载陈山榜、邓子平编:《颜李学派文库》(第2册),石家庄:河北教育出版社,2009年版,第585页。
② 颜元:《未坠集序》,载陈山榜、邓子平编:《颜李学派文库》(第2册),石家庄:河北教育出版社,2009年版,第344页。

具体而言，这种"实才实德之士"有两种：一是"上下精粗皆尽力求全"的通才，另一种是"终身业精一艺"的专门人才。在颜元看来，成为通才当然最好，但专门人才只要能经世致用，同样是值得嘉许推崇的。可见，颜元的办学宗旨是把漳南书院建成一所培养经世致用人才的实学书院。其中，培养"精于一艺"的专门人才又是其独特之处。

第三节　漳南书院的教学设计

颜元确立的漳南书院办学宗旨,揭示出了其教育目标的理念,贯穿在书院以教学为中心的办学实践活动之中。同时,漳南书院培养目标的实现,又必须通过教学活动才能切实安排,这可谓辩证统一的两个方面。在本节,我们就其教学设计进行论述。

一、以"专一""实用"为特征的教学内容

中国封建社会一直重视管理国家政事的"治术"教育,各项生产技术为历代士大夫所不齿,称之为"役夫之道",认为其是一种下等的卑贱职业。自宋以来至清初的六七百年间,书院的教学皆以朱熹的《白鹿洞书院揭示》为标准,偏文辞、重义理,崇尚经史古文。随着书院的官学化,理学地位的巩固,清代的书院便舍讲学而尚考课,书院教育与官学教育逐渐趋于一致。颜元对这种教育体制进行了严厉的批判,他反对坐而论道和空谈无用之学,也为书院沦为科举考试的附庸而感到惋惜。他继承墨家的精神,反对忽视自然科学的专业培养,认为无论何种人才都没有贵贱之分,百工之人只要精于一艺也可以成为圣贤,关键是各得其专,各有所用。他还列举了贤君贤臣的例子加以说明:

> 禹之治水,非禹一身尽治天下之水,必天下士长于水学者分治之,而禹总其成。伯夷之司礼,非伯夷一身尽治天下之礼,必天下士长于礼者分司之,而伯夷总其成。推之九官群牧咸若是,是以能平地成天也。[1]

---

[1] 颜元:《明亲》,载陈山榜、邓子平编:《颜李学派文库》(第1册),石家庄:河北教育出版社,2009年版,第43—44页。

第四章 漳南书院的办学活动

> 学须一件做成,便有用,便是圣贤一流。试观虞廷五臣,只各专一事,终身不改,便是圣。孔门诸贤各专一事,不必多长,便是贤。汉室三杰各专一事,未尝兼摄,亦便是豪杰。①

他认为圣贤并非无所不知,而是在于他们多专司一职,因此,颜元提出,在培养"经世"人才的同时,还应进一步培养各专一事的专门人才,分工办理国家的经济政事。他常鼓励其弟子各专一艺,如李植秀专于礼,颜士俊专于骑射,颜尔俨精于数学,颜修己专于律,宋希濂专于书,张鹏举长于兵法,朱敬专攻水、火诸学。在漳南书院的专业课程设计上,凸显了颜元强调对"精于一艺"专门人才的培养。

在其"实学"教学内容中还包括体育、劳动知识和训练。体育课程的具体内容包括:周旋跪拜、文舞武舞、骑马射箭、举重赛跑、角斗拳击等。劳动课程的具体内容主要是参加农业生产活动。"读书作文如常课,而习礼、歌诗、学书计、举石、超距、击拳,率以肄三为程,讨论兵农,辨商今古。"②颜元主张以"习行""习动"的教育搭配"静"的教育,亦静亦动,相得益彰。

这样的教学内容规划,充分体现了颜元所讲的"六府""三事""三物"教育内容。

> 孔子立教,先以文,即礼、乐、射、御等,宗周公之六艺也。次以行,即孝、友、姻、睦等,宗周公之六行也。终以忠信,即智、仁、圣、义等,宗周公之六德也。③

按照颜元的解释,孔子的"文、行、忠、信"是师法周公的"六德""六行""六

---

① 钟锬:《学须第十三》,载陈山榜、邓子平编:《颜李学派文库》(第2册),石家庄:河北教育出版社,2009年版,第567页。
② 颜元:《漳南书院记》,载陈山榜、邓子平主编:《颜李学派文库》(第2册),石家庄:河北教育出版社,2009年版,第357页。
③ 颜元:《论语上》,载陈山榜、邓子平编:《颜李学派文库》(第1册),石家庄:河北教育出版社,2009年版,第175页。

艺"的"三物",其中"六艺"是最基本的。颜元认为:"先之以六艺,则所以为六行之材具,六德之妙用。艺精则行实,行实则德成矣。"①

  孔门习行礼、乐、射、御之学,健人筋骨,和人血气,调人性情,长人仁义。一时习行,受一时之福;一日习行,受一日之福。一人体之,赐福一人;一家体之,赐福一家;一国,天下皆然。小之却一身之疾,大之措民物之安。为其动生阳和,不积痰郁气,安内扞外也。②

由此而论,在学习"六艺"的活动中,个人可增进健康,涵养心性,从而获得身心的全面发展。而若人人都习行"六艺",则家可齐,国可治,天下可平。因而,"六艺"成为颜元所倡导的"实学"的主要教学内容。在漳南书院的专业课程设置中,我们可以看到"六艺"教育的内容,颜元借此对学生进行了知识、道德、体育和劳动等多方面的培养。它实际上已经包含了近现代教育内容中文科、理科、工科以及军事科的影子、踪迹、内容或模型。

二、学科课程内容的具体编制

漳南书院的实学教育方案共编制有 10 种门类课程,现分别介绍如下:

(一)"礼"

在《习斋教条》中,礼仪一项特别受到重视。在"孝父母""敬尊长""慎威仪""肃衣冠""习六艺""行学仪"诸条中,关于各项仪节都有极烦琐缜密的规定。颜元如此重视习礼,是因为这门学科有增进健康、涵养德行、经世致用的价值,习礼足以活血脉,壮筋骨,却病延年。他认为只要能时常习礼,则"心自齐明,

---

① 颜元:《论语上》,载陈山榜、邓子平主编:《颜李学派文库》(第 1 册),石家庄:河北教育出版社,2009 年版,第 176 页。

② 钟錂:《刁过之第十九》,载陈山榜、邓子平主编:《颜李学派文库》(第 2 册),石家庄:河北教育出版社,2009 年版,第 590 页。

身自盛服,目容自端,口容自止,声容自静,立容自德"①。

(二)"乐"

颜元于16岁时颇喜俗乐,终日酣歌。他于37岁时从王法乾学琴,其后复从张函白学琴,到晚年复学吹龠。

他认为:"礼陶乐淑,圣人所以化人之急躁暴慢,而调理其性情者也。"②48岁时,某日鼓琴,足旁来一小蝎子,他以足蹴之,自言道:"舜作乐,致凤仪。子弹琴而召蝎,盖予有暴躁之气,正如方启蛰之小蝎,近阴气而少阳和,宜引为戒。"③于是改弹舒徐和缓的曲调,以化除其胸中的暴躁之气。

因为音乐有陶冶性情的价值,所以在颜元所办的学校中,每逢四、九日,都令其弟子歌诗习乐,他主张在学校设"乐律"特科并建议在选举制度中亦设此特科以抡拔人才而重其荐用。

(三)"射"

颜元自青年时期起即时习射,其射术亦颇高明。例如41岁时,他率领门人习射于村首,自己曾射中的六次。在其所办学校中,学生每逢五、十日习射。

(四)"御"

这里的"御",并非御战车,而是骑马。颜元颇娴于骑术,于37岁时,与数骑行,马逸,其中一人坠马,余皆惊惶失措,唯颜元则操纵自如。55岁时,他曾学习在马上舞双刀,在主持漳南书院时,尝教弟子骑马、举石、超距、击拳等知识及技能。

(五)"书"

颜元19岁时,其师贾珍命他大书一对联,悬之学校的中堂,窥知其书法亦不

---

① 钟錂:《教及门第十四》,载陈山榜、邓子平主编:《颜李学派文库》(第2册),石家庄:河北教育出版社,2009年版,第572页。
② 钟錂:《学问之第二十》,载陈山榜、邓子平主编:《颜李学派文库》(第2册),石家庄:河北教育出版社,2009年版,第591页。
③ 钟錂:《三代第九》,载陈山榜、邓子平主编:《颜李学派文库》(第2册),石家庄:河北教育出版社,2009年版,第553—554页。

俗。依照《习斋教条》中"习书"一条的规定："每日饭后,仿字半纸。改正俗讹,教演笔法,有讹落忘记者责。"①足见其教书法,不仅要求字形笔画的正确性,而且注重笔法的优美性。在漳南书院的文事斋内,亦设有"书"一科。

(六)"数"

颜元于 35 岁时,始习数学,自九九以及因乘归除,渐学《九章》。在谈到数学的价值时,他说："人而不能数,事父兄而无以承命,事君长而无以尽职,天不知其度也,地不知其量也,事物不知其分合也。"②依照《习斋教条》之规定,学生每一、六日习数。在漳南书院的文事斋内,亦设有"数"一科。至于习数方法,则注重循序渐进。"语之九数,不令知有因法。九数熟,而后进之因;因法熟,方令知有乘;乘法熟,方令知有归除。"③

(七)"兵"

颜元的蒙师吴持明深通兵法,著有《攻守战术》二帙。他在幼年时,曾深受其影响,23 岁时,见七家兵书,甚感兴趣,遂学兵法,研究战守机宜,尝彻夜不寐。《习斋教条》中,"兵"是主要学科之一,在漳南书院的武备斋内,设有黄帝、太公及孙、吴诸子兵法,攻守、营阵、陆水诸战法等科。颜元想矫正历代重文轻武的积习,所以在课程上予兵学以颇重要的地位。

(八)"农"

颜元自 12 岁起从事于农业劳动,认为儒者必须兼于从事于农圃劳动,否则便如不务生计的僧道。在长期的农圃劳动中,他积累了许多宝贵经验,35 岁时曾为王法乾写《农政要务》一书,关于耕耘、收获、辨土、酿粪以及水利等都有简要的陈述,惜此书已佚。④在其所定教条中,曾提到农学一科,但在其漳南书院的计

---

① 李塨:《颜习斋先生年谱》(卷上),载陈山榜、邓子平主编:《颜李学派文库》(第 2 册),石家庄:河北教育出版社,2009 年版,第 647 页。
② 钟錂:《理欲第二》,载陈山榜、邓子平主编:《颜李学派文库》(第 2 册),石家庄:河北教育出版社,2009 年版,第 529 页。
③ 钟錂:《杜生第十五》,载陈山榜、邓子平主编:《颜李学派文库》(第 2 册),石家庄:河北教育出版社,2009 年版,第 574 页。
④ 李塨:《颜习斋先生年谱》(卷上),载陈山榜、邓子平主编:《颜李学派文库》(第 2 册),石家庄:河北教育出版社,2009 年版,第 634 页。

划中,农学则付阙如,也许他认为这科可归属到水学之中的缘故吧。

(九)"钱谷"(即理财学)

颜元认为宋儒轻视理财,是极迂腐的见解,他认为理财是《周礼》和《大学》中颇受重视的知识认知。在《习斋教条》中,虽未曾提到钱谷,但在其漳南书院的规划中,则设有此科。

(十)"水"(即水利学)

颜元颇有治水经验。有一年,蠡河汛滥,他集合乡人筑堤防汛,使数十乡民的生命财产得到安全保障。①他认为治水不外分、浚、疏三种方法,并建议以此治蠡河。

上面所说的礼、乐、射、御、书、数、兵、农、钱谷、水学等10种学科都是颜元时常讨论和习行的重要科目。至于火学、工学、虞学等,在其所定"教条"和漳南书院的计划中都曾分别加以不同程度的探讨。这些学科是"践行"的,兼顾身心全面发展的,又是"践迹"的,结合客观事物的实际及现实社会生产与生活所需的,在本质上既异于寂守本心而屏绝外物的禅理语录,亦异于纸上文墨而专供诵读的训诂、诗文、制艺等。

三、教学方法

教学方法是完成教学任务,实现教学目标所采取的相应教育学方式、途径的总和。颜元基于漳南书院办学宗旨的规划及课程的编订,在教学活动中运用了独具特色的教学方法。

(一)"习行"

明清之际程朱理学盛极一时,当时的书院大多遵循"朱子读书法",注重静

---

① 钟錂:《三代第九》,载陈山榜、邓子平主编:《颜李学派文库》(第2册),石家庄:河北教育出版社,2009年版,第555页。

坐体悟以求理之所在。而颜元认为，朱熹"半日静坐，半日读书"的教学方法就是教人"半日当和尚，半日当汉儒"，这样下去书生们都会成为手执"四书""五经"的和尚，缺乏生计能力和生产、生活的知识技能，从而使社会缺乏生机活力，丧失创造进步的基础。

> 朱子之道，千年大行，使天下无一儒，无一才，无一苟定时，不愿效也。宋家老头巾群天下人才静坐、读书中，以为千古独得之秘，指办干政事，为粗豪为俗吏；指经济生民，为功利为杂霸。究之，使五百年中，平常人皆读讲《集注》，揣摩八股，走富贵利达之场。高旷人皆高谈静、敬，煮熟集文，贪从祀庙廷之典。莫谓唐、虞三代之英，孔门贤众之士，世无一人；并汉、唐杰才，亦不可得。是世间之德乃真乱矣，万有乃真空矣。①

颜元反对汉唐以来传统的教学方法，尤其是宋明等时代静坐空谈式的讲学论道的方式。35岁时，他感到思不如学，而学必以习，把原有的"思古斋"改名为"习斋"，可见他对"习"是何等重视。他认为程朱理学只教人读书、认字，流于写文章、求义理、谈性命，却不能培养真正的有用之才。

为此，颜元在教学方法上提出了和传统的"主静"与"闭门读书"的教育方法相对立的"习行"，即"易静坐用口耳之习，为手足频拮据之业"②，也就是说，要学生将孔子之学用于社会实践，而不是仅仅做文章，钻在故纸堆里虚度一生。根据孔子的"学而时习之"一句话，他阐发了"习"的重要性：

> 孔子开章第一句，道尽学宗，见过、读过不如学过，一学便住也终殆，不如习过，习两三次，终不与我为一，总不如时习，方能有得。习与性成，方是乾乾不息。③

―――――
① 颜元：《朱子语类评》，载陈山榜、邓子平编：《颜李学派文库》（第1册），石家庄：河北教育出版社，2009年版，第233—234页。
② 颜元：《学辨一》，载陈山榜、邓子平主编：《颜李学派文库》（第1册），石家庄：河北教育出版社，2009年版，第50页。
③ 钟錂：《学须第十三》，载陈山榜、邓子平主编：《颜李学派文库》（第2册），石家庄：河北教育出版社，2009年版，第568页。

这里的所谓"学",即是效法圣贤的行动之过程;所谓"习",即是反复练习以巩固其所学得的行动之过程。不管在学或习的过程中,都以行动为中心。在教学中,必须注重手格其物,即亲自观察,亲身实践,"实做其事",以获得真知。颜元说:"读书无他道,只需在'行'字着力。如读'学而时习'便要勉力时习,读'其为人孝弟'便要勉力孝弟,如此而已。"①

(二)因材施教

宋代理学家认为,人性之中气质之性因存在情欲因素而带有恶性,教育的作用正是在于变化气质之性,而复归于天地之善性,这便是著名的"复性说"。颜元反对这种观点。他认为气质之性不是恶的,只有纯驳、偏全、清浊、厚薄的不同,这是个性的差异。对于人的教育不能勉强一律,必须按照人们的个性差异,因势利导,让个体在教育与环境积极有效影响下,通过主观努力,发挥所长,弥补所短。这恰能体现《学记》中"长善救失"教学原则,也正是孔门所用"因材施教"的方法。

> 人的质性各异,当就其质性之所迁,心志之所愿,才力之所能以为学,则易成圣贤而无龃龉、扞格、终身不就之患。故孟子于夷、惠曰:不同道,唯愿学孔子,非止以孔子独上也,非谓夷、惠不可学也。人之性近夷者,自宜学夷,近惠者自宜学惠。今变化气质之说,是必平丘陵以为川泽,变川泽为丘陵也,不亦愚乎?且使包孝肃必变庞德公,庞德公必变化而为包孝肃,必不可得之数,亦徒失其为包、为庞而已矣。②

他秉承此理念,重视人的个性差异,在此基础上,善于使学生发挥特长。

> 全体者为全体之圣贤,偏胜者为偏至之圣贤,下至椿津之友恭、牛宏之宽恕,皆不可谓非一节之圣。③

---

① 《颜习斋先生言行录》,载王星贤、张芥尘、郭征:《颜元集》,北京:中华书局,1987年版,第623页。
② 颜元:《孟子下》,载陈山榜、邓子平编:《颜李学派文库》(第1册),石家庄:河北教育出版社,2009年版,第205页。
③ 颜元:《性图》,载陈山榜、邓子平编:《颜李学派文库》(第1册),石家庄:河北教育出版社,2009年版,第31页。

颜元所指的"偏胜"就是说：有人偏于仁，偏于义，或偏于礼、智、信等。例如偏于仁的人可能缺乏义、礼、智等方面，这种人也可以教育、培养，发挥他的所长，只是"不尽如圣人之全"罢了。

> 今即有偏胜之甚，一身皆是恻隐，非偏于仁之人乎？其人，上焉而学以至之，则为圣也当如伊尹，次焉而学不至，亦不失为屈原一流人。……即有人一生皆为羞恶，非偏于义之人乎？其人上焉而学以至之则得圣也当如伯夷，次焉而学不至，亦不失为海瑞一流人。①

这里所说的"偏胜"即系人的个性差异、能力倾向或兴趣特长，颜元认为教师在观察了解学生特点的基础上，采用因材施教的方法便可能培养出"偏至的圣贤"。"偏至的圣贤"是学生差异性发展目标丰富多样化的体现，能促进不同层次特点学生的最大可能的提高及进步。这和上面所说的"全体的圣贤"没有什么本质不同。

> 上下精粗皆尽力求全，是谓圣学之极致矣。不及此者，实为一端一节之实，无为全体大用之虚。如六艺不能兼，终身只精一艺可也。如一艺不能全，数人共学一艺，如习礼者某冠昏，某丧祭，某宗庙，某会同，亦可也。②

又说：

> 人于六艺，但能究一二端，深之以讨论，重之以体验，使可见之施行，则如禹终身司空，弃终身教稼，皋终身专刑，契终身专教，而已皆成其圣矣。如仲之专治赋，冉之专足民，公西之专礼乐，而已成各其贤矣。不必更读一书，著一说，斯为儒者之具，而泽被苍生矣。③

---

① 颜元：《性理评》，载陈山榜、邓子平编：《颜李学派文库》（第1册），石家庄：河北教育出版社，2009年版，第12页。

② 颜元：《学辨二》，载陈山榜、邓子平编：《颜李学派文库》（第1册），石家庄：河北教育出版社，2009年版，第54页。

③ 钟錂：《学须第十三》，载陈山榜、邓子平编：《颜李学派文库》（第2册），石家庄：河北教育出版社，2009年版，第569页。

由此可见，对于学生而论，不可能事事皆会、件件精通，只要能专一事，终身不改，便能成圣成贤，对于社会、国家亦可以有莫大的贡献。

漳南书院的办学实践最典型的就是分斋教学组织的编制，书院共设六斋，而将学生分入各斋的依据就是学生的性情和兴趣的特点。学生性情相近的分为一斋，进行分科学习，以求专精于一业，这是颜元因材施教理念在教学组织上的明确表现。在具体的教学活动中，颜元根据学生的身心状况、心理水平、学业成绩及能力层次等多方面的差异，有针对性地通过目标、内容、组织、方法的调整，使学生有差异性的卓越成长，富有个性化的全面发展。

此外，颜元还采用寓教于乐的教学方法。颜元在《漳南书院记》中说："元将与诸于虚心延访，互相师友。""讲习暇，元偕诸子，或履桥，或挚舟入，弦歌笑语，作山水乐，黄、虞朋复何憾乎？"学生"颇咀学习乐味"，在这里，教师没有显示出绝对的权威，而是形成了亦师亦友的和悦的学习气氛。

第四节 《习斋教条》理念下的书院教育管理

书院的管理,主要是规范书院的人员职责、经费调配,安排各类教职人员配合教学,对学生进行教学研究及考查管理和课外指导的规则,是书院实施运行及取得高品质教学的有效保障机制。清代的书院为了节省经费,人员配备比较少,组织结构也相对简单。书院的规章又称作规程、教条、学程、日程、戒条、斋规等名目,一般都涉及教学内容、学习方法、课时安排、奖罚条规等方面。它是书院管理制度具体而生动的反映,体现了其管理水平的高低。

据颜元在《漳南书院记》中记载:"斋有长,科有领,而统贯以智仁圣义忠和之德,孝友睦姻任恤之行。"①可见,漳南书院有较为细致的管理体制,院有院长,斋有斋长,科有主任,管理层次分明,治学有序。颜元为此制定了《习斋教条》。

《习斋教条》总共 20 条目,分别为"孝父母""敬尊长""主忠信""申别义""禁邪僻""勤起学""慎威仪""肃衣冠""重诗书""敬字纸""习书""讲书""作文""习六艺""行学仪""序出入""轮班当值""尚和睦""贵责善""戒旷学"②。内容涉及道德教育、礼仪教育、知识技能教育、"习动""习行"的教学方法以及学生管理、师生关系等诸多方面内容。其中的"习书"、"习六艺"两条显示出漳南书院注重习行、推崇实践的特色,也是与当时其他书院的明显区别之处。"孝父母""敬尊长""主忠信""申别义""行学仪"是规范学生道德和礼仪的行为准则。

可见,漳南书院实行的道德准则继承了孔孟知孝悌、明人伦的道德教育思想,是对中华道德文明的传承,有助于学生个体乃至整个民族的和谐发展,也表

---

① 颜元:《漳南书院记》,载陈山榜、邓子平编:《颜李学派文库》(第2册),石家庄:河北教育出版社,2009年版,第357页。
② 李塨:《颜习斋先生年谱》(卷上),载陈山榜、邓子平编:《颜李学派文库》(第2册),石家庄:河北教育出版社,2009年版,第646—648页。

明了颜元主持下的漳南书院不只注意知识的传授,更重视品格的陶铸与道德的培养,学生的生活与学习均有一定的制度作为行为依循和管理手段,有条不紊,既有规范之力,也具督促之功。

颜元认为在课程和教材中适当渗透类似"勤起学""慎威仪""肃起冠""重诗书""敬字纸"的思想,抓住教育关键期的"印刻"效果,使学生自身良好学习态度和行为习惯得以形成,比订立各种违规违纪的处罚措施要有效得多。

此外,《习斋教条》作为漳南书院的管理规章,将各项技能知识教育进行了时间上的合理分配。颜元推崇孔子的"六艺"教育,认为长久以来学生学习八股文,失去了学习和教育的本旨,于是对礼、乐、射、御、书、数等课程做了详细的规划。

漳南书院所设静态知识课程与动态技能课程相互搭配,符合学生身心协调发展的要求,课内学习与课外训练相结合,两种知识相互补充,既深化学习的内容,又使学习有张有弛,动静结合,让学生感受到了学习的乐趣,有助于学习效率的提高。

漳南书院的规章体现了当代的教育管理的思想及价值,如"轮班当值。凡洒扫学堂,注砚,盛夏汲水,冬燃火,敛仿进判,俱三日一班",意在培养学生的自理意识和责任感;"尚和睦。同学之人,长幼相敬,情义相关",意在教导同学团结友爱、互相帮助,使学生感受到教师、同学的可敬可亲,最后达到虽离开师友而信仰不移的目的。

从规章内容中审视漳南书院的教育管理思想,既能体现一代社会启蒙思想家、教育革新家颜元对人才培养和教育经营的设计与思索,也可以窥见清代北方实学派书院教育的特色所在。

漳南书院的组织管理与教育活动是在颜元的规划下进行的,集中地体现了他的实学教育改革思想与特色,是颜元教育生涯中最突出的表现。但是,仅仅四个月后,不幸漳水接连五次泛滥,当地房屋在洪水的冲击下发生倾斜,漳南书院也未能幸免。漳南书院后来虽得到修复,郝文灿多次来信催促颜元重返漳南书院,但是一来水患未解,二来颜元已年老疾病缠身,始终未能如愿。

  因漳水泛滥,漳南书院仅办了四个月即告结束,时间短暂而急促,使颜元更宏大精微的蓝图规划和教育思想无法通过实践得以展示与印证,这不仅是河北书院史的缺失,也是清代书院教育的遗憾。但是,许多存在事物的变动转化,其意义价值不在于时间的长短,而在于其自身的内涵及后续的价值。漳南书院虽然匆匆逝去,但它集中地反映了颜元的教育主张,打破了以往书院"坐而论道"的经学教育。颜元在书院中所倡导的"实学"教育内容和躬行实践的教育方法,拓宽了教育的领域,是对当时程朱理学"求心""求理"的猛烈冲击。

第五章

独树一帜的颜李学派

颜元开创了颜李学派,并将所坚持与主张的实学思想经由弟子得以传承与传播。虽然颜李学派存在时间不长,但无论是其立身思想,还是实践主张,在当时的历史条件下都具有深刻的独特性,这使颜元及其学派在教育思想长河中有着举足轻重的地位。当然,颜氏学说不等于颜元这一代祖师或代表性思想家一人的思想主张及业绩成效,应该涉及颜李学派的其他人物。但缘于颜元思想独特性及影响力突出,继承者在诸多观点及内容上显得较为庞杂,甚至零乱,更兼之作者学识及精力所限而难以细究其中奥义,故仍以颜元为中心加以陈述或阐释。

第一节　颜氏学说之多元建构

颜氏学说是一个包容宽广的思想体系,涉及政治、经济、教育、文化及艺术等多个方面,虽然颜元作为一个乡村教育家明显受其所处时代的限制,但颜元的教育思想与育人理念依旧具有着不可忽视的进步性。政治、经济及文化制约着教育目的及内容,教育在保证其自身独立性的同时,又充分反映了社会力量的制衡作用。

一、政治、经济与文化

颜元一生虽由于种种原因从未从政,但生逢明、清易代之际,对社会改革抱有极大的热忱,临终嘱托学生"天下事尚可为,汝等当积学待用"[①]。他提出了自己的施政纲领:"如天不废予,将以七字富天下:垦荒,均田,兴水利;以六字强天下:人皆兵,官皆将;以九字安天下:举人才、正大经、兴礼乐。"[②]这个纲领涉及政治、经济及文化教育等多个方面,是颜元在考虑当时社会现实的基础上而提出的。

（一）政治

颜元提倡"封建"制,这里所谓的"封建",指的是西周及周以前的分封制政体,是与郡县制相对应的一个政体概念。颜元曾言:

> 第妄谓非封建不能尽天下人民之治,尽天下人材之用尔。

---

① 李塨:《颜习斋先生年谱》(卷下),载陈山榜、邓子平主编:《颜李学派文库》(第2册),石家庄:河北教育出版社,2009年版,第694页。
② 李塨:《颜习斋先生年谱》(卷下),载陈山榜、邓子平主编:《颜李学派文库》(第2册),石家庄:河北教育出版社,2009年版,第666页。

后世人臣不敢建言封建,人主亦乐其自私天下也,又幸郡县易制也,而甘于孤立,使生民社稷交受其祸,乱亡而不悔,可谓愚矣。①

与此相应,便是极力反对科举取士征选人才,颜元认为这样无法选拔出真正的人才。"窃尝谋所以代之,莫若古乡举里选之法。仿明旧制,乡置三老人,劝农,平事,正风;六年一举,县方一人。"其评判标准为才德,经使用之后,得出结论"某诚贤"②,才能被正式录用,认为这样选举出来的人才具有真才实学,才能够使天下受益。

颜元认为"自兵农分而中国弱"③,因此提出建立"民皆兵,官皆将"的兵农合一的军事国防体制。这个体制有九个要求,即"预养、预服、预教、预练、利兵、养马、治卫、备羡、体民心",同时有九种好处,即"素练、亲卒、忠上、无兵耗、应卒难、安业、齐勇、靖奸、辑候"④。虽然这些思想与当时发展显得不合时宜,但也体现了颜元的一种积极思考。

(二)经济

在经济方面,颜元总结了历代农民要求均田的理想,提出了"天地田间宜天地间人共享之"⑤的平均土地的主张,认为最理想的田制就是古代的井田制,"如古井田,苟使民之有恒业者得遂其耕获;无恒业者能免于饥寒,家给人足焉,即谓之今日之井田可也"⑥。但是又考虑到当时社会条件下实行井田制难度极大,

---

①颜元:《封建》,载陈山榜、邓子平主编:《颜李学派文库》(第1册),石家庄:河北教育出版社,2009年版,第103页。

②颜元:《重征举》,载陈山榜、邓子平主编:《颜李学派文库》(第1册),石家庄:河北教育出版社,2009年版,第106页。

③颜元:《治赋》,载陈山榜、邓子平主编:《颜李学派文库》(第1册),石家庄:河北教育出版社,2009年版,第99页。

④颜元:《治赋》,载陈山榜、邓子平主编:《颜李学派文库》(第1册),石家庄:河北教育出版社,2009年版,第99—100页。

⑤颜元:《井田》,载陈山榜、邓子平主编:《颜李学派文库》(第1册),石家庄:河北教育出版社,2009年版,第96页。

⑥颜元:《送张文升佐武彤含尹盐城序》,载陈山榜、邓子平主编:《颜李学派文库》(第2册),石家庄:河北教育出版社,2009年版,第350页。

因此又提出了均田。他认为:"使予得君,第一义在均田,田不均,则教养诸政俱无措施处,纵有施为,横渠所谓'终苟道'也。"①考虑到实际,又说:"可井则井,不可则均。"②并且主张采用移游民以垦荒废地的办法来扩大土地面积。颜元这一主张的目的是使广大劳动人民能够耕者有其田,保障家庭生活。

颜元对水利事业也极为关注。直到70岁时,他还在向弟子们传授有关兴水利的知识。他说:"吾事水学,不外'分、浚、疏'三字。"③并且批评说:"北人只思除水患,不思兴水利,不知兴利即除害也。"④他自己本人曾组织领导过千百人的治水活动,并且提出过具体的治理蠡河的方案。

在赋税方面,颜元也有自己的看法。颜元特别强调税本色的重要性,反对税折色,认为"历代人皆愚,谓本色费脚价"⑤,并以锦州之困时,五十金易一垆饼而证明金银的不足贵,曾言:"吾人得君,必当以税本色、均田为泽民第一义。"⑥同时,颜元主张"轻赋税,时工役",这是《济时》"九典"中的两典。轻赋税能够不伤民,使民有余力而国之财富不竭,使社会稳定。而时工役是指在国家征用民工时,以不与农桑争劳力为原则,以达不违农时的目的。

(三)文化

颜元具有强烈的崇儒倾向,其基本主张可用"崇儒辟异"四个字来概括,在文化政策的施行上主张"靖异端"。通过考古谋今,他认为应该靖之者有九,即"绝

---

① 钟錂:《三代第九》,载陈山榜、邓子平主编:《颜李学派文库》(第2册),石家庄:河北教育出版社,2009年版,第555页。
② 颜元:《井田》,载陈山榜、邓子平主编:《颜李学派文库》(第1册),石家庄:河北教育出版社,2009年版,第97页。
③④ 李塨:《颜习斋先生年谱》(卷下),载陈山榜、邓子平主编:《颜李学派文库》(第2册),石家庄:河北教育出版社,2009年版,第693页。
⑤ 钟錂:《王次亭第十二》,载陈山榜、邓子平主编:《颜李学派文库》(第2册),石家庄:河北教育出版社,2009年版,第565页。
⑥ 钟錂:《王次亭第十二》,载陈山榜、邓子平主编:《颜李学派文库》(第2册),石家庄:河北教育出版社,2009年版,第566页。

由、去依、安业、清蘖、防后、杜源、化尤、易正、明法"①。他认为这样才能够使"群黎不邪慝,家户有伦理,男女无抑郁之气而天地以和,兆姓无绝嗣之惨而生齿以广,征休召祥,蔑有极矣"②。

综观颜元的施政思想,无论是经济思想还是政治思想,都可以发现其出发点与落脚点皆为"民命",主张为民众谋取利益。但是这些政策多为托古改今,假借古人说法而提出今日想法,因此不可避免带有古人痕迹而不合时宜,无法完全实施。

二、学术演变与教育思想

（一）学术演变

颜元的学术倾向,有一个动态的演变过程,依年龄划分为24岁、34岁、57岁三个重要的转折点。

在24岁之前,颜元尚处于懵懂无知时期,不知道学为何物。

颜元8岁外出就学,蒙师姓吴,名持明,字洞云,不仅能文,而且能骑、射、剑、戟,并曾潜心钻研百战神机,著有兵书两部。颜元跟随此师从业5年,深受其影响,以致后来关心时政、研读兵书、苦练骑射、精于技击,以及崇儒而兼医。13岁以后,师从贾珍,做过许多荒唐事。14岁,"看寇氏《丹法》,遂学运气术"。15岁,"娶妻不近,学仙也"。16岁,"知仙不可学,乃谐琴瑟,遂耽内,又有比匪之伤,习染轻薄"。17岁,"浮薄酣歌如故"。18岁,"习染犹故也"。直到19岁从贾端惠先生学,才"习染顿洗"。③为了科举功名,颜元从11岁起,学习八股时文。16

---

①②颜元:《靖异端》,载陈山榜、邓子平主编:《颜李学派文库》(第1册),石家庄:河北教育出版社,2009年版,第107页。

③李塨:《颜习斋先生年谱》(卷上),载陈山榜、邓子平主编:《颜李学派文库》(第2册),石家庄:河北教育出版社,2009年版,第619—620页。

岁时,养祖父要为他谋贿入庠,颜元泣而不食,拒而不从,说:"宁为真白丁,不做假秀才。"①21岁颜元阅读《资治通鉴》,而认为八股不是真学问,遂决心放弃学业。22岁开始学医,23岁开始研习兵法,同时学习技击。②从上述梳理可以看出,颜元青年时期虽度过一段荒唐轻浮的时期,却也是在这个时期扎根实学,为以后打下了基础。颜元总结自己这一阶段思想状况时说:

> 予世之罪戾人也。少长城市,轻薄不减,十九岁从端惠贾先生游,始改酣废行。未几,遭飞祸,困窘中思立品,退而居野鄙,甘贫服粗,劳身以事亲,以为不坠贪污窘窭即人矣;廿一岁始阅《通鉴》,以为博古今、晓兴废邪正即人矣。曾不知世有道学名也,况知有朱、陆两派之辨争乎?况知朱、陆两派俱非尧、舜三事,周、孔三物之道乎?③

自24岁,颜元的思想发生了转变,在这之后的10年间,颜元从不知道学转向信奉宋明道学,即理学。在种地和行医之外,又选择了第三个职业——当老师,始"开家塾,训子弟"④。此时跟随他学习的有弟子彭好古,其父彭通,是道学中人,与当时的道学家孙奇逢、刁包等人有往来,颜元对此颇感好奇,询问于他,从他那里了解了陆王心学,从此走上了信奉道学之路。26岁时,又读《性理大全》,知道了周、程、张、朱的为学意旨,屹然以道自任,身体力行践行之。27岁时,拜访刁包,得刁包所做的《斯文正统》一书。对于这一阶段的学习,颜元自己曾有所记录:

> 同里彭翁九如以诗画交当时士夫,时为予道语录中言,异而问之。因出《陆王要语》示予,遂悦之。以为圣人之道在是,学得如陆、王乃人矣,从而肆

---

① 李塨:《颜习斋先生年谱》(卷上),载陈山榜、邓子平主编:《颜李学派文库》(第2册),石家庄:河北教育出版社,2009年版,第619页。
②④ 李塨:《颜习斋先生年谱》(卷上),载陈山榜、邓子平主编:《颜李学派文库》(第2册),石家庄:河北教育出版社,2009年版,第621页。
③ 颜元:《未坠集序》,载陈山榜、邓子平主编:《颜李学派文库》(第2册),石家庄:河北教育出版社,2009年版,第343页。

力焉。迨廿五六岁得见《性理大全》，遂深悦之。以为圣人之道又在是，学得如周、程、张、朱乃人矣，从而肆力焉。①

在这近10年间，颜元虔诚信奉道学，先陆王后转程朱，日益痴迷：

> 于家斋孔子位前，题明道诸儒主，次四配下，朔望拜礼，出入告面，事如父师。于《通书》称周子真圣人，于《小学》称朱子真圣人。农圃忧劳中，必静坐五六次，必读讲《近思录》《太极图》《西铭》等书，云得《太极图》，一以贯之。②

对于他的痴迷，旁人百态各异，嘲讽鄙视斥责，侮辱者甚多，但颜元不惧于此，仍然坚持自己的主张。

在34岁那一年，由于祖母离世，随之发生的一系列事情使颜元对程朱理学产生了怀疑，认为其非孔孟之道，并开始提出自己的理论，即《存性编》《存理编》，并为批评理学而提倡实学，做了大量的工作：致书各地学者，宣传自己的实学主张，并将其学舍由"思古斋"易名为"习斋"，并订定"习斋教条"，将实学列为主要教育内容，将习、行作为主要的学习方法；自身于从事农、医、教三业劳作及工作之余，不仅习书、习射、习舞、演练拳法，还开始学习数学。颜元对这一转变过程也有所记录：

> 至康熙戊申，遭先恩祖妣大过，式遵文公《家礼》，尺寸不敢违，觉有拂戾性情者；第谓圣人定礼如此，不敢疑其非周公之旧也。岁稍，忽知予非朱姓，哀杀，不能伏庐中。偶取阅《性理》《气质之性总论》《为学》等篇，始觉宋儒之言性，非孟子本旨；宋儒之为学，非尧舜周孔旧道；而有《存性》《存学》之作，然未敢以示人也。③

---

①②③ 颜元：《未坠集序》，载陈山榜、邓子平主编：《颜李学派文库》（第2册），石家庄：河北教育出版社，2009年版，第344页。

57岁时,颜元为宣传自己的政见学旨,结交同志,而南游中州,却见空虚的程朱理学弥漫整个社会,影响学术人才的培养,妨碍政事、民命,从而促使其学术倾向又发生了一次重大转变:

> 迨辛未游中州,就正于名下士,见人人禅宗,家家训诂,确信宋室诸儒即孔孟,牢不可破。口敝舌罢,去一分程朱方见一分孔孟。不然,则终此乾坤,圣道不明,苍生无命矣。①

> 于是始信程朱之道不熄,周孔之道不著,圣人复起,不易吾言矣!乃断与之判为两途。②

自此,颜元由批评道学转为反对道学,由不忍背叛道学到与道学彻底划清界限,与程朱理学彻底决裂。而其在主教漳南书院期间,设置理学斋与帖括斋,也不过是"以示吾道之广,且以应时制"③罢了。这时期的颜元,写有大量的读书笔记,以批判程朱理学,《朱子语类评》就是他这个时期的代表作。

大体而论,颜元的学术思想,最大的特点就是平民性和实践性。李塨曾说:"先生自幼而壮,孤苦备尝,只身几无栖泊;而心血屏营,则无一刻不流注民物,每酒阑灯炧,抵掌天下事,辄浩歌泣下。"④其学术思想的出发点与最终落脚点也都是"民命",曾自言:"盖学术者,人才之本也;人才者,政事之本也;政事者,民命之本也。无学术则无人才,无人才则无政事,无政事则无治平,无民命,其如儒统何!"⑤另一方面,实践性也是颜元学术思想的主要特点,也是其被称为实学

---

① ② ⑤ 颜元:《未坠集序》,载陈山榜、邓子平主编:《颜李学派文库》(第2册),石家庄:河北教育出版社,2009年版,第344页。

③ 颜元:《漳南书院记》,载陈山榜、邓子平主编:《颜李学派文库》(第2册),石家庄:河北教育出版社,2009年版,第357页。

④ 李塨:《存治编序》,载陈山榜、邓子平主编:《颜李学派文库》(第1册),石家庄:河北教育出版社,2009年版,第95页。

的主要原因。颜元提倡经世致用,批判传统的习静教育和书本教育,提倡习动的教育,"践行而尽性也,则存性于身矣",认为只有实践才能真正获得知识。

(二)教育思想与影响

颜元的教育生涯始于 1658 年,24 岁那一年开始从事教师职业,创办学塾"思古斋",并自号"思古人",当时只有王之佐、彭好古、朱体三 3 人。

两年后,即 1660 年,颜元又"设教于西五夫村,徐之琇从游"①。这是颜元第二次设学,只有一个学生。但是由此也可以看出,颜元的影响已超出本村——蠡县刘村,这也不失为其教育活动效应扩大的一种表现。

1667 年,33 岁的颜元在新兴村设教,此次教馆规模颇大,学生数超出一般私塾的常态,载于《颜习斋先生年谱》中的就有石鹭、石鸾等 11 人。这年 11 月,有位叫贾士珩的旗人,来到颜元的思古斋拜师求学。可见,颜元当时的师名已有相当的影响力,连旗人也来此问津请益。

颜元 39 岁时认祖归宗,回到祖籍博野县北杨村,习斋也随之迁来。这时的弟子,以颜氏族人居多,且其声望不断提高,习斋影响日益扩大,前来就学的人也越来越多。

1691 年,颜元南游中州,宣传自己的政见学旨,寻觅同志,结交豪士,洞察民情,收拢人心。这次南游,不仅使他的实学思想得以广泛传播,并且又顺路招收了不少愿以实为学的人为门生。

1696 年,颜元执教漳南书院,开斋授业,虽只短短百余日,但其声誉扩散却极为深远。他规划设计的这所书院,迥别于同时代那些以讲读著作或习时文应科考为主的书院或官学,而俨然如一所现代综合性学校。

颜元晚年,声望日高。当时许多有一定影响及社会地位,甚至在某一特定领

---

① 李塨:《颜习斋先生年谱》(卷上),陈山榜、邓子平主编:《颜李学派文库》(第 2 册),石家庄:河北教育出版社,2009 年版,第 622 页。

域已有较高成就者,也前来拜在门下求学,如王源便是如此。到1704年逝世,颜元执教长达46年,几近半个世纪,及门弟子众多,迄今有姓名弟子尚达百余人。在这些颜门学子的共同努力下,才使得颜元实学思想的影响得以迅速扩大,最终形成了一个学派,确立了其在教育史、思想史和哲学史上的地位。

三、文学艺术

"乐"是儒家鼻祖孔子修订的课程科目"六经"之一,儒家思想中的"乐教"与"诗教""礼教"一样,备受青睐与关注。当然,这里的"乐"是综合性艺术及文学学科,不是简单的音乐歌舞。

颜元很重视"乐"的学习,他本人也很喜欢和擅长。他十分赞同《礼记》"致乐以洽心"的主张,认为"乐"具有涵养德行、陶冶性情的价值。他说:"礼陶乐淑,圣人所以化人之急躁暴慢,而调理其性情者也。"[1]因此,颜元将"乐"列为实学教育的课程中,在其所办的学校中,每逢四、九日,都令其弟子歌诗习乐,并且进一步主张在学校设"乐律"特科。[2]

另外,颜元将舞蹈视为音乐的一种形式或延伸拓展,认为"文舞武舞"可以强身健体,甚至用以配合军事教育。

除对这两种艺术形式十分提倡之外,对于其他类型的文学艺术,颜元持墨家者流,排斥奢靡、浪费,崇尚古朴、节俭,因此予以消极对待。"后世诗、文、字、画,乾坤四蠹也!"[3]他在给自己学生题记时写道:"要务实,痛戒诗、文、棋、画,须求身世有功。"[4]

---

[1] 钟錂:《学问第二十》,载陈山榜、邓子平主编:《颜李学派文库》(第2册),石家庄:河北教育出版社,2009年版,第591页。

[2]《四书正误》卷四,载陈山榜、邓子平主编:《颜李学派文库》(第1册),石家庄:河北教育出版社,2009年版,第15—16页。

[3] 李塨:《颜习斋先生年谱》(卷下),载陈山榜、邓子平主编:《颜李学派文库》(第2册),石家庄:河北教育出版社,2009年版,第669页。

[4] 颜元:《题记前示钟錂》,载陈山榜、邓子平主编:《颜李学派文库》(第2册),石家庄:河北教育出版社,2009年版,第504页。

颜元更是将庄周之文,视为文中之妖,认为"欧苏文字"与"释达番子""程朱道学""汉人训诂"与周孔实学没有分毫相像:

> 试观尧、舜修和府事,周、孔习行"三物",五臣、十乱、七十贤所执之水、火、工、虞、兵、农、礼、乐,曰某事唯汝谐、某事唯汝谐,曰某可使如何、某可使如何,莫道释、达番子分毫不得肖窃,虽程、朱之道学,欧、苏之文字,汉人之训诂,其可分毫仿佛否?①

颜元之所以如此厌恶上述艺术类型,原因之一在于他认为它们耗费人的精神,二是没有用处。

> 韩、柳猥以文名,李、杜仅以诗著,将在下而修身、齐家、仪风、式俗,在上而致治、拨乱、康济民命,安所用之?以若彼之赋质聪颖,而区区就此,负苍天之笃降矣。唯之安所用之?唯其诞妄若此,是以诗文无能比于人,固庸谢不及也,亦羞为之。②

因此,颜元本人也很少著书列传,流传后世的著作大多为其弟子记录。其散文集名《习斋记馀》,也标明"记馀",以示此非正业。但是从另一方面,也可以看出,无论颜元多么不喜欢,也离不开诗、文等,从另一面证明了它们的价值和存在的必要性。

四、社会生活及伦理观念

社会生活及伦理观念既是教育的资源及内容,也是教育活动通过人及社会的行动或实践方式发生作用的表现。颜元的有关论述,颇能从大教育观下为我们今日提供有益的思想内涵。

---

① 颜元:《朱子语类评》(卷六),载陈山榜、邓子平主编:《颜李学派文库》(第1册),石家庄:河北教育出版社,2009年版,第246—247页。
② 颜元:《寄陈宗文》,载陈山榜、邓子平主编:《颜李学派文库》(第2册),石家庄:河北教育出版社,2009年版,第382页。

(一)礼

礼不仅是德行规范、社会秩序的要求,也具有法制维系束缚的力量。因此,一直以来既是人伦关系的法则,更是法制的依托。故而,打着尧、舜、周、孔旗号探索社会改革之路的颜元极为重视礼是理所当然的。"道莫切于礼,作圣之事也。"①把行礼与作圣联系起来,足见他对礼所寄寓的深远愿望。他如此强调礼,是因为认为礼能使身体健康;礼能涵养德性。时常习礼,"心自齐明,身自盛服、目容自端、口容自止,声容自静,立容自德";礼具有经世致用的价值,习礼足以齐家、治国、平天下。

颜元日常习礼最勤,曾致书朋友说:"仆不自揣。力于礼,尝率三五庸俗弟子习行于敝斋。凡家中冠、昏、丧、祭,不敢不如礼。"②其实岂止冠、婚、丧、祭,即使居家处世,无不尽力循礼而为,与诸弟子行相见礼,见长者必行礼,对妻子以礼相待。他还曾亲手抄写礼文五卷,集成一书,题名曰《礼文手抄》,分别为《通礼》《冠礼》《婚礼》《丧礼》《祭礼》。

(二)欲

在当时禁欲主义甚嚣尘上之际,颜元肯定了对欲望追求的合理性。"禽有雌雄,兽有牝牡,昆虫蝇蠓亦有阴阳。岂人为万物之灵而独无情乎?故男女者,人之大欲也,亦人之真情至性也。"③也即他认为不能仅仅为了满足某种道德的要求而牺牲人的男女之欲。是时,宋明理学家不断强化的女性贞操观,成了社会的习俗及伦理取向,尤其为士大夫及士绅所津津乐道。处在这种氛围笼罩下的颜元却不以为然,颇有抵触,提出了自己独特的看法:

> 世俗非类相从,岂知斥辱女子之失身,不知律以守身之道,男子之失身,更宜斥辱也。④

---

① 钟錂:《杜生第十五》,载陈山榜、邓子平主编:《颜李学派文库》(第2册),石家庄:河北教育出版社,2009年版,第574页。
② 颜元:《与何茂才千里书》,载陈山榜、邓子平主编:《颜李学派文库》(第2册),石家庄:河北教育出版社,2009年版,第395页。
③ 颜元:《唤迷途》,载陈山榜、邓子平主编:《颜李学派文库》(第1册),石家庄:河北教育出版社,2009年版,第117页。
④ 钟錂:《理欲第二》,载陈山榜、邓子平主编:《颜李学派文库》(第2册),石家庄:河北教育出版社,2009年版,第527页。

> 世俗但知妇女之污为失身,为辱父母,而不知男子或污,其失身辱亲一也。①

从此可以看出,颜元具有男女平等的思想,强调守节为男女双方共同的义务。但是,颜元的这种平等又是不彻底的,他只强调守节,但是并不反对一夫多妻制,而他本人也是有妻有妾。不过,纳妾制度及观念根深蒂固,是男权中心社会及宗法孝亲伦理在婚姻问题上的反映,直到近代仍然十分流行;甚至如早期改良派的郑观应、维新派的康有为都以女性解放、男女平权著称,而本人却都是妻妾同堂,登门入室;真可谓"百足之虫,死而不僵"。以此而论,又如何能以此来苛求清初的一位社会思想家呢!

颜元主张学校对学生进行性教育,认为:"制欲为吾儒第一功夫,明伦为吾儒第一关节,而欲之当制者莫甚于色,伦之当明者莫切于夫妇。近世师弟,以此理为羞愧而不言,殊失圣贤教人之旨。"②明确指出教师应该传授制欲功夫,而他本人也在习斋教条"申别义"中规定了性教育的内容,虽然其想法是好的,但是其教育内容有失偏颇,并不合理,大体上还是遵循封建教条。如认为"必因子嗣乃比御"③,夫妻生活"必因子嗣"才能合,否则便是色,是不应该的,可见他的思想是带有传统性的,因此所提内容也并非合情合理。

颜元对欲的肯定不只在情欲上,也表现在利上,提出了独特的义利观。作为一位关乎民生经济与现实生活的人物,自然会肯定人们对财富的追求,鼓励人们致富。他公然宣称:"圣贤之欲富贵,与凡民同。"④也就是说,正常的逐利行为对社会发展具有促进作用,但是,他也标明财富的获得不能违背法律和道德,更不能

---

① 钟錂:《法乾第六》,载陈山榜、邓子平主编:《颜李学派文库》(第2册),石家庄:河北教育出版社,2009年版,第546页。
② 钟錂:《法乾第六》,载陈山榜、邓子平主编:《颜李学派文库》(第2册),石家庄:河北教育出版社,2009年版,第545—546页。
③ 李塨:《颜习斋先生年谱》(卷上),载陈山榜、邓子平主编:《颜李学派文库》(第2册),石家庄:河北教育出版社,2009年版,第647页。
④ 钟錂:《学人第五》,载陈山榜、邓子平主编:《颜李学派文库》(第2册),石家庄:河北教育出版社,2009年版,第541页。

做钱财的奴隶。可以说,以义为利,义利兼重,道功并收,是颜元对义利关系的基本主张。

五、对颜李学派的评价

颜李学派固然未能纳入官方思想主流渠道,但作为学派,其思想的特异性与解放作用的功能,也是一石激起了千重浪,社会反响极大,既有积极响应,也有低调冷漠。对此,我们不妨摘录如下,对其进行一个侧面的认知。

（一）赞扬肯定

1.清代

尹会一,历经雍正、乾隆两朝(1723—1795),仕途顺达,声名显赫,曾作《颜习斋先生墓表》,称赞颜元的品德学问：

> 行弥苦,守弥坚,德弥劭,遂卓然特立,于世远人亡、经残教弛之余,独行其是而不悔。始予垂髫,每同乡里间语及先生,辄有"颜圣人"之目,而学者则或笑,或讪,或怒加诋毁,不解其所以。……如先生者,独勇于自克,跬步必谨,处蓬荜之中而举念不忘乎天下。蜀之日也,越之雪也,群吠所怪,不亦宜乎？①

邵廷采,所处时代与李塨同时期,为浙东学派中的一员,其名声虽不大,但对颜氏学派传播而言,至为关键,极其重要。曾在《答蠡县李恕谷书》中对颜元、李塨的学术有过很高评价：

> 习斋先生谓学术至宋儒而歧,诚辟论,非苛论也。何也？宋儒谓静观未发气象,人生而静以上不容说,是中体落于偏枯,混入佛、老而不自知矣。而所云问学,又止于诵读训诂,凡礼乐兵屯、经世致用,一切蔑略,动而辄括。故终宋之世,竟议论而罕成功。……自幼即有必为圣贤之志,后又从游习斋,

---

① 尹会一：《健余先生文集》(二),北京：中华书局,1985年版,第89页。

力驱佛、老,讲求兵农、书数、礼律诸物,综古者小学、大学之教以治其身,体全用具。凡所言行,直本孔、孟,举后世之为程朱,为陆王,纷纷角异如衣败絮行荆棘中者,概置勿顾。于圣人之道,真有廓清摧陷之功,用工之勇且实,未有过于足下者。①

万斯同,为当时学术泰斗,对李塨倍加推崇,认为李塨切实继承和发扬了孔孟之学,曾言:"今得见先生,乃知圣道自有正途也。"②"负圣学正途,非予所敢望。"③

袁枚,为当世大才子,在当时的士林中极有号召力,曾夸赞颜李学派具有独创性:

《黄氏日钞》称吕希哲习静,其仆夫溺死不知。张魏公自言有心学,符离之败,杀人三十万,而夜卧甚酣。宋学流弊一至于此,恐周孔有灵,必叹息发愤于地下。而不意我朝有颜李者,已侃侃然议之。颜李文不雅驯,论均田、封建太泥,其论学、性处,能于朱、陆外别开一径。④

陶窳,颜李之传人程廷祚的岳父,曾说:"颜李之学,数十年来,海内之世,靡然从风。"⑤

张伯行,颜李学派激烈的反对者,对于颜李学派的发展盛况,也不得不说:"四方响和者,方靡然不知所止,可慨也夫。"⑥

---

①邵延窠:《思复堂文集》(卷七),康熙年间(1661—1722)越中徐化重刊本。
②冯辰、刘调赞:《李恕谷先生年谱》(卷三),载陈山榜、邓子平主编:《颜李学派文库》(第4册),石家庄:河北教育出版社,2009年版,第1277页。
③冯辰、刘调赞:《李恕谷先生年谱》(卷三),载陈山榜、邓子平主编:《颜李学派文库》(第4册),石家庄:河北教育出版社,2009年版,第1278页。
④袁枚:《与程蕺园书》,载陈山榜、邓子平主编:《颜李学派文库》(第4册),石家庄:河北教育出版社,2009年版,第1768页。
⑤冯辰、刘调赞:《李恕谷先生年谱》(卷5),载陈山榜、邓子平主编:《颜李学派文库》(第4册),石家庄:河北教育出版社,2009年版,第1337页。
⑥张伯行:《论学》,载陈山榜、邓子平主编:《颜李学派文库》(第5册),石家庄:河北教育出版社,2009年版,第1764页。

第五章　独树一帜的颜李学派

方苞,李塨之友,却反对颜李学,但也不得不承认颜学"发扬震动于时"。

2.近代

道光、咸丰间(1821—1861)有能为颜学表彰者,当首推浙江德清学者戴望。①戴望对颜元的评价极高:

> 如颜氏者,可谓百世之师已,其余数君子,亦皆豪杰士也。同时越黄氏、吴顾氏,秦燕间有孙氏、李氏,皆以耆学硕德负天下重望,然于圣人之道,犹或沿流忘原,失其指归,如颜氏之摧陷廓清,比于武事,其功顾不伟哉!②

> 惊叹以为颜李之学,周公孔子之道也。自陈抟、寿涯之流,以其私说簧鼓天下,圣学为所汩乱者五百余年,始得两先生救正之。③

谭献,同治六年(1867)举人,是一位治学勤苦,有多方面成就的学者。对颜李学派持赞扬态度,认为与黄宗羲、顾炎武的学说相比,颜李的学说更具有经世致用性,称誉颜李为"命世之儒",《复堂日记》卷一记载称:

> 遗民如梨洲,亭林,故是祥麟威凤,唯袭宋人余唾,亦多无用之人,有门户只之习。不若颜习斋、李刚主,实践朴学,折衷六艺,为命世之儒也。④

缪荃孙,光绪年间(1875—1908)任清史馆总纂,在《国史儒林传·叙录上》肯定颜元的学问:

> 若博野颜氏之学,则贯古今,合中外,有体有用,莫能出其范围,非空谈心性者所能及……去今将二百年,法学法规,不且与泰西暗合哉!

---

①陈登原:《颜习斋哲学思想述》,载陈山榜、邓子平主编:《颜李学派文库》(第5册),石家庄:河北教育出版社,2009年版,第1757页。
②戴望:《颜氏学记》序,载陈山榜、邓子平主编:《颜李学派文库》(第5册),石家庄:河北教育出版社,2009年版,第1379—1380页。
③戴望:《颜氏学记》序,载陈山榜、邓子平主编:《颜李学派文库》(第5册),石家庄:河北教育出版社,2009年版,第1379页。
④谭献:《复堂日记》,石家庄:河北教育出版社,2001年版,第18页。

陈虬,与康有为、梁启超相交,为保国会会员,支持维新变法。在阅读《颜氏学记》之后,认为颜学与西学有相通之处,应该发扬光大,作文《书颜氏学记后》表达自己的态度:

> 虽然,世方奴役于辞章、训诂、义理之学,鄙经制为粗制,坐视世变而莫之措,寻其所志,苟以标宗派、立师承、邀俎豆而已。亦安得如先生者,振兴其间,一扫而空,悬圣鹄以为之招哉!颜氏届今又二百余年,时移势易,风气日开,车书之盛,实有为古先知所不及者。具若通其邮益廓而大之,其于圣学也几矣!①

宋恕,维新志士,在1895—1898年戊戌变法时期,是很有影响力的进步思想家,毕生信从明末黄宗羲的思想学术,同时复将颜氏之学置于十分重要的地位,认为以黄氏之学为体,颜氏之学为用可以实现大同:

> 宋恕年十九,受大儒颜习斋之书于外舅止庵先生……弱冠后,见浙西李壬叔所序《德国学略》、扶桑冈本子博氏所撰《万国史记》及南楚郭筠仙氏、扶桑冈鹿门氏之绪论,悄然以悲,泣数行下,曰:"嗟乎!素王之志今乃行于海外哉!今乃行于海外哉!"而已,又得见大儒黄梨洲氏之书,且喜且泣曰:"悲夫!言子游氏、孟子舆氏之传在此矣!"……苟有权力者咸克以黄氏之说为体,以颜氏之说为用,则大同其几乎,岂但小康哉!②

孙宝瑄,出生于官宦世家,却好学深思,走在时代风气的前沿,自言云:"凡读书、论世,一生皆得力于先生,心是师事已久。"此"先生"指宋恕,因此也是赞同宋恕所说的"黄氏之说为体,颜氏之说为用",而其本人对于颜元也是十分敬佩的,这一点在《忘山庐日记》中多有表达:

> 吾于国初,最心折两先生:一黄梨洲,一颜习斋。二公皆能破旧时障碍,而创新知,以先觉觉斯民也。……习斋则悟孔孟真谛,为三代下儒生所弊,专研求空虚无用之学,今欲一一返求诸实,以期有用,又于学界中放一曙光。

---

① 陈虬:《治平通议》(卷八),清光绪十九年(1893)欧雅堂刻本。
② 宋恕:《自叙印行缘起》,载宋恕:《宋恕集》,北京:中华书局,1993年版,第117页。

第五章 独树一帜的颜李学派

至今日,二先生之言皆验矣。

览《颜氏学记》,痛诋后儒仅以讲解诵读为学之极则,犹学琴者专习琴谱不知操琴,真善喻也。……习斋以为,世间真学问,不外天文、律历、兵农、水火、礼乐诸有实用济民事。盖以窥见今日泰西学校之本。吾不意国初时竟有此种人物。①

刘师培的思想是激烈多变的,他所处政治立场不同时期的态度影响了其对颜李学的评价,限于篇幅,在这里仅介绍其早期对颜元的评价。早期,刘师培大力赞扬颜李学说,认为它自成一家之言,有自己的特色,并且认为颜元提倡的"水火工虞"是与西方的自然科学相合的。这一点在其所著《习斋学案序》与《并青雍豫颜门学案序》中都有所体现:

即颜学之立说观之,殆古人所谓成一家言,言之成理与!合于儒术不足为益,即背于儒术亦不足为轻,名于此义,庶可以读先生之书矣。

证以先生所学,则礼乐射御书数外,并及水火工虞。夫水火工虞取名虽本于虞廷,引绪实基于暂种。水学之用在于审视辨形,徐氏著水利新书其嚆矢也。火学之用于制器辅政,南氏进红衣之炮,其实政也。工学者,备物利用之学也,今大秦遗墟工执事,奇技竞兴,固未艾也。虞学者,入山刊木之名也,今扶桑三岛森林一科,学列专门,犹可考也。先生生明代鼎革时,崇此四科,默契西法。用则施世,舍则传途。②

章太炎,是在近代是十分有名的革命志士与思想家,因著《驳康有为论革命书》而享誉神州。他早期做有关于颜元的专论《颜学》,对颜元的评价比较客观,既看到颜元的优点,也指出了颜元的不足,但明显成就优于缺失,优势胜过困乏:

明之衰,为程、朱者痿弛而不用,为陆、王者奇觚而不恒。诵读冥坐与致良知者既不可任,故颜元返道于地宫。以乡三物者,德、行、艺也,斯谓之格

---

① 孙宝瑄:《忘山庐日记》(上),上海:上海古籍出版社,1983年版,第74页。
② 刘师培:《刘师培全集》(第三册),北京:中共中央党校出版社,1997年版,第563页。

物。保氏教六艺者,自吉礼以逮旁要三十六凡目也。更事久,用物多,而魂魄强。兵农水火钱谷工虞,无不闲习。辅世则小大可用,不用志气亦日以奘骃,安用冥求哉!……苦形为艺,以纾民难;甚至孝恻怆,至奔走保塞,求亡父丘墓以归;讲室列弦匏弓矢,肆乐而不与众为觳;斯所以异于墨子也。形性内刚,妥尹旁达,体骏骃而志齐肃,三代之英,罗马之彦,不远矣!独恨其学在物,物物习之,而抽象概念之用少。①

梁启超极为赞赏颜李之学,对其褒颂评论甚多,却不见鄙薄之词。在《清代学术概论》(1920)、《颜李学派与现代教育思潮》(1924)、《中国近三百年学术史》(1923—1925)等著作中都对颜李学作了评论,肯定了其对程朱、陆王、汉学与宋学的批判,并认为颜元以做事为其根本,而这一主张在梁启超看来是与美国的实用主义有所契合的:

有清一代学术,初期为程朱陆王之争,次期为汉宋之争,末期为新旧之争。其间有人焉,举朱陆汉宋诸派所凭借者一切摧陷廓清之,对于二千年来思想界,为极猛烈极诚挚的大革命运动。其所树的旗号曰"复古",而其精神纯为"现代的"。其人为谁?曰颜习斋及其门人李恕谷。②

习斋生平学凡四变。少年,尝治道家言。稍进,学陆王。再进,学程朱。皆用淬厉刻苦工夫,有所得。中年以后,乃自创一派,专标唯用主义。排斥冥想讲诵笺释之学,实为二千年来学术界一大革命。③

他们是思想界的大炸弹,于汉以后二千年所有学问一切否认……总括起来,他们的学说,和现代詹姆士、杜威等所谓之"唯用主义"十二分相像,不过他们所说早二百多年罢了。④

胡适认为颜元主要从事务农、习医这两种职业,并基于以人的职业来判断人

---

① 章炳麟:《章太炎全集》(第3卷),上海:上海人民出版社,1984年版,第151页。
② 梁启超:《中国近三百年学术史》,天津:天津古籍出版社,2013年版,第121页。
③ 梁启超:《饮冰室合集》(第5卷),北京:中华书局,1989年版,第54页。
④ 梁启超:《饮冰室合集》(第5卷),北京:中华书局,1989年版,第33页。

的思想的研究方法,认为:

> 中国哲学家之中,颜元可算是真正从农民阶级里出来的。他的思想是从乱离里经验出来的,从生活里阅历出来的。他是个农夫,又是个医生,这两种职业都是注重实习的,故他的思想以"习"字为主脑。他自己改号习斋,可见他的宗旨所在。①

钱玄同,是胡适的好友,与顾颉刚等人一道均属于古史辨学派的代表人物,其思想变化驳杂而激进。先赞同君主立宪,后又受革命思想影响,产生排满反清意识,加入同盟会,还积极参加新文化运动,主张废除孔学。但钱玄同内心是有其矛盾之处的,他本人主张废除汉文,但是又十分佩服颜李学派,先行整理刊行了《颜氏学记》《习学记言》等"难得之书":

> 我对于中国宋以来的学派,最佩服的有四派:一为宋之永嘉学派,二为清初之颜李学派,三为清中叶之浙东学派(浙东学派非始于清中叶,但至清中叶之章实斋出而此派始完全成立),四为欧阳修以来到康有为的疑古辨伪学派……我于近代学者最喜欢颜习斋、李刚主、章实斋诸人,十余年来思想屡有改变,而对于他们诸人之礼敬未尝少衰。②

徐世昌,北洋军阀政客,曾任民国大总统,对颜李之学十分推崇,曾发起创办北京四存学会,成立四存中学校,编辑《四存月刊》,搜求颜李言行活动及遗嘱,并将颜李从祀孔庙③,其用心之深厚由此可见一斑。这一点四存学会代会长李见荃曾明确表述过:"徐东海先生牖民觉世,正本清源,倡立四存学会,以颜李为标准,实以孔孟为依归,使朝野上下群趋于德行道艺之一途,敛之为孝子悌弟之常,扩之即纬地经天之业。"④

---

① 胡适:《几个反理学的思想家》,载陈山榜、邓子平主编:《颜李学派文库》(第10册),石家庄:河北教育出版社,2009年版,第3406页。
② 《钱玄同致胡适》(1923年12月22日),载《中国哲学》(第1辑),北京:生活·读书·新知三联书店,1979年版,第322—323页。
③ 朱义禄:《颜元·李塨评传》(下),南京:南京大学出版社,2006年版,第327页。
④ 李见荃:《四存学会三周年纪念演说词》,《四存月刊》第18期,1923年12月。

李石曾，在中国近代史上是一位很重要的人物，曾加入同盟会，在华人留法学生与华侨中是第一个在法国创业的人，在巴黎曾发起留法勤工俭学活动，是中法社会文化交流的社会活动家。他受颜李实学影响较深，认为颜李学说与西学有精神相同之处，并身体力行去实践李塨"沟通中西学术"的主张。他认为将理论与实践切实结合在一起，实在难能可贵：

> 李先生有《齐琳玉传》，又与之为婚姻。……禊亭先生家藏有李先生手迹，名"庞家蕞草"。是以先生尝言颜李之学，又提其要，曰"主动"，曰"求实"，又尝以主动求实之精神，沟通中西学术。吾于精神上受其影响甚深。吾往法国学农，亦主动、主实之所为也。……颜李为东方征实之实，能与西方征求之学相接触，其伟大之结果，必足以副吾之希望者。吾之言此，固非欲强为附和，亦非敢出于贡谀。颜李学术，乃出于二百年，虽礼乐农工，分门教授，其不如今日西学之详析，亦所当然。但其精神相同之处，则见之颇确。①

（二）反对、贬斥

1.清代

张伯行，反对颜李学派的最激烈者，认为颜习斋为乱道者，颜学可"杀人"：

> 今天下学术裂矣，李中孚以禅学起于西，颜习斋以霸学起于北。嗟乎！正学其不复明于斯世乎？自程朱后，正学大明，中经二百年无异说。阳明、白沙起，而道始乱，延及中孚，嘘其余烬，一时学者，翕然从之。中孚死，其焰稍息。今北地颜习斋出，不程朱、不陆王，其学以事功为首，谓身心性命非所急，虽子思《中庸》亦诋訾无所顾。呜呼！如此人者，不用则为陈同甫，用则必为王安石，是大乱天下之道也。……艾东乡曰："李卓吾一字一句皆可杀人。"今习斋之说，亦可以杀人也。②

方苞对颜元之学也多攻击：

> 夫学之废久矣，而自明之衰则尤甚矣，某不足言也。浙以东则黄梨洲坏

---

①《四存月刊》第9期（1921年12月），第238—239页。
②张伯行：《论学》，载陈山榜、邓子平主编：《颜李学派文库》（第5册），石家庄：河北教育出版社，2009年版，第1764页。

之,燕赵间则颜君习斋坏之。……二君以高名耆旧为之倡,立程朱为鹄的,同心于破之,浮夸之士皆醉心焉。……不出于圣人之经,皆非学也。乃昔之蠹学者,显出于六经之外,而今之蠹学者,阴托于六经之中,则可忧弥甚矣。如二君者,幸而其身枯槁似死,使其学果用,则为害于斯世斯民,岂浅小哉!①

同时期的程晋芳也曾祭出天神崇拜来抨击颜李学说,这一点从袁枚给程晋芳的回信《与程蕺园书》中可以看出:"绵庄寄足下与彼之札来,道颜李讲学有异于宋儒,足下以为获罪于天。仆颇不谓然,宋儒非天也。宋儒为天,将置尧、舜、周、孔于何地?"②

2.近代

光绪年间进士朱一新(1846—1894),曾主持肇庆端溪书院,继为广州广雅书院山长。他反对戊戌变法,维护封建纲常名教,因此对颜元极为不满,不仅为程朱理学辩护,而且认为颜李提倡的"六府""三物"只是标新立异的说法罢了,这一点在其所作《答某生》中可以明确看出:

> 颜习斋以宋儒为空虚无用,而欲以"六府三事""六德、六行、六艺"矫之。动称"水火工虞,兵农礼乐",聆其名甚美,按其实皆非也。《论语》一书为六经之辖辖,多言道而不言艺,论治道者备矣,而不甚言制度。盖道者,千古莫易,制度则当随时损益……儒者之学所以可贵,宋儒"穷理"之说不可废。③

《无邪堂答问》对此也有所记录:

> 国朝颜李之学,张皇颇甚,第每谓圣学在"六府""三物"。"六府"之说,未知如何,颜李亦语焉不详。若《司徒》之"乡三物",圣门不以此设科者,盖其名义,已括于"五常"之中:孝友睦姻,仁之属也;任恤,义之属也;忠,则信之属也;圣与知相近,和与乐相通,言"五常"不必复言"三物"。习斋于射与

---

① 方苞:《方苞集》(上册),上海:上海古籍出版社,1983年版,第247页。
② 袁枚:《小仓山房文集》(卷十九),广文书局,1972年版,第332页。
③ 朱一新:《佩弦斋杂存》(卷上),顺德龙氏葆真堂光绪二十二年(1896)刻本。

数,略有所得,此亦艺事之常,而遽欲以此立异,乃虚骄之气未除与!①

与朱一新相比,程仲威在《颜学辩·序言》对颜元的指责更加激烈,但由于立据不足,却也显得更加无力:

> 国初有颜元者,阳托《周礼》"乡三物"之说以立教,而阴祖王氏学以诋宋儒,其心术至不可问。幸其老死牖下,未获出而祸斯民。而近有戴望者,取其说及其流派之书,合刻为颜学十记以售世。学者不知而误入焉,鲜不为人心世道之忧者。……如元之诋程朱,即借东林而诋东林,即阴为魏阉卸罪地,其心术直不可得而穷者。且元生而卑微,甲申之岁一童呆耳!何所眷眷于胜朝,而言论间若为故明抱无穷之戚?盖非是无以甚东林之罪,而又藉以结豪侠而深其阴险之谋。此非特吾道之蠧,实本朝之蟊贼。已蒙既非其学,重恶其人,辄就彼说之尤悖者,条辨之间,附吾友汤南田作霖说,阅岁而毕,即名之曰《颜学辩》。岂敢以辟邪自任,亦庶几不背于圣人之徒云尔。②

刘声木,光绪末年曾出仕,十分厌恶程朱理学,视颜元为大逆不道,曾撰文明确表现其态度:"李刚主诸人,奉颜元为圣人。……虽属一人一家之私言,尚未通行于天下。而悖谬乖戾,颠倒是非,淆乱黑白,肆无忌惮,悍然冒天下之大不韪,则其人可诛,其书可烧焉。"③

刘师培在政治倾向转向无政府主义之后,他把原先对颜李学派的颂扬做了否定,不仅批评颜学理论思维水平不高,而且认为颜李之学一旦施用,必将成为政府的帮凶:

> 然用之教育,则舍普通知识外,鲜事穷理,术存而学亡。唯以体育、智育之名相竞于众。……唯健其身躯,娴于小技,多能鄙事,以备在上有力者之需。势必灵智愈塞,鄙劣成性,习于服从,囿于浅狭。④

---

① 朱一新:《无邪堂问答》(卷二),北京:中华书局,2001年版,第209页。
② 程朝仪:《颜学辨》,安徽官纸印刷局光绪十年(1884)铅印本,第1—2页。
③ 刘声木:《苌楚斋随笔》(卷六),直介堂丛刊1929年印行。
④ 李妙根选编:《国粹与西化——刘师培文选》,上海:上海远东出版社,1996年版,第222—223页。

盖旁采杂霸之说,而缘饰儒术。然行其说者,仅足助政府逞强之用。此颜氏之失也。①

(三)对颜李学派的误解

还有一些人,对颜李学派的理解存在着误解,往往有断章取义之嫌。乾隆年间,纪昀主修《四库全书》。此时,颜学衰落,《四库全书总目提要》的撰写者即为纪昀,他对颜李学派恐怕无暇加以仔细研究,而草率把颜元当作王学的信徒:"其学主于励实行,济实用,大抵亦出姚江,而加以刻苦,介然自成一家,故往往与宋儒立同异。"②

《四库全书总目提要》的这种看法影响了后来的学者,乾嘉学派开创者阮元就曾在《国史儒林传》中承袭前者,同意"大抵亦出姚江"之论。钱林在《文献征存录》中也曾说:"元论学虽宗王守仁,加以清克洁悫,自为一家之说。"③

综上所述,对颜李学派思想观点的评述差异极大,限于作者学力,无法加以辨析。此后的争论仍未停止,可称延续至今亦为实情。对此,本书后附录有《颜李学派研究史略》对之有梳理及评议,可作补充、拓展之用。

---

① 李妙根选编:《国粹与西化——刘师培文选》,上海:上海远东出版社,1996年版,第220页。
② 永瑢、纪昀:《四库全书总目提要·存性编》,载陈山榜、邓子平主编:《颜李学派文库》(第10册),石家庄:河北教育出版社,2009年版,第3295页。另,在《四库全书总目提要·存学编》中则写道:"其论于程朱陆王皆深有不满。"似有自相矛盾之处。
③ 钱林:《文献征存录》,咸丰八年(1858)有嘉树轩精写刻本。

第二节　颜李学派的薪火相传

对学派的发展而言,代际相传是十分重要的事情,代际相传不仅是学术价值生命力的证明与阐发,更是学派得以存在的重要保证。颜李学派主要传承了三代,便因时事艰难等诸多因素,在主流学术思想界转向边缘化,甚至在一段岁月中近乎销声匿迹。但在这三代之中,颜李学派所创造的辉煌成绩是十分引人注目的。因此,对其学派各代主要人物与代际接力的探究仍然十分必要。

一、李塨

李塨,字刚主,号恕谷。河北蠡县人,生于清顺治十六年(1659),卒于雍正十一年(1733)。4岁的时候,李塨的父亲就抱着他口授《孝经》《古诗》《内则》《少仪》,学习儒家学说,而祖父则教他引弓学射[1];8岁时,父亲教他学幼仪、读经书[2];11岁时,学作文;19岁时,第一次参加科举考试,以县第一名入庠[3];21岁时,闻得颜元为圣人之学,始随颜元学习经世之学,对"六艺"课程尤为重视[4];至31岁,正式拜颜元为师[5]。李塨少时,即博览群书,哲学、历史、兵法、音乐、经济等

---

[1] 冯辰、刘调赞:《李恕谷先生年谱》(卷一),载陈山榜、邓子平主编:《颜李学派文库》(第4册),石家庄:河北教育出版社,2009年版,第1211页。
[2] 冯辰、刘调赞:《李恕谷先生年谱》(卷一),载陈山榜、邓子平主编:《颜李学派文库》(第4册),石家庄:河北教育出版社,2009年版,第1212页。
[3] 冯辰、刘调赞:《李恕谷先生年谱》(卷一),载陈山榜、邓子平主编:《颜李学派文库》(第4册),石家庄:河北教育出版社,2009年版,第1213页。
[4] 冯辰、刘调赞:《李恕谷先生年谱》(卷一),载陈山榜、邓子平主编:《颜李学派文库》(第4册),石家庄:河北教育出版社,2009年版,第1214页。需要说明的是颜元曾多次拜访李塨的父亲讨论问学,因此在李塨少时就应就识得李塨。
[5] 冯辰、刘调赞:《李恕谷先生年谱》(卷二),载陈山榜、邓子平主编:《颜李学派文库》(第4册),石家庄:河北教育出版社,2009年版,第1244页。

著作皆有涉猎。尝学琴于张函白,学射御于赵锡之、郭子固,学书于王五公、彭雪翁,学数于刘见田。凡海内道学、才隽、通儒、技勇、艺术、文士皆委屈纳交,以悉得其所长。①于田赋、禘祫、郊社、宗庙诸大典,靡不研究。其间,天文历法,西洋技艺、山川民物皆有所得。且自22岁之后,为维持生计,除务农、行医外,屡次在家乡及京城担任塾师,并多次担任幕僚一职。因此,其博学甚于其师颜元,虽然其学问多且杂,交友甚广,但最终还是选择坚定地在颜元的实学道路上努力前进。

李塨著作颇丰,多于其师颜元。传世作品就多达28部,涉及哲学、文史、政治、经济、教育、音乐、体育等诸多方面,其中《平书订》《拟太平策》《大学辨业》等最能体现其学术思想。李塨对颜李学派无论是在创立还是在传播及发展诸多方面所做的贡献都十分巨大,所以其学派常以"颜李"冠称。

李塨与颜元在个性上有较大差异,二人好友王法乾曾明确对颜元说:"吾近狷,兄近狂,李妹夫近中行也。"②所谓中性指合乎中庸标准的人,其言行能在过与不及之间恰到好处。中庸性格的人更适合与人交往,如颜元"不交时贵",而李塨则"不论贵贱,唯其人"③。不得不说,李塨的这种性格对于颜元学说的传播是极有益的。个性的差异会使人的思想、行为皆有差异。至40岁以后,他与颜元在学术思想上的差异渐趋明朗。

(一)两者之同

李塨遵循颜元的思想路线,对程朱理学持坚定的批判态度,认为宋儒并非圣道:"宋儒于训诂之外,加以体认性天,遂直居传道,而于圣道乃南辕北辙也。"④程朱理学的根本错误是离事物以言理,空虚无用,其主静的学习方法更是

---

① 冯辰、刘调赞:《李恕谷先生年谱》(卷五),载陈山榜、邓子平主编:《颜李学派文库》(第4册),石家庄:河北教育出版社,2009年版,第1372页。

② 冯辰、刘调赞:《李恕谷先生年谱》(卷一),载陈山榜、邓子平主编:《颜李学派文库》(第4册),石家庄:河北教育出版社,2009年版,第1212页。

③ 冯辰、刘调赞:《李恕谷先生年谱》(卷三),载陈山榜、邓子平主编:《颜李学派文库》(第4册),石家庄:河北教育出版社,2009年版,第1272页。

④ 戴望:《恕谷三》,载陈山榜、邓子平主编:《颜李学派文库》(第5册),石家庄:河北教育出版社,2009年版,第1502页。

近于佛老,并且他认为宋明两朝败亡的一个重要因素就是程朱理学尚"虚"而弃"实"。因此他同颜元一样,坚决提倡实学,认为"兵农礼乐射御书数水火工虞之事皆可学也"①,即凡是对百姓兵农有利的知识和技能无论多么博杂都可以学,都应该学。李塨在少年时就立下志愿要做有用之人:"塨少颇负狂志,欲起而驰驱天下,建功立业,即万一蹉跎,亦必讲学明道,大声疾呼,以觉斯人。"②由此可知,他确是抱着做实事的态度来经营自己的一生,由此也可看出他对实学的推崇。

在哲学思想方面,李塨遵循师说,明确指出理气不可二分,气外无理,并在继承颜元"气在理先"观点的基础上,进一步提出了"理在事中"的概念,"理即在事中""离事物何所谓理乎?"③"气"表示一般存在,"事"表示具体存在,"理"为条理,引申为规律、秩序、存在方式。"天事曰天理,人事曰人理,物事曰物理。"④这就否定了理学家的先验论。关于人性,师徒二人都反对宋儒将人性分为"义理之性"和"气质之性"的做法,而赞同孟子的性善论,提出了"善本于性,而性即见于事物"⑤的看法,但认为由于个体差异,并不是每个人的善都是相同的。而人性中的"恶"是后天外界环境影响的结果,而非本性。"恶者,后起之引蔽习染也。"⑥

李塨接受颜元兵民合一的思想。颜元认为"治农即以治兵"⑦,李塨则主张"天下处处皆粮,则天下富;天下人人皆兵,则天下强"⑧。因此,进一步明确了"寓兵于农"的政策,并提出了具体的征兵、装备、训练官员及乡兵的做法,认为这个政策既能保证正常的农业生产秩序,还能维护地方治安和国家安全。

---

①③国家清史编纂委员会:《李塨集》,北京:人民出版社,2014年版,第960页。
②李塨:《与温载湄书》,载陈山榜、邓子平主编:《颜李学派文库》(第3册),石家庄:河北教育出版社,2009年版,第755页。
④国家清史编纂委员会:《李塨集》,北京:人民出版社,2014年版,第707页。
⑤李塨:《大学辨业》(卷三),载陈山榜、邓子平主编:《颜李学派文库》(第3册),石家庄:河北教育出版社,2009年版,第1001页。
⑥李塨:《大学辨业》(卷三),载陈山榜、邓子平主编:《颜李学派文库》(第3册),石家庄:河北教育出版社,2009年版,第1003页。
⑦颜元:《治赋》,载陈山榜、邓子平主编:《颜李学派文库》(第1册),石家庄:河北教育出版社,2009年版,第99页。
⑧李塨:《夏官》,载陈山榜、邓子平主编:《颜李学派文库》(第4册),石家庄:河北教育出版社,2009年版,第1197页。

李塨继承了颜元关于土地制度的思想,赞成井田制,并在此基础上进一步发展,根据实施的难易程度,进而设计了井田、均田、限田三步走的策略:"可井则井,难则均田,又难则限田。"①所谓限田,即限制土地数量和授予对象,以抑制土地兼并,这是颜元所没有提到过的。在具体实施土地政策的过程中,李塨也有不少自己的新方法,如收田:可收寺田,罪者田,无子者田。在授田过程中,也要根据不同情况采取不同的办法。

李塨重视水利建设,认为兴修水利对增加农业生产起着巨大作用:"沟洫开而灌溉兴,田必沃,嫁必茂,一亩可敌陆田数亩,是益田也。"②为此,他精心撰著有《开东北水利》《治河利运》等文章,专门讨论水利问题,可惜今不见传。李塨在水利方面比较突出的是他的治河思想,提出了治理黄淮方略,并倡导恢复海运,以达到"海运治河"的目的。

对于税收的看法,李塨与颜元一脉相承。颜元强调税本色和轻赋税,李塨对这些观点加以继承并进一步发展。李塨认为征收折色会病民、病官吏、病兵、病国、病百姓,所以建议"赋用本色"③,以减轻农民负担,维护封建统治。李塨认为政府收税应按什一之制,不应超过这个定数,并建议均平、减轻商税。

(二)两者之异

李塨与颜元在认识论上存在较大差异。李塨对主观认识的作用予以充分肯定,强调认识对实践的指导作用,提出"行以先知"的观点:"致知在格物者,从来圣贤之道,行先以知,而知在于学。"④并提出了"知行并进""知在行先""知重于行"等命题。而颜元在认识论上则把实践放在第一位,"其实行不及,知亦不及"⑤,

---

① 李塨:《〈存治编〉书后》,载陈山榜、邓子平主编:《颜李学派文库》(第1册),石家庄:河北教育出版社,2009年版,第108页。
② 李塨:《制田第五上》,载陈山榜、邓子平主编:《颜李学派文库》(第4册),石家庄:河北教育出版社,2009年版,第1150页。
③ 李塨:《财用第七上》,载陈山榜、邓子平主编:《颜李学派文库》(第4册),石家庄:河北教育出版社,2009年版,第1164页。
④ 李塨:《大学辨业》(卷二),载陈山榜、邓子平主编:《颜李学派文库》(第3册),石家庄:河北教育出版社,2009年版,第994页。
⑤ 颜元:《性理评》,载陈山榜、邓子平主编:《颜李学派文库》(第1册),石家庄:河北教育出版社,2009年版,第80页。

主张行先知后,由行而知。对于"格物致知"的解释,二者"物"同而"格"不同。在颜元看来,"物"皆为《周礼·大司徒》中的"乡三物",即"六德""六行""六艺";对于"格",则解释为亲手实做其事,突出了"格"的实践意义。而李塨则提出:"'格'即可如程、朱训为'至',即学也。格物致知,为学文。"[①]"学习其物必至其域,造其极也。"[②]由此可见,后者将"格"解释为学习,认为学习任何知识都应当深入其领域,进而达到最高境界,即"至"。这种解释与其师的实践含义早已大相径庭,更侧重于颜元所不屑的书本与文字。

李塨继承了颜元"三事""六府"的实学教育内容设计,又进一步完善了这些思想。他汲取其师习动和习行的教育方法,对之进行了补充和修正。颜元以为书本锢人,学者终日辗转于纸堆中,争是非,辨真伪,耗费心智,虚掷光阴,实为千百年来大惑大迷。因此他主张士子应该丢开书册,从事于"习行经济"。可是李塨自师事毛奇龄后,教学方法开始转向汉学,注重在书本上做考据功夫,以为考辨功夫也可与"习行经济"并行不悖,如他说:"取其经义,犹以证我道德经济。"[③]由此可见,二人在教学方法上已经有了一定差距。颜元论学总是主张"见之事""征诸物",而李塨论学却更多地证以书册,引经据典,旁征博引。从一般学术观点看来,他论学有根有据,确切可信,但从颜学角度看,这正是"掉书袋"的书生之见。尽管教学方法有区别,但李塨并没有背离实学,其出发点总是要"以习斋之说印证圣经"。

关于教育对象,李塨认为人人都有接受教育的机会,但不是所有人都应该受同样的教育,教育的对象有主次之分,主要对象是"士"或有产阶级,他们接受正式的治理天下的学校教育,次要对象是"农、工、商",他们接受的是非正式的社会生产、生活为中心的职业教育。有关学制的建立,李塨提倡"仕学不分"的学制,并根据年龄特征,把教育划分为不同的阶段,8—11岁为里学,12—14岁为邑

---

① 李塨:《大学辨业》序,载陈山榜、邓子平主编:《颜李学派文库》(第3册),石家庄:河北教育出版社,2009年版,第979页。

② 国家清史编纂委员会:《李塨集》,北京:人民出版社,2014年版,第960页。

③ 李塨:《诗经传注题辞》,载陈山榜、邓子平主编:《颜李学派文库》(第3册),石家庄:河北教育出版社,2009年版,第822页。

学,15—17岁为乡学,18—20岁为县学,21岁以上的青年受府学、蓄学、太学的教育。李塨是中国教育思想史上第一个根据年龄划分学制的教育家,而且李塨尤为重视小学的教育,他专门撰写了一部关于小学教育的著作《小学稽业》,对小学的教育内容和教育方法做了详细的规定和阐述。相比于颜元,李塨的教育体制更为完整、健全。

李塨较其师对社会政治问题考虑更多。在人治与法治关系协调中,他比较侧重于以人治为主,而以法治为辅。他很重视官制的设置,其理想中的官制,主要是以《周礼》为依据的,对官职设置、官员的任选考核、奖惩以及等级俸禄等都有所思考与论述。其实这恰是对古代教育考评制度的一些新探索,是李塨力图纠正科举制偏向终结性评价的误区所做的努力,颇有价值。关于分封的问题,李塨与其师不同,李塨明确表示"封建不可复"[1]。颜元大力提倡恢复上古时期,尤其是西周盛行的以井田、分封为特征的封建制,希望建立"唐虞三代"那样富强而又文明的封建国家,而李塨则论述了此类封建模式不可复的几个理由:一是现在公侯之子多骄奢淫逸,恢复封建会使他们更加欺压人民;二是封建制的实行需要明君圣主;三是封建制的实行也并不能保证国家一定安稳,还会发生兵变;四是并非只有封建制才能处处皆兵,郡县制也可以使国家军事强盛;五是封建制的实行也不能使暴民减少;六是封建制依靠血统维系,不能长久等。基于此,李塨反对恢复封建制,而极力赞成郡县制,认为郡县制才能够有效管理官员,选拔人才,治理国计民生,更加适应社会历史的发展趋势。[2]

李塨的经济思想较之颜元更为丰富。为了督促农业生产,他主张利用"里保"等地方基层组织来加以管理。在督促生产的同时,又提出了对农业劳动力的管理问题,其基本做法主要参考《周礼》,指导方针就是使劳动力得到充分利用。他建议官府在禁止种植烟草的同时于旱地多种树以尽地利。对于商业,同大多

---

[1] 李塨:《分土第二》,载陈山榜、邓子平主编:《颜李学派文库》(第4册),石家庄:河北教育出版社,2009年版,第1115页。
[2] 李塨:《存治编书后》,载陈山榜、邓子平主编:《颜李学派文库》(第1册),石家庄:河北教育出版社,2009年版,第108页。

数古人一样,他秉持抑商政策,"然商实不可重"①。同时他提倡"黜奢崇俭",限制贸易,加强对市场的管制。李塨倾向于禁止开矿,即"厉禁以守之"②,通过节用自然物产,以保护山林川泽,做法是派专门人员去守护,禁止百姓随意取用。

作为颜李学派的重要代表人物,李塨继承了颜元的思想,同时又根据时代特点和实践探索体会,提出了独特的看法,增加了新内容,使其思想在多领域富有特色,从而获得了中国学术思想史上一席之地。李塨为颜李学派的发展与传播做出了重大贡献,是其薪火相传路上的重要一棒。

二、王源、程廷祚、钟錂、恽鹤生

(一)王源

王源,字昆绳,一字或庵,清顺天府大兴(今属北京)人,生于顺治五年(1648),卒于康熙四十九年(1710),享年62岁,为康熙三十二年(1693)举人。少时和兄长一起从梁以樟③学。梁师讲宋儒之学,王源不首肯,批之为假道学。受父亲影响,"喜任侠谈兵",还关注"前代典要,及关塞险隘,攻守之略"④,稍长一些,便学习兵法,历史人物中最喜欢诸葛亮和王阳明两人。后来又跟随魏禧学古文,著有《兵论》32篇,魏禧读之大喜,称赞他为:"此诸葛君之流也。"⑤40岁的时候,游历京师,相国徐元文以宾礼相待。因善文史,众人有文史方面的疑惑,就向他请教。王源曾参加修明史,《明史稿·兵志》就出自他的手笔。后在京城结识李塨,二人论学甚为相合,王源十分喜悦,称:"自继庄殁,岂意复见君乎!"⑥阅读恕谷《大学

---

①李塨:《财用第七下》,载陈山榜、邓子平主编:《颜李学派文库》(第4册),石家庄:河北教育出版社,2009年版,第1168页。

②李塨:《冬官》,载陈山榜、邓子平主编:《颜李学派文库》(第4册),石家庄:河北教育出版社,2009年版,第1201页。

③梁以樟,字公狄,别号鹪林,清苑人。

④⑤⑥戴望:《举人王先生源》,载陈山榜、邓子平主编:《颜李学派文库》(第5册),石家庄:河北教育出版社,2009年版,第1532页。

辨业》之后，深以为是，又听得为其讲述颜元之学，深感："习斋之学，直接周孔。"①并说："吾受业习斋决矣。"②三年后③，经李塨介绍，执贽于颜元，颜元对其表示了期待："愿断自今，一洗诗文之习，实力圣学，斯道斯民之幸也。"④他与颜元互相讨论了兵法、刀法，王源称赞："子真其人矣。"⑤自师从颜学后，王源一改先前狂放不羁的豪杰做派，越发温文尔雅："乃从塨受颜氏学，乃一敛其凌铄，独其翕张万汇之气，约以居敬，终日正衣冠，对仆隶必肃恭。"⑥但奈何缘浅，王源仅从师一年，颜元便去世，以后便与李塨师兄弟相互论学。

王源著作颇丰，在未从颜学前，曾著有《兵论》32篇，《舆图指掌》1编，《兵法要略》22卷；从颜学之后，著有《读易通言》6卷，《前筹一得录》12卷，《平书》3卷等。这些书除《兵论》32篇之外，均未流播至今。此外，他还著有《居业堂文集》20卷，保存至今。

同颜元、李塨相同，王源既厌恶程朱理学，又批评阳明心学，认为这两种学说虽有优点，但缺点也很明显："然程朱之笃学操修虽可法，而迂阔实不足以有为；阳明之经济虽无惭于道德，而学入于禅，未免天下诟病。"⑦相比于阳明心学，他对程朱理学的批判更加不留余地，指责其虚伪："宋儒自谓能明能行，而道其所道，愈失其真。"⑧即这种高谈性命的义理之学只适合在太平无事之时拿来论道，

---

①冯辰、刘调赞：《李恕谷先生年谱》（卷三），载陈山榜、邓子平主编：《颜李学派文库》（第4册），石家庄：河北教育出版社，2009年版，第1274页。

②冯辰、刘调赞：《李恕谷先生年谱》（卷三），载陈山榜、邓子平主编：《颜李学派文库》（第4册），石家庄：河北教育出版社，2009年版，第1275页。

③癸未，1703年，康熙四十二年，王源56岁，颜元69岁，李塨45岁。

④⑤李塨：《颜习斋先生年谱》（卷下），载陈山榜、邓子平主编：《颜李学派文库》（第2册），石家庄：河北教育出版社，2009年版，第691页。

⑥徐世昌：《师儒传》，载陈山榜、邓子平主编：《颜李学派文库》（第10册），石家庄：河北教育出版社，2009年版，第3355页。

⑦戴望：《王昆绳文集》，载陈山榜、邓子平主编：《颜李学派文库》（第5册），石家庄：河北教育出版社，2009年版，第1538页。

⑧戴望：《王昆绳文集》，载陈山榜、邓子平主编：《颜李学派文库》（第5册），石家庄：河北教育出版社，2009年版，第1534页。

而不能有用于国家建设和民生安泰。同时对于这二者之间势同水火的门户之争尤为厌烦："彼朱、陆各行其是,以修身而明圣人之道,论其所见之偏,不能无过不及,而论其得则皆圣人之一体,乌得是此非彼,立门户于其间,若水火之不可以并立者！"①如果说,在未从颜学之前,他只能坚持自己的本心："置近日程朱、陆王门户之学不讲,独从事于经济文章,期有用于世。"②即他期望并渴望做实事,是心向于实学之人。自从他跟随颜元学习之后,实实在在地如同找到了归宿一般,"绝去空虚文字之习,合体用、经权、文武为明亲一致之功"③,也就是说倾心尽力于实学。

崇儒辟异是清初面临的一个社会思想困境,对此,王源也提出了自己的见解。在如何处理明末清初西方天主教传教士来华传教,以及西洋科技所带来的刺激与挑战时,他认为"留算法制器之人,而禁其教不使行"④。在对待"僧道"的问题上,王源主张要讲求策略,实行阳尊阴摧的政策,声称"仙佛道甚高"⑤,年过60可以留下,其余皆令还俗成婚。产生这种见解是因为他认为佛教、道教流传已久,"其徒遍天下,不知其几百万"⑥,立法禁之,恐怕煽乱天下。他这种完全、彻底的排斥异己做法与认知,属于理论与实践的不一致,因而受到了李塨的批评,说其未免天真幼稚。

王源在经济思想方面的认识较之颜元更为具体、明确。不同于颜元的均田制,而是提出了"唯农有田论",即剥夺地主的土地所有权,废除募人代耕的租佃制度,将土地收归国家,国家再将土地分给无地农民。这无异于是在取消地主土地所有制,实现农民对土地的所有要求。此外,不同于李塨主张抑商政策、限制贸

---

① 戴望:《王昆绳文集》,载陈山榜、邓子平主编:《颜李学派文库》(第5册),石家庄:河北教育出版社,2009年版,第1534页。

② 戴望:《王昆绳文集》,载陈山榜、邓子平主编:《颜李学派文库》(第5册),石家庄:河北教育出版社,2009年版,第1542页。

③ 戴望:《王昆绳文集》,载陈山榜、邓子平主编:《颜李学派文库》(第5册),石家庄:河北教育出版社,2009年版,第1545页。

④⑤⑥ 王源:《分民第一》,载陈山榜、邓子平主编:《颜李学派文库》(第4册),石家庄:河北教育出版社,2009年版,第1108页。

易的做法,王源反对传统的抑商政策。"重本抑末之说固然,然本宜重,末亦不可轻,假令天下有农而无商,尚可以为国乎?"①因此,他主张废除榷关制度,并创议了一种近似于现代所得税的税制。其具体办法是:实行印票纳税,区分坐商、行商,发给印票(营业、纳税执照),又在此基础上形成新的纳税制度:于贩地按本钱计缴纳百分之一的税,于卖地按利润计缴纳十分之一的税,并将商人分为九等,予以不同的社会荣誉和政治待遇。

王源犹以军事思想见长。谭献曾在《复堂日记》卷一中夸赞说:"王氏(源)北方之学者,深于兵家,凿凿可见诸施行。……兵学殆有天授。"素谙兵法、熟知战史的王源生平所做的文章也是以关于兵法方面居多。在继承前人经验教训的基础上,他提出了关于用兵之道的独特看法:"盖用兵有自治之道,有制敌之道。自治之道不外乎节制,制敌之道不外乎奇正。必有节制而可以立身于不败,必知奇正而后可以决胜。"②所谓"自治之道"指的是治军方法,"制敌之道"指的是临敌制胜方法。王源认为"自治之道"与"制敌之道"是战争成功与否的两个最为关键因素,古来战胜者也大都是源于此。颜元对于兵书也素有研习,王源的用兵之道得到了他的大力称赞。

王源一生以豪杰自居,有着利济天下、为生民社稷建功立业的使命感,这种经世致用的强烈意识,成为他与颜元知音相契的纽带。王源身为习斋第二大弟子,为宣传颜元实用教育学说不遗余力,实为北方传播颜李学派的主要代表人物。

(二)程廷祚

程廷祚,初名默,又名石开,后更名廷祚,字启生,别号绵庄。世籍新安,素称望族,后家道中落,始迁江宁,寄籍上元县。他生于康熙三十年(1691),卒于乾隆三十二年(1767),享年76岁。程廷祚少时聪颖,读书过目成诵。③15岁时,因作

---

① 李塨:《财用第七下》,载陈山榜、邓子平主编:《颜李学派文库》(第4册),石家庄:河北教育出版社,2009年版,第1167页。
② 戴望:《王昆绳文集》,载陈山榜、邓子平主编:《颜李学派文库》(第5册),石家庄:河北教育出版社,2009年版,第1546页。
③ 戴望:《征君程先生廷祚》,载陈山榜、邓子平主编:《颜李学派文库》(第5册),石家庄:河北教育出版社,2009年版,第1550页。

《古松赋》而闻名,对"六经"十分感兴趣。22岁时,程廷祚娶陶窳之女。陶窳信仰颜李之学,程廷祚从其岳父那里得到颜元的《四存编》和李塨的《大学辨业》,开始学习颜李学,在其岳父的直接影响下,对颜李学抱有极大的热情,越发忠诚,遂决定在甲午年①上书恕谷,表示愿学之心。②这一段从学经历在程廷祚写给李塨的信中有所表述:20岁弱冠后,从妻之父(外舅)陶甄夫所,得见颜习斋先生《四存编》及先生《大学辨业》,始知当世尚有力实学而缵周孔之绪于燕赵间者。③李塨收到程廷祚的来信之后,欣喜若狂,在其回信中俨然已把程廷祚当作颜李学派后继者:足下年少才高,议论辉光,肆映如伟炬烛天,此天特生之以使周孔之传不至堕地者也,则习斋虽亡而不亡,谫陋虽衰而未衰也。④随后在庚子年⑤,恰逢李塨南游金陵,程廷祚多次拜访问学。自从修习颜李学之后,程廷祚的学问越发以实学为主,"确守其学,力屏异说,以博文约礼为进德居业之功,以修己治人为格物致知之要,礼乐、兵农、天文、舆地、食货、河渠之事,莫不穷委探原"⑥。同时,其为学也参以梨洲、亭林,向着博与实的方向努力行进着。

程廷祚的著作甚多,有《易通》6卷、《大易择言》30卷、《彖爻求是说》6卷、《尚书通议》30卷、《青溪诗说》20卷、《论语说》4卷、《周礼说》4卷、《春秋识小录》3卷等,其中《易学》与《春秋识小录》被采编收入清乾隆年间(1736—1795)纪昀主持编纂的《四库全书》,流传至今的仅有《论语说》及其文集而已。

在程廷祚二三十岁这一个时期,对颜李学派是比较坚定和心仪的,明确指出程朱理学不是圣学:"盖圣学之失传久矣,数百年来,学者不入于朱,则入于陆,

---

① 1714年冬天,程廷祚写信给李塨。这封信是1715年春天托人带去的,但直到1717年11月18日才到达李塨手中。
② 戴望在《征君程先生廷祚》中写道:"旋识武进恽处士鹤生,始闻颜、李之学,上书恕谷先生,致愿学之意。"
③④ 李塨:《答程启生书》,载陈山榜、邓子平主编:《颜李学派文库》(第3册),石家庄:河北教育出版社,2009年版,第745页。
⑤ 1720年,康熙五十九年,李塨62岁,程廷祚29岁。
⑥ 戴望:《征君程先生廷祚》,载陈山榜、邓子平主编:《颜李学派文库》(第5册),石家庄:河北教育出版社,2009年版,第1550—1551页。

互起而哄。"①但是,时代的压力以及周遭的环境使得程廷祚自己也惧怕承担"共诋程朱"的罪名,所以在他30岁之后,开始缓和了对程朱理学的排斥态度,只是在"解经之是非离合"上质疑程朱,认为澄清宋学的迷雾,还"圣人之经"的本来面目本是儒者的职责。他从经学教育视角对理学加以批评,可谓切中要害,在文本表述过程中,也多持商榷口吻,语气平缓。在清政府强化程朱理学正统地位的大环境之下,他对颜李学派表现得越发冷淡,只能在偶尔给别人的书信中可以看出他还是心向颜李学的,只是不敢公开宣传罢了。

程廷祚同样反对复兴汉代古文经学为帜志的汉学,认为"墨守宋学已非,而墨守汉学者尤非"。虽然他自己在治学上也重视考证,但从精神实质来看,与宋学、汉学都有区别。他常常以经世致用的标准来进行评判,认为汉学空虚无用,多流于形式,《青溪文集》卷三中《汉宋儒者异同论》记载了其观点:"盖汉代人主悬利禄以诱进天下之通经学古,而士之有志者,亦唯以为圣人之道尽于章句训诂,未尝反之身心,而自验其是非离合也。"从对汉学批评的意见之中,其实可以看出,对于考据训诂,程廷祚并不反对,他自身也在用这种形式及方法从事学问探讨,他只是不满于汉学考据不以社会实际为出发点,没有实际的作用。由此可看出,程廷祚还是心向实学的。

程廷祚肯定了人的地位,并且把人的地位抬高到了最尊贵的地位。在《原人篇》中说:"若夫人之生也,本于天地之一交,天地自一交以后……而天地之所知所能,遂举其全而界之于人。"在程廷祚看来,自天地生人以来,便只听人的了,应该尊重人的合理欲望,他把人们对物质生活的需求与感受都称为"物感"。"物感"有三种:饮食、男女之欲、乐生而恶死。这三者皆发端于"至善之性",因此应该给予肯定,允许人们去追求。

程廷祚同样反对佛学,指出释氏"以遗弃外物,独见本性为高妙"。他在《青溪文集》卷三《礼乐论上》中表达其观点,认为佛学是与儒家的礼乐之教、"六艺"

---

① 李塨:《答程启生书》,载陈山榜、邓子平主编:《颜李学派文库》(第3册),石家庄:河北教育出版社,2009年版,第745页。

之学相背离的:"佛氏之道与礼乐正相反,礼乐欲人之有所守以入道者也。佛氏欲人之弃所守以悖乎道者也。"他试图用礼乐来提倡一种动的教育,要人运动手足和身体,以改变宋元以来儒者"终日匡坐而诵读"的习尚。

(三)钟錂

钟錂,字金若,博野县人。7岁时学习,立侍长者,10岁时离家求学,跟随一位姓郑的塾师学习,该师教导严格,要求15岁之后非力作不许免冠。钟錂自幼便有经世之能,壮岁补博士弟子员,但是老而不遇,学者称其为"逸叟"。钟錂跟随颜元受业稍晚,先后学"六艺",习九经。颜元得之甚喜,传授他归从道统的办法,题其日记册端:"一曰勿欺幽独,如对父师;二曰敦本孝弟,笃于家庭;三曰自立言行,勿随流俗;四曰日新时省,过而改之,时思善而迁之;五曰务实痛戒诗文棋画,须求身世之功。"①钟錂为颜元编辑了《言行录》《辟异录》《习斋记馀》,自己又著有《哀感录》《女范淑烈集》《农书一隅》三书。因其出身家境贫寒,青年便开始以教书谋生,后又转行行商,以贩卖药物为生,为人高义。他年79去世,门人私谥孝端先生。

钟錂守礼,对颜元极为恭敬。颜元在漳南书院执教时,跟随前往,往返千里没有违背礼仪的地方。因他在闹市中拒绝客人提出的舞刀要求,颜元责问:"能舞,何为漫应?"便长跪谢罪,客人相劝而不敢起,直至颜元发话:"起,舞刀!"才再拜稽首,乃舞刀。②钟錂的尊师重道行状可见之一斑。

钟錂才学不凡,受人称赞。雍正元年(1723)功令,讲约诸生中学问品行兼优者可充之,钟錂受一位赵知县的邀请而参加。每月吉,侃侃宣讲,众人皆心服。赵知县询问他关于地方利弊的事情,钟錂为其条例出十件事,赵委心听纳,而终不枉见于私室。赵曰:"是博陵之澹台也。"③

---

①颜元:《题记前示钟錂》,载陈山榜、邓子平主编:《颜李学派文库》(第2册),石家庄:河北教育出版社,2009年版,第504页。

②③陈登原:《颜习斋哲学思想述》,载陈山榜、邓子平主编:《颜李学派文库》(第5册),石家庄:河北教育出版社,2009年版,第1754页。

（四）恽鹤生

恽鹤生,字皋闻,晚号诚翁,江苏武进(今属江苏常州市)人,生于康熙元年(1662),卒于乾隆六年(1741),享年79岁。①恽鹤生曾在给李塨的信中写明自己早年的求学经历：

> 家世以制义发科,生不知学为何事,涉笔为文,即得父兄称赏,辄自矜喜。所遇明师良友,勉以读古书攻诗赋,已为超时出俗之学,此二十以前之一误也。既为诸生,家益落,假时文章句为人师。年益长,志科名益急,务制义益精,掇拾诸儒性理语,止供时文用,而无暇体究也,此三十以前之再误也。旋遭室人之变,贫困凄寂,凤妄自负,抑塞莫伸,遇方外人,作奇突语,似若可喜,遂甘心焉。而禅宗公案,棒喝拈提,颇有省会,愈增其妄。反观《语》《孟》,都作妙义玄言,遂征昔人学佛然后知儒之说,此三十以后之大误。而从此亦喜观阳明、心斋、近溪诸书,竟以为真学如是耳,其误益坚。而见世俗专尊程、朱,因取而观之,见其言近于笃实,而亦自愧从前妄诞之非,尤服膺"主静"二字,以为圣贤的旨,而深愧未能也。②

恽鹤生从江苏宜兴谢野臣处得知颜先生为学大旨,心向往之。康熙五十三年(1714),有朋友前往蠡县任职,借以访颜元,但先生已殁。他从恕谷先生处求得习斋先生遗著及《大学辨业》等书,遍读之,深有感言：

> 今读《存学》《存性》两编及《辨业》《学规》,先得我心之所同然,而知孔、孟之真,自有在也,先生之教我深矣。唯是六艺之事,未经涉历,今行年五十,困顿衰惫,于此事遂已矣,不亦悲乎！③

于是,彻底放弃了先前信仰过的理学,尤其是陆王心性学说,而专习颜元的

---

① 《大学正业》自序中"乾隆丁巳(1737)初秋晋陵七十五翁恽鹤生识于金坛正学堂"推知,恽鹤生当生于1662年,《大学正业》跋中称其"寿七十有九",因此其卒年当在乾隆六年,即1741年。载高青莲、王竹波：《恽鹤生与颜李学派考略》,《华南师范大学学报》(社会科学版)2008年第6期。

② 冯辰、刘调赞：《李恕谷先生年谱》(卷五),载陈山榜、邓子平主编：《颜李学派文库》(第4册),石家庄：河北教育出版社,2009年版,第1328—1329页。

③ 戴望：《颜李弟子录》,载陈山榜、邓子平主编：《颜李学派文库》(第5册),石家庄：河北教育出版社,2009年版,第1577页。

"六艺"之学，并且模仿李塨的治学修身之道开始记日记。因颜元去世他无缘拜师，故自称私淑弟子，成为颜李学派的坚定拥护者。在初识的两三年中，李塨与恽鹤生相交甚笃，学术方面也相得益彰，李塨曾称赞恽鹤生：

> 今皋闻陡然至，则先生巨人俯合愚鄙，内而省察身心，外而研辨治道，以至订经说史，皆一一有实见实学。精力似昆绳，而铲粗豪；睿敏则迈枢天过甚也。颜习斋先生之道有传矣。虽然，岂人之所能为哉？天也。皋闻行矣，无负天矣。①

可见，李塨认为恽鹤生从各方面都符合实学的行为要求，能够成为颜氏学的传道者。所以，在康熙五十五年（1716），恽鹤生决定南归时，他十分伤心："先生闻之，怅然若失……今皋闻先生南旋，骤闻惊怛，不只如失左右手，乃如失吾心。"②"思皋闻不已，皋闻者，可与共明斯道者也，皋闻去，学益孤矣。"③

虽然恽鹤生决定尊崇颜学，但是他并不是盲目遵从，无论是在对待事物的看法观点上，还是在治学方法上，恽鹤生都是有自己独特之处的。颜元喜"封建"，而恽鹤生则持反对意见，赞同李塨的见解，并对郡县制提出了自己的看法："分土当先于县。邑制县太大，则民情难悉，政事难举，圣门艺如冉求，圣人许之止于宰千室之邑，其自许亦止方六七十如五六十，可见也。"④在治学风格方面，受早年修习汉学的影响，恽鹤生与李塨相比，在实际中更少了些习行的精神，而在考据注疏方面，则更精细，对各家注经的态度，并非如颜元一般全盘否定，而是更加灵活，这一点在其所做的《大学正业》"跋"中有明确表述：

> 先生所崇者，实学。所求者，实理。多闻多见之识，抉择之。汉唐儒之言

---

① 李塨：《送恽皋闻序》，载陈山榜、邓子平主编：《颜李学派文库》（第3册），石家庄：河北教育出版社，2009年版，第720—721页。
② 冯辰、刘调赞：《李恕谷先生年谱》（卷五），载陈山榜、邓子平主编：《颜李学派文库》（第4册），石家庄：河北教育出版社，2009年版，第1333页。
③ 冯辰、刘调赞：《李恕谷先生年谱》（卷五），载陈山榜、邓子平主编：《颜李学派文库》（第4册），石家庄：河北教育出版社，2009年版，第1334页。
④ 李塨：《分土第二》，载陈山榜、邓子平主编：《颜李学派文库》（第4册），石家庄：河北教育出版社，2009年版，第1120页。

有当于经者则遵汉唐而绌朱注,宋儒之言有当于经者则遵宋儒而绌注疏,汉唐宋儒之言俱无当者,则博采诸家而以己意折衷焉。

与颜李相比,恽鹤生的这种治学态度显然是更加科学可取。在对待著书立说的价值性认识上,恽鹤生也并不是如颜元一样这般厌恶,他本人的著作就有9种之多,尤其晚年倾毕生之力所做的《大学正业》,留传至今。

恽鹤生对颜李学派的南传,居功甚伟,和程廷祚一道是南方传播颜氏学说的主要代表人物。康熙五十九年(1720),颜习斋辞世16年,皋闻写信给恕谷:"南旋以《存学》示人,虽极倔强者,亦首肯,知斯道之易明也。"①可见,在恽鹤生的努力下,颜李学说在南方已然打开了局面。雍正三年(1725),他又写信说:"南方闻颜李之学而兴起者,有是仲明、章见心、许闻绣、孙子房。"②关于恽鹤生对颜李学派传播所做出的贡献,晚清学者戴望曾有记叙:"晚归常州,为一乡祭酒。故家子弟多从之游。庄兵备柱尤重其笃行,勉其群从,必以皋闻为法。其后,常州问学之盛为天下首。溯其端绪,盖自皋闻云。"③由此可以看出,恽鹤生在江南传播颜李学说的活动,确实是不遗余力,成效颇佳。

三、再传弟子与私淑弟子

冯辰与刘调赞,都是李塨的弟子,是名副其实的颜李学派第三代。

(一)冯辰

冯辰,字拱北,一字枢天。冯辰曾经以书信向颜元问学,但是没有多久,颜元

---

① 冯辰、刘调赞:《李恕谷先生年谱》(卷五),载陈山榜、邓子平主编:《颜李学派文库》(第4册),石家庄:河北教育出版社,2009年版,第1335页。
② 冯辰、刘调赞:《李恕谷先生年谱》(卷五),载陈山榜、邓子平主编:《颜李学派文库》(第4册),石家庄:河北教育出版社,2009年版,第1354—1355页。
③ 戴望:《颜李弟子录》,载陈山榜、邓子平主编:《颜李学派文库》(第5册),石家庄:河北教育出版社,2009年版,第1578页。

逝世,书信就断了,后来从李塨为师。乙酉年①,冯辰设馆教学,李塨久闻其名,赠其《讼过则例》,二人开始了书信来往。同年,冯辰亲自拜访李塨,前来问学。李塨教导他约心、力行、学经济,并且要记日记。后来两人经常互评日记,切磋学习。李塨称赞冯辰:"天分甚高,而又不惮下问。"②并且看见冯辰学习斋行古道,更加以和冯辰相交为乐:"从今相我,吾道庶不仆矣。"③两人就这样相交了三年。丁亥年④,冯辰正式拜李塨为师,退居弟子之列。拜师之后,二人还是同以往一样互质日记,讨论关于欲、利、道等诸多方面的问题,相交越发亲密,李塨所著的书,大都是冯辰为他做的序。

庚寅年⑤,冯辰受命李塨为其修年谱。他自己的著作,有《士丧礼》《学规家劝》等,因对丧服之礼倍感兴趣,还著有《丧礼疑问》一书。晚年失明,多找人代为书写,所辑谚语,即以《倩人谚语》为名。⑥

(二)刘调赞

刘调赞,字用可,生于康熙三十八年(1699)⑦。24岁以前,跟随张介石先生学习,壬寅年⑧,张介石同颜李门人白宗伊饮酒论学,读《大学辨业》《圣经学规纂》,颇有感言:"此圣学也,吾门下刘调赞可读此。"⑨然后将书寄给刘调赞。刘调赞得此书,反复阅读,爱不释手,豁如梦觉。第二年⑩夏天又得《四存编》《颜习斋年谱》

---

① 1705年,康熙四十四年,时年李塨47岁。
② 徐世昌:《师儒传》,载陈山榜、邓子平主编:《颜李学派文库》(第10册),石家庄:河北教育出版社,2009年版,第3401页。
③ 冯辰、刘调赞:《李恕谷先生年谱》(卷四),载陈山榜、邓子平主编:《颜李学派文库》(第4册),石家庄:河北教育出版社,2009年版,第1296页。
④ 1707年,康熙四十六年,时年李塨49岁。
⑤ 1710年,康熙四十九年,时年李塨52岁。
⑥ 徐世昌:《师儒传》,载陈山榜、邓子平主编:《颜李学派文库》(第10册),石家庄:河北教育出版社,2009年版,第3401页。
⑦ 刘调赞24岁时,从业李塨,当时李塨65岁,1723年为雍正元年。由此可推知刘调赞应生于1699年,康熙三十八年。
⑧ 1722年,康熙六十一年,时年李塨64岁。
⑨ 冯辰、刘调赞:《李恕谷先生年谱》(卷五),载陈山榜、邓子平主编:《颜李学派文库》(第4册),石家庄:河北教育出版社,2009年版,第1350页。
⑩ 1723年,雍正元年,时年李塨65岁。

等颜李著作,读之甚喜,夜不能寐,因此作诗两首寄给李塨,表示愿学之意。李塨得知刘调赞如此年少,不过 24 岁,就有如此志向及识见,十分高兴,也赋诗答之,有"雄才欲负千秋业,高足应登万仞岑"①之语。这年冬天,刘调赞执贽恕谷,跟随其分日学习各门功课,有祭礼、弹琴、挽弓等,也仿效其每日记日记,以省功过。李塨教导刘调赞,最初主要在幼仪和学术方面,武备也学,但未放在首位,"执事专一而又能肆应,乃可以言经济矣"②。后来所教越广,曾每日为刘调赞讲《易》一卦,又教刀法、筮法,还教调赞承担圣道。③李塨对刘调赞悉心教导,关爱有加,曾称赞刘调赞"不愚"④。但终究缘浅,刘调赞仅跟随李塨学习 10 年,便不幸去世。

雍正七年(1729),道传祠建成,刘调赞受李塨之命作《道传祠祀》,并在第二年打理道传祠诸事。刘调赞善乐,能琴解歌吹,奉李塨之命作《道传祠乐章》,并在祭祀时演奏。这一年秋天,还受李塨嘱托续编《李塨年谱》。刘调赞的著作不多,除以上所说之外,还有《士相见礼》《冠礼仪注》。

冯辰与刘调赞作为第三代弟子,担负着门派流传的重任,却终因时事艰难,而不了了之了。

---

① 冯辰、刘调赞:《李恕谷先生年谱》(卷五),载陈山榜、邓子平主编:《颜李学派文库》(第 4 册),石家庄:河北教育出版社,2009 年版,第 1350 页。
② 冯辰、刘调赞:《李恕谷先生年谱》(卷五),载陈山榜、邓子平主编:《颜李学派文库》(第 4 册),石家庄:河北教育出版社,2009 年版,第 1351 页。
③ 冯辰、刘调赞:《李恕谷先生年谱》(卷五),载陈山榜、邓子平主编:《颜李学派文库》(第 4 册),石家庄:河北教育出版社,2009 年版,第 1354 页。
④ 冯辰、刘调赞:《李恕谷先生年谱》(卷五),载陈山榜、邓子平主编:《颜李学派文库》(第 4 册),石家庄:河北教育出版社,2009 年版,第 1365 页。

第三节　颜李学派的兴衰起伏

颜李学派兴盛时间不长,但在这短暂的时间内学派发展却十分具有传奇性,可称得上是波澜壮阔。它本是一个丝毫不起眼的乡野学派,其可发展空间并不大,甚至无法引起人们太大的期望。但这个学派却出人意料由地域学派发展为全国学派,此后又在不长的时间迅速衰落,难觅其影踪,此间兴衰起伏确实剧烈。

一、从地域学派到全国学派

(一)地域学派阶段

颜元出生于直隶蠡县刘村,5岁时随祖父迁居蠡县城内,在此居住10余年;因为讼后家落,又返乡居住;但他实为朱家养孙,祖籍博野县北杨村,39岁时返回博野北杨村定居。他的一生的活动范围大致在蠡县、博野范围。

他8岁正式开始学习,少年时期也曾不务正业、荒唐度日。直到24岁,正式踏入了求道之路。在24—26岁这两年中,颜元信奉陆王心学;26岁接触程朱理学,由推崇陆王转为笃信程朱;34岁时,在给祖母居丧期间,颜元发现朱子《家礼》中许多内容教条僵化,有违性情之处,与上古《礼记》加以印证,又对照比拟出当中不同之处。因此,对于程朱理学的权威与神圣性产生了怀疑,原来确立的信仰开始发生转变,得以重新思考学问之道:"因悟周公之六德、六行、六艺,孔子四教,正学也;静坐读书,乃程、朱、陆、王为禅学,俗学所浸淫,非正务也。"①自此之后,颜元断然摒弃程朱理学,转向实学的方向,并在这条道路上坚定地走下去。

---

①李塨:《颜习斋先生年谱》(卷上),载陈山榜、邓子平主编:《颜李学派文库》(第2册),石家庄:河北教育出版社,2009年版,第632页。

颜元于次年(35岁)完成《存性编》和《存学编》，前者以驳斥宋儒性理学说来表达对于人性的看法，后者展现了颜元的教育思想，是其实学思想的主体；除这两本书以外，还有成书于颜元24岁时的《存治编》，体现了他复古性的政治思想；《存人编》成书于颜元48岁时，体现了他的崇儒辟异思想。这四本书统称为《四存编》，是颜元实学学术思想的代表作。在确立最终学术方向之后，颜元还将他开办的家塾更名为"习斋"，"觉思不如学，而学必以习，更思古斋曰'习斋'"①。由此可看出其教学方向的转变。后来又订立了颇为详细的习斋教条，明确教学大旨，以此为依据，教导学生。

据《博野县志》记载：康熙十二年(1673)，颜习斋著《四存编》，即"存治""存性""存学""存人"问世，"颜李"学在境内广泛传播。②这年颜元39岁，此时还没有《存人编》，可知这句话不甚准确。但颜元确实在不惑之年，即40岁左右声望开始日渐显著。42岁时，"正月，保定府阎经略鸣泰之裔，有妇人被妖魅，符箓驱之莫效。某妖自言一无所畏，唯畏博野颜圣人。是时先生与王法乾，人皆以'圣人'称之。"③由乡人都称他为"圣人"，可知其学问与品德之高。此时跟随学习的人数增加了许多，"时及门日众，乃申订教条"④。也恰是在这一时期，李塨开始问学于颜元，虽还未正式拜入门下，但其向学之心十分虔诚，仿效习斋立《日谱》自考。这样看来，在颜元大概40岁左右，李塨弱冠以后，颜李学派已颇具雏形，在博野、蠡县范围得以立足。

(二)全国学派阶段

颜元并不热衷于学术传播。年轻时他曾告诫自己不要轻易和别人理论，不要轻易责备别人的过错。如果不是志同道合者，不要与他谈论学问，也不要暴露自己的长处。可见其态度十分消极，这是颜李学派止步于地域学派的一个重要原因。但是，随着自身学术思想的成熟和对能够传承其学说人才的渴望，在临近不

---

①李塨：《颜习斋先生年谱》(卷上)，载陈山榜、邓子平主编：《颜李学派文库》(第2册)，石家庄：河北教育出版社，2009年版，第633页。
②河北省博野县地方志编纂委员会编：《博野县志》，石家庄：新华出版社，1996年版，第5页。
③李塨：《颜习斋先生年谱》(卷上)，载陈山榜、邓子平主编：《颜李学派文库》(第2册)，石家庄：河北教育出版社，2009年版，第649页。
④李塨：《颜习斋先生年谱》(卷上)，载陈山榜、邓子平主编：《颜李学派文库》(第2册)，石家庄：河北教育出版社，2009年版，第646页。

惑之年时，他逐渐改变了态度，积极传播学术，寻访人才。这就有了颜元后来的南游中州和执教漳南书院的故事。

57岁时，颜元有感于"苍生休戚，圣道明晦，敢以天生之身，偷安自私乎"①，为了寻求能够担荷此道者，他决计出游中州。这次南游历时7个月又20天，其行进路线大致为：博野—安平—深州—顺德—安阳—回龙—浚县—延津—开封—杞县—鄢陵—上蔡—商水—奉天峙—淇县—汤阴—磁州—临城—博野。这是他第一次走出博野、蠡县这个狭小的学术圈子。而且，每到一地，都会访友论学，以"四存编"示人，积极传播自身学术主张。此次出行很有效果，颜元不但名声得以扩大，跟随他学习的人也增多了，更使其学术影响范围扩大到河北南部和河南中北部。

62岁时，颜元受聘执教肥乡漳南书院，以书院作为传播学术的阵地，网罗了大批学子，"郝也鲁、苗尚信、白宗伊、李宏业、韩习数、郝也廉、郝也思，拜从学"②。虽然因为遭遇水患，书院活动仅仅持续了半年，但颜元的执教使得漳南书院影响颇大，短时间内便成为各类才子汇集之地，四方名士仰慕之所，临近的大名（直南道）、魏县、滋州、临漳等地士绅纷纷把子弟送往漳南书院。同时，这半年的教学也为他在书院教育史上树立了一座丰碑，是其最有价值的高等实科教育实践。从漳南书院返回博野后，一直到去世，颜元再也没有走出博野、蠡县这一范围。

在颜元的努力下，颜李学说辐射范围为河北中南部和河南中北部。梁启超先生曾说："习斋是一位黯然自修的人，足跻罕出里门，交游绝少，又不肯著书，若当时仅有他这样一个人，恐怕这学派早已湮灭没人知道了。"③钱穆也说："恕谷则历游南北，交游既广，名誉藉甚。使当世知有颜氏之学者，胥恕谷为之。"④由此

---

① 李塨：《颜习斋先生年谱》（卷下），载陈山榜、邓子平主编：《颜李学派文库》（第2册），石家庄：河北教育出版社，2009年版，第671页。
② 李塨：《颜习斋先生年谱》（卷下），载陈山榜、邓子平主编：《颜李学派文库》（第2册），石家庄：河北教育出版社，2009年版，第680页。
③ 梁启超：《中国近三百年学术史》，北京：东方出版社，2004年版，第122页。
④ 钱穆：《中国近三百年学术史》（上册），北京：商务印书馆，1997年版，第225页。

可知,将颜李学派从地域学派推广成为全国学派,李塨居功至伟。

李塨自跟随颜元学习后,便以传播其学说为己任,"咫尺习斋,天成我也,不传其学,是自弃弃天矣"①,同时,他也具备学术传播的能力:

> 王法乾摘塨过曰:"刚主交某某,又与某通有无,可忧。"先生曰:"果有之乎?然吾以为刚主不及吾二人在此,其胜吾二人亦在此。吾二人不苟交一人,不轻受一介,其身严矣。然为学几二十年,而四方未来多友,吾党未成一材。刚主为学仅一载,而乐就者有人,欲师者有人。"②

37岁时,李塨作幕浙江桐乡,这是他首次正式外出传学,临行前,颜元赠言:"爱惜人才,倡明圣道。"③一路上,李塨积极向学者传播颜李学说,"每止宿,必访学人。……过扬州,拜蔡瞻岷,与言习斋《存学》大旨,治岷击节称是"④。39岁时,李塨再次作幕浙江桐乡。在此地两年中,李塨积极结交当地学者,多次与杭州知名学者王草堂、毛奇龄论学。

李塨这一时期的学术传播正好与颜元执教漳南书院的时间有所重合,在此之后,颜元退居二线,李塨担负起传播学说的任务。在40岁时,李塨"自勘任道今岁始坚,学功今岁加密"⑤。他后来也总结道:"思吾自二十二岁志圣学,学躬行,学经济。二十七岁后,出馆四方,渐通世事。四十,知操存心性,立定担荷圣道,广结名流,学乃博。"⑥而颜李学派也确实在李塨40岁之后,声名鹊起。

---

① 冯辰、刘调赞:《李恕谷先生年谱》(卷一),载陈山榜、邓子平主编:《颜李学派文库》(第4册),石家庄:河北教育出版社,2009年版,第1219页。
② 李塨:《颜习斋先生年谱》(卷上),载陈山榜、邓子平主编:《颜李学派文库》(第2册),石家庄:河北教育出版社,2009年版,第657页。
③④ 冯辰、刘调赞:《李恕谷先生年谱》(卷二),载陈山榜、邓子平主编:《颜李学派文库》(第4册),石家庄:河北教育出版社,2009年版,第1254页。
⑤ 冯辰、刘调赞:《李恕谷先生年谱》(卷三),载陈山榜、邓子平主编:《颜李学派文库》(第4册),石家庄:河北教育出版社,2009年版,第1267页。
⑥ 冯辰、刘调赞:《李恕谷先生年谱》(卷四),载陈山榜、邓子平主编:《颜李学派文库》(第4册),石家庄:河北教育出版社,2009年版,第1296页。

李塨在42岁到45岁这四年间来往京城频繁,基本定居北京。42岁这一年(1700,康熙三十九年),他在官宦之家开馆并积极与官员相交,"吴公复请,乃馆其府,传其子关杰,用楣、侄栻以数学、乐学"①"河南常部郎鋐禑来拜"②"都门李天柱丹崖来拜"③"晤王尚书士禛,问格物,问《诗经》,答之"④。对这一态度及行为,李塨解释说:"予向入京,不先见贵显,今为明道计,其贤而乐延访者,或先或后,不拘。"⑤李塨通过这些官员认识了京中诸多学者,"金素公设筵相邀,是日晤万斯同季野、胡渭生朏明"⑥。同时他自己也积极与学者相交、论学,"予每交一人,必求尽其长,勉于问也"⑦。也是在此时,李塨与王源相识并相交。王源接触颜李学说之后,深感"习斋之学,直接周孔"⑧"吾受业习斋决矣"⑨。他在加入颜李学派之后,成为传播颜李学说的一员大将。李塨在京仅一年,"隐然名已动长安"⑩。在他43岁时名声更甚,诸多官员对他极为推崇,并为他刊书。吴司寇、徐少宰,每在朝端与诸公卿曰:"今有李恕谷者,学山文海,渊源本本,不世之人也。"至是捐俸,为先生刊《大学辨业》《圣经学规纂》《论学》。⑪所刊书籍十分受欢迎,"温邻翼送纸,刷《大学辨业》,自此摹《辨业》《论学》者沓至"⑫。当世名声显著的学者也对他赞赏有加,万斯同在讲会时向众多学者介绍李塨,说:"此李恕谷先生也,负圣学正传,非予所敢望。今且后言郊社,请先讲李先生学,以为求道之路。"⑬并邀请他同修《明史》,被李塨推辞了。还有来自山西、河南、陕西的学者前来问学,

---

①⑥冯辰、刘调赞:《李恕谷先生年谱》(卷三),载陈山榜、邓子平主编:《颜李学派文库》(第4册),石家庄:河北教育出版社,2009年版,第1271页。

②③④⑦⑧冯辰、刘调赞:《李恕谷先生年谱》(卷三),载陈山榜、邓子平主编:《颜李学派文库》(第4册),石家庄:河北教育出版社,2009年版,第1274页。

⑤冯辰、刘调赞:《李恕谷先生年谱》(卷三),载陈山榜、邓子平主编:《颜李学派文库》(第4册),石家庄:河北教育出版社,2009年版,第1273页。

⑨⑩冯辰、刘调赞:《李恕谷先生年谱》(卷三),载陈山榜、邓子平主编:《颜李学派文库》(第4册),石家庄:河北教育出版社,2009年版,第1275页。

⑪冯辰、刘调赞:《李恕谷先生年谱》(卷三),载陈山榜、邓子平主编:《颜李学派文库》(第4册),石家庄:河北教育出版社,2009年版,第1277页。

⑫冯辰、刘调赞:《李恕谷先生年谱》(卷三),载陈山榜、邓子平主编:《颜李学派文库》(第4册),石家庄:河北教育出版社,2009年版,第1280页。

⑬冯辰、刘调赞:《李恕谷先生年谱》(卷三),载陈山榜、邓子平主编:《颜李学派文库》(第4册),石家庄:河北教育出版社,2009年版,第1278页。

"代州冯壅敬南来拜,问学""晤睢州吴学颢子纯,论学""江西梁份质人来拜,言陕西三边形势"①。有学者在给李塨母亲祝寿时,写诗"有子已成天下士,无人不羡冀中师"②,可见李塨的声望之隆。其后两年他盛名不减,有来自湖北、蒙古、浙江、江苏等多地的学者前来问学,"黄陂秦心庵、蒙古李景仁、杭州邵时昌,皆来拜,问学""苏州黄曰瑚宗夏来拜,问学"③。并有朝廷大员欲荐李塨于朝廷,却被他推辞,"巡抚李光地以朝廷问学问人,因荐先生"。"正月尽,抵京,吴少宰公言李中丞荐事,先生曰:'迂拙非其人也,阁下善为我辞焉。'"④

李塨在京城的这几年,是颜李学派迅速扩张的时期。京城作为全国学术中心,各家学派、各个地方的学者在此云集并往来不断,能够在此立足,得到这些学者的肯定、赞赏,这不仅证明了颜李学说的价值,更表明颜李学派成为全国学派地位的确立。李塨曾言:

> 颜先生崛起,树周孔正学,躬行善诱,志意甚伟,而传闻不出里闬。王子来学,渐播海内,如吴涵、万斯同、王复礼、郭金城、方苞、谢野臣、陶瀫、恽鹤生,以名宦闻,人传布其说,而道日益著。⑤

一句"王子来学,渐播海内"明确指明颜李学派在此时已成为全国学派。

从京城离开之后,46—47岁时李塨两度前往河南郾城作幕。临行前颜元嘱

---

① 冯辰、刘调赞:《李恕谷先生年谱》(卷三),载陈山榜、邓子平主编:《颜李学派文库》(第4册),石家庄:河北教育出版社,2009年版,第1280页。
② 冯辰、刘调赞:《李恕谷先生年谱》(卷三),载陈山榜、邓子平主编:《颜李学派文库》(第4册),石家庄:河北教育出版社,2009年版,第1279页。
③ 冯辰、刘调赞:《李恕谷先生年谱》(卷三),载陈山榜、邓子平主编:《颜李学派文库》(第4册),石家庄:河北教育出版社,2009年版,第1282页。
④ 冯辰、刘调赞:《李恕谷先生年谱》(卷三),载陈山榜、邓子平主编:《颜李学派文库》(第4册),石家庄:河北教育出版社,2009年版,第1284页。
⑤ 李塨:《王子传》,载陈山榜、邓子平主编:《颜李学派文库》(第3册),石家庄:河北教育出版社,2009年版,第768页。

咐:"留心人才。"①而李塨也积极在河南地区传播颜李学说,与河南学人、官员相交,并得到他们的肯定与赞赏。

46岁时,李塨在河南郾城听闻颜元去世,悲痛之余,承担起自己无可推卸的弘扬颜氏之学,薪火相传之责任,"痛遂失先生提撕,而使塨独肩斯任也"②。他在官员的帮助下刊印习斋书籍,"益修鸠工,刊习斋《存性》《存治》《存人》三编"③。

51—52岁时,李塨前往陕西富平作幕,李塨才至,便有诸多官员、学者前来问学。可见,颜李学说在此之前已享誉此地,经过李塨两年宣扬与切实有效的治理实绩,其学之盛更甚以往。李塨曾自己回忆这一段经历说:"塨比岁为杨慎修所敦请,西行,幸其虚怀听受,甚获民心。关中学者,颇可晤语。上而当道,下而草泽,皆有虚伫,吾道粗明粗行。两次东旋,官绅士庶,送者填涂。"④而李塨也生出了"欲遂迁家,苟全终南"的想法,可见关中地区学人对颜李学说发自内心的热情。

李塨从陕西回到家乡之后,在余下的20多年里,除62岁时前往南方游学以外,就再也没有大规模的出游活动。但颜李学说的传播并没有停止。在李塨56岁时,恽鹤生来学,他对颜李学说十分虔诚,自他来学之后,"尽弃其学,而学先生六艺之学,立日记以省身心"⑤,并积极将颜李学说传播到南方。在李塨59岁时,"皋闻寄书至,先生揖而开读,曰:'南旋以《存学》示人,虽极倔强者亦首肯,知斯道之易明也'"⑥。此时,还有颜先生门人白宗伊,"卖笔为生,遂出游四方,能举

---

① 冯辰、刘调赞:《李恕谷先生年谱》(卷三),载陈山榜、邓子平主编:《颜李学派文库》(第4册),石家庄:河北教育出版社,2009年版,第1292页。
② 冯辰、刘调赞:《李恕谷先生年谱》(卷三),载陈山榜、邓子平主编:《颜李学派文库》(第4册),石家庄:河北教育出版社,2009年版,第1294页。
③ 冯辰、刘调赞:《李恕谷先生年谱》(卷四),载陈山榜、邓子平主编:《颜李学派文库》(第4册),石家庄:河北教育出版社,2009年版,第1295页。
④ 冯辰、刘调赞:《李恕谷先生年谱》(卷五),载陈山榜、邓子平主编:《颜李学派文库》(第4册),石家庄:河北教育出版社,2009年版,第1325页。
⑤ 冯辰、刘调赞:《李恕谷先生年谱》(卷五),载陈山榜、邓子平主编:《颜李学派文库》(第4册),石家庄:河北教育出版社,2009年版,第1328页。
⑥ 冯辰、刘调赞:《李恕谷先生年谱》(卷五),载陈山榜、邓子平主编:《颜李学派文库》(第4册),石家庄:河北教育出版社,2009年版,第1335页。

第五章 独树一帜的颜李学派

颜、李之学告人,人闻多有兴者"①。62岁时,李塨去往江南,"请业问道者无虚日"②。雍正三年(1725),李塨67岁时,收到恽鹤生的信,"南方闻颜李之学而兴起者,有是仲明、章见心、许闻绣、孙子房"③。

但是,颜李学派学术思想传播的状况也不尽然都是好的,其间充满了艰辛、坎坷和阻力,致使影响的实效受阻。在李塨临近耳顺之年时,他就觉得学派在北方的传播遇到了阻力。李塨57岁时,收到了在保定府作幕的恽皋闻的书信:"近有毁先生于予者,予曰:'久不相见,闻流言而不信,古人之交也。况常相见乎?'毁者遂止,然亦见为君子于此时此世之难。"④58岁时,李塨遭遇祸患,又逢恽皋闻南去,发出感慨:"皋闻去,学益孤矣。""目下人日变化,为畎田之勤,为鬼魅,求一共肩圣道者,安有哉?安有哉?计唯有效习斋晚年,独立不惧而已。"⑤所以才对在60岁时收到在关中作幕时遇到的学者陶甄夫所做的《陶甄夫秦关稿序》中所说的局面产生了怀疑:"看《陶甄夫秦关稿序》,内有云:'颜李之学,数十年来,海内之士,靡然从风。'岂南方信道此道者已众乎?"⑥潜台词就是说:"北方都这样了,南方有那么多人吗?"66岁时(1724,雍正二年),李塨通寄诸友一首诗:"南方诸友近如何,瘴雨瘟风此岁多,五夜扪心频自问,可能有道起天和。"⑦特问"南方诸友",一句"瘴雨瘟风"道明了此时北方外部环境的恶劣。李塨69岁时(1727,雍正五年),"三月,南方诸友周昆来、李师柏、程启生各有书来,外有白

---

① 冯辰、刘调赞:《李恕谷先生年谱》(卷五),载陈山榜、邓子平主编:《颜李学派文库》(第4册),石家庄:河北教育出版社,2009年版,第1335页。

② 冯辰、刘调赞:《李恕谷先生年谱》(卷五),载陈山榜、邓子平主编:《颜李学派文库》(第4册),石家庄:河北教育出版社,2009年版,第1348页。

③⑤ 冯辰、刘调赞:《李恕谷先生年谱》(卷五),载陈山榜、邓子平主编:《颜李学派文库》(第4册),石家庄:河北教育出版社,2009年版,第1355页。

④ 冯辰、刘调赞:《李恕谷先生年谱》(卷五),载陈山榜、邓子平主编:《颜李学派文库》(第4册),石家庄:河北教育出版社,2009年版,第1331页。

⑥ 冯辰、刘调赞:《李恕谷先生年谱》(卷五),载陈山榜、邓子平主编:《颜李学派文库》(第4册),石家庄:河北教育出版社,2009年版,第1337页。

⑦ 冯辰、刘调赞:《李恕谷先生年谱》(卷五),载陈山榜、邓子平主编:《颜李学派文库》(第4册),石家庄:河北教育出版社,2009年版,第1353页。

门刘屿山书,言:'大道黮暗于宋,莫有正之者。'"①可见此时在南方传道也很艰难了。

虽然从李塨57岁时,颜李学派的传播开始面临干预或抗阻的局面,但李塨声望不减,他的存在维持着颜李学派的全国地位。56岁时(康熙五十三年),"春,同邑进士王之臣,太仓王相国所取士也,自京来,传相国谕,将荐先生学行于天子,先生具书力辞"②;62岁时,"六月,陕西武举杨兰生来,出蔡瑞寰书,言十四王聘先生,车马在后,使渠先来问讯"③;63岁时,"知十四王又差潘、杨二人来聘,不遇而去"④。直到新帝即位,还有官方来召,65岁时,"朝廷谋聘学行兼优者教皇子,中堂徐蝶园、冢宰张桐城拟征先生。已而又谋聘人修《明史》,二公亦拟征先生"⑤。但这以后,李塨已至暮年,无力传道,69岁写《自省书》曰:"予六十九岁之莫矣,行道无望矣,著述明道,目力已竭矣。"⑥而此时他也没有找到传人。

海内之有学问者,或信或疑,亦率窃窃然谓今世有颜李之学,远宗周孔者也。即来执经下问者,亦不乏其人,然求其凝于心,行于身,实可经济于天下者,鲜见,岂无德之躬,不足以振起之耶?⑦

思枢天愚而固,长举愚而谬,子能愚而欲,求其不愚者,其刘用可乎? 道

---

① 冯辰、刘调赞:《李恕谷先生年谱》(卷五),载陈山榜、邓子平主编:《颜李学派文库》(第4册),石家庄:河北教育出版社,2009年版,第1358页。
② 冯辰、刘调赞:《李恕谷先生年谱》(卷四),载陈山榜、邓子平主编:《颜李学派文库》(第4册),石家庄:河北教育出版社,2009年版,第1296页。
③ 冯辰、刘调赞:《李恕谷先生年谱》(卷五),载陈山榜、邓子平主编:《颜李学派文库》(第4册),石家庄:河北教育出版社,2009年版,第1345页。
④ 冯辰、刘调赞:《李恕谷先生年谱》(卷五),载陈山榜、邓子平主编:《颜李学派文库》(第4册),石家庄:河北教育出版社,2009年版,第1348页。
⑤ 冯辰、刘调赞:《李恕谷先生年谱》(卷五),载陈山榜、邓子平主编:《颜李学派文库》(第4册),石家庄:河北教育出版社,2009年版,第1351页。
⑥ 冯辰、刘调赞:《李恕谷先生年谱》(卷五),载陈山榜、邓子平主编:《颜李学派文库》(第4册),石家庄:河北教育出版社,2009年版,第1359页。
⑦ 冯辰、刘调赞:《李恕谷先生年谱》(卷五),载陈山榜、邓子平主编:《颜李学派文库》(第4册),石家庄:河北教育出版社,2009年版,第1360页。

味深,世缘浅,则庶几矣。①

从李塨42岁到69岁,颜李学派成为全国性学派已27年,虽然从李塨57岁时,局面已开始不好,但北方衰落,南方兴起,这10年间颜李学派可谓依然维持着全国学派的地位。总体来看,颜李学派从成为地方学派,发展至全国学派并维持其地位,最多不过50年。到雍正十一年(1733),李塨去世,颜李学派的灵魂人物已不存在,又没有能够出现杰出的青年才俊承接者,致使学派全国地位迅速丧失。乾隆六年(1741),恽鹤生去世,此时也没有能诞生有力量传播颜李学说的人才,颜李学派很快就近似于湮没无闻了。

二、李塨之后的颜李学派

明末清初,是思想界异常活跃的一个时期。自清入关之后,经历顺治、康熙两个王朝的调整,封建统治日渐稳定。清统治者推崇尊孔崇儒,尤重程朱理学,在康熙晚年,程朱理学的地位达到顶峰。康熙五十一年,朱熹配享孔庙的地位被提升,从东庑先贤之列,升于大成殿十哲之次。自康熙五十二年(1713)以后,刊刻了一大批以程朱理学为代表的儒家经典,并且实行了严厉的文教政策,文字狱迭兴。这种情况在雍正时期(1723—1735)并没有减弱,而乾隆年间(1736—1795)更是三朝中文祸最多、最密的时期。在这种文化专制背景下,颜李学派的传播及作用受阻,开始进入艰难的境地。李塨历经康熙、雍正两朝,在其晚年,颜李学的发展渐渐举步维艰。尤其是志同道合的继承者难以寻觅,导致学派传承青黄不接,使得这一状态更显夕阳衰象,颇有雪上加霜之感。

自此以后百余年间,自乾隆、嘉庆(1736—1820),迄于道光、咸丰(1821—1850),颜李学派的思想、观念及见解在士林及民众间的知晓度困顿不显,荣光不再,甚至鲜为人知。及至同治年间(1862—1874),才有戴望作《颜氏学记》,对颜李学的荣光再现做出了巨大的贡献。戴望曾描述颜李学派的现状:"每举颜

---

① 冯辰、刘调赞:《李恕谷先生年谱》(卷五),载陈山榜、邓子平主编:《颜李学派文库》(第4册),石家庄:河北教育出版社,2009年版,第1365页。

李姓氏,则人无知者……于京师求颜李书,不可得。则使人如博野求之,卒不可得。"①可见颜氏学说在低谷期的一度不振或晦暗失色。

戴望,字子高,浙江德清人,晚清时期著名今文经学家。他生于道光十七年(1837),卒于同治十二年(1873),享年 37 岁。戴望接触颜氏学并完成《颜氏学记》,先后费时多年,最终得以成稿。最初,"望年十四,于敝麓得先五世祖又曾公所藏颜先生书"。该书由李刚主所赠。又从其好友程贞履正处见得其他书籍。但因为不如好友履正对颜李学如此痴迷,"始得颜先生书之岁以迄丁巳,中更习为词赋家言,形声训故校雠之学"。然后又转变学问倾向,"丁巳后得从陈方正、宋大令二先生游,始治西汉儒说"。从这时开始,戴望才产生了整理颜氏学以传后世的想法:

> 由是以窥圣人之微言,七十子之大义,益叹颜先生当旧学久湮,愤然欲追复三代教学成法,比于亲见圣人,何多让焉!故遂欲与履正条其言行及授受原流,传诸将来。

但是由于"不幸更丧乱,向所得书尽毁。履正居父丧以毁卒",资料的缺乏使此计划终不能成。直到1868年,才在偶然情况下得到颜李学派大部分书籍:

> 戊辰春,京师大姓鬻书三十乘于乔氏,乔氏以簿录遗搞叔,按簿而稽之而得焉。因喜过望,携书归,驰传达金陵。望既复全见颜氏书,而李氏书虽颇放失,视旧藏为备。②

恰逢前一年,即丁卯年③,戴望被曾国藩招至南京金陵书局。借逢这种便利条件,隔年,即 1869 年,戴望撰成《颜氏学记》10 卷,并出版印行,从而使颜李学说重见天日。10 卷著作中,前 3 卷论述颜习斋,卷 4 到卷 7 讲李恕谷,卷 8 说王昆绳,卷 9 是程绵庄,卷 10 为颜李弟子录。梁启超曾说:"自子高《学记》出,世始稍

---

①②戴望:《颜氏学记·序》,载陈山榜、邓子平主编:《颜李学派文库》(第 5 册),石家庄:河北教育出版社,2009 年版,第 1579 页。

③1867 年,清同治六年,戴望 30 岁。

稍知有颜李学。"①当代文献学家,华中师范大学教授张舜徽先生也曾评价过戴望的这一行为,认为是一件极有意义的工作:"颜李之学,自为方苞辈所黜,淹晦无闻者垂二百年。望独能收拾遗书读之,抉择精言,以成是记。近世言清学者,始及颜李,皆望表彰之力也。"②而颜李学确实也因此而复现,在晚清时期引起人们关于尊颜和反颜的争论,成为一时之风尚。

《颜氏学记》出版之时,鸦片战争已过去近30年,当时的中国正处于备受侵略的震动之时,羡慕西方列强的坚船利炮,有一些声音倡导为实之学,而颜李学说的重新问世对一些文人而言恰似久旱甘露。不少人认为颜李学说的经世致用与西方的实用主义有不谋而合处。谭献、缪荃孙、陈虬、宋恕、梁启超等思想家或学者对颜李学说大加赞赏也是源于此。谭献在《复堂日记》中曾称赞颜习斋、李刚主:"实践朴学,折衷六艺,为命世之儒也。"缪荃孙在《古学口刊序》中也对颜李学说表示推崇说:"折衷六艺,躬行实践,为名世之英,得用世之道。"并在《国史儒林传·叙录上》认为颜李学:"不且与泰西暗合哉!"而梁启超则明确指出:"他们的学说,和现代詹姆士、杜威等所谓之'唯用主义'十二分相像,不过他们所说早二百多年罢了。"③清末国粹派此时也极为关注颜元的实学,他们搜集颜元及其弟子的著作并加以刊印,还把一些较大篇幅的著作单独编辑成书,"刊为《国粹丛书》,以发扬幽微"④。当然,并不是所有的声音都是对之加以肯定的。如刘师培一开始对此表示赞同,转变政治倾向后就变成否定。还有从始至终都对此表示否定的,如朱一新和程仲威。朱一新认为颜李学说不过标新立异罢了,而程仲威更是对颜元学说加以攻击。无论是赞同也好,反对也罢,我们都能从中看出,他们的观点都受当时的社会形势及个体政治态度所影响,或者说是借此而表达自己的政治态度,不能仅仅归于学术论争。但无论如何,颜李学派也得以从中受人注目,在这种争论之中重又传播开来,渐渐为更多人所知道。

在20世纪20年代初,颜李学派迎来了最为辉煌与显赫的时期,这也是它产

---

① 梁启超:《实践实用主义》,载陈山榜、邓子平主编:《颜李学派文库》(第10册),石家庄:河北教育出版社,2009年版,第3342页。
② 张舜徽:《清人文集别录》,台北:明文书局,1982年版,第560—561页。
③ 梁启超:《饮冰室合集》(第5卷),北京:中华书局,1989年版,第33页。
④《国学保存会第五号报告》,《国粹学报》1906年第15期。

生社会影响最大的一个时期,这要归功于当时自诩"文治总统"的北洋大总统徐世昌。1918年,继袁世凯之后,徐世昌上台,任"中华民国"第二任正式大总统。1918年10月,发表就职通电,说明了关于自己统治期间的考虑:"不在两乱之近功,而在经邦之本计,不仅囿于国家自身之计划,而必具有将来世界之眼光……是必适用民生主义,悉力扩张实业,乃为目前根本之计。"①从中可以看出,徐世昌把发展实业、发展经济视作立国之本,也因此在选择官方主流思想的时候放弃了空虚的程朱理学,而选择了提倡实学的颜李学说。而且,徐世昌本人对于颜李学说十分喜爱。据文献记载,1916年1月28日:"修家谱底稿,阅李恕谷遗著,录其精语。"②为了广泛宣传颜李学说,1919年1月3日,徐世昌颁布大总统令,提高颜元、李塨的地位,将二位入祀孔庙:

先儒颜元、李塨,清初名硕,生平著书立说,本原仁孝,归功实用,深得孔子垂教之旨。……兹据内务部以颜李两儒有功圣学,呈请从祀两庑,位汤斌、顾炎武之次,事关祀典,谊度佥同,应予照行,用昭茂矩。风徽所在,肸蠁攸隆,入德即在彝常,导世先端教化,永资矜式,以示来兹。此令。③

1919年3月21日,徐世昌又与颜元、李塨二位后人会晤。"公服膺颜李之学,尝刊行其丛书以饱后进,又自著《颜李师承记》及《颜李语要》二书以示学者。"④1920年,由他主持牵头,亲信张凤台、李见荃出谋划策,网罗了当时的一大批社会名流,如林纾、赵尔巽、严修等人,成立了四存学会。

四存学会总部在北京,随后还在河南开封、山西太原等地设立了分会。因颜元曾著有《四存编》,即《存性编》《存学编》《存治编》《存人编》,因此该学会命名为"四存",以"阐明颜李学说,习行一贯为宗旨"⑤。不仅仿照漳南书院遗规设四

---

①贺培新辑:《徐世昌年谱》(卷下),载中国社会科学院近代史研究所《近代史资料》编辑部:《近代史资料总70号》,北京:中国社会科学出版社,1988年版,第30—31页。

②贺培新辑:《徐世昌年谱》(卷下),载中国社会科学院近代史研究所《近代史资料》编辑部:《近代史资料总70号》,北京:中国社会科学出版社,1988年版,第23页。

③《晨报》1919年1月5日,第六版。

④贺培新辑:《徐世昌年谱》(卷下),载中国社会科学院近代史研究所《近代史资料》编辑部:《近代史资料总70号》,北京:中国社会科学出版社,1988年版,第35页。

⑤《四存学会简章》第一条,《四存月刊》第三期,1921年6月。

课：文事、武备、经史、艺能，而且《四存学会简章》还规定将不定期举行习礼、习乐、习兵及习农等课程。同时，它严格按照颜元的所作所为来考量入会者，比如要求会员"须重日记，凡学有心得，以及政治学说，均宜择要书录，于每月第一次会期，提出互质，不录者听"①。开设的修身课以颜李二先生的自修旨意作为课本。在其校歌中，更是大肆褒扬颜李二先生："幸博陵，起潜龙，有礼蠡，吾声相应，正德厚生兼利用。万年事，万民计，一堂大定，不可弹忘的颜李先生。"②并为此出版了《四存月刊》，该刊"以推广颜李学说，旁采古今，蕲合实用为宗旨"③。颜李的著作或者是关于颜李之学的论述都刊登在此。该学会的另一个重大贡献是对颜李学派的著作进行了重新整理，共搜寻到42种，出版成《颜李丛书》，这是历史上一次大规模的颜李学派著作文字的结集，是现在研究颜李学派不可或缺的重要资料。总之，可以说，四存学会的创立，标志着颜李学说在近代复兴并达到了最高峰，以后随着四存学会的衰落，颜李学说也又一次复于沉寂，颇有物是人非、沉浮波动的沧桑之叹。

颜李学说民国初年的兴盛是由政治人物极力促成的，所掺杂的政治因素太过浓重，因此不能长久。1922年，由于直奉战争中奉系失败，徐世昌被迫下台。随着徐世昌的卸任，四存学会也走向了下坡路，各项事务逐渐趋于停滞，最终不了了之，从其存在到解散也不过短短三年而已。但是，这并不意味着颜李学说的彻底终结，虽然在这一时期它由于政治因素实现兴盛，但它的文化性和思想性也被更广泛的人所研究和接受，在20世纪二三十年代，出现了对颜元文献整理与研究的另一个高潮，如陈登原的《颜习斋哲学思想述》，金絮如的《颜元与李塨》，甚至是青年毛泽东也对颜李学派表示赞赏，他在《体育之研究》一文中就极力推崇颜元、李塨文武并重的实学实行思想，并断言："古称三达德，智、仁与勇并举。今之教育者，以为可配德智体之三言。"颜李学说虽然时有起伏，但却一直为人所知。

1935年，在国民党的倡导下思想界曾举行了一次大规模的纪念颜元300周

---

① 《四存学会简章》第十九条，《四存月刊》第三期，1921年6月。
② 《四存校友专刊》，《北京八中校友》第三期，1988年9月。
③ 《四存月刊编辑专则》第一条，四存学会章则汇刊。

年诞辰的活动。在此前后,学术界发表了大量的关于颜学思想的论著,虽然其政治意义高于学术意义,但也反映了颜李学说依然在人们的视野之中并未旁落、退却。

1949年10月1日,中华人民共和国成立后,学术界对颜李学的研究不断深入,除了对《四存编》《颜氏学记》进行再版外,还出版了一批具有代表性的著作:1956年杨培之出版《颜习斋和李恕谷》,1957年郭霭春出版《颜习斋学谱》,以及王星贤重新标点的《四存编》,1958年刘公纯出版重新标点的《颜氏学记》等。但是在此之后,颜李学的研究受社会风潮及思想意识形态运动的影响,又跌入到低谷状态。

1978年中国步入改革开放之后,学术思想逐渐开放,日益活跃。颜李学的研究重新开始复苏,逐渐踏入正轨。除了对颜李学的原著进行再版之外,还出现了许多研究性著作,涌现了大量关于颜李学派的论文。1986年10月,河北保定举行了全国首届颜(元)李(塨)学术思想讨论会,对颜李学派的研究进入一个新高潮。

进入20世纪90年代,对于颜李学的研究依然呈现繁荣景象。2000年之后,这种态势依然不减,2004年10月15日至17日,在河北师范大学召开了"颜元教育思想与现代教育改革国际学术研讨会",这次会议收获颇丰。《河北师范大学学报》专门创设了"习斋研究"专栏,向全社会征集关于颜元教育思想研究的文章,又时逢当代颜李学派研究专家陈山榜先生出版了《颜元评传》,在多方面共同的作用与努力下,对颜李学说的研究日渐成为热门课题。

三、颜李学派波动沉浮的缘由分析

颜李学派说自产生之日起,就路途坎坷,波动升降剧烈。学派代表人物及其思想曾在清初时显赫一时,由一个地方学派发展为全国学派。但好景不长,后继者不足,影响力日渐衰落,甚至在乾隆、嘉庆(1736—1820)之后的百年间,鲜为人知。对这一现象,梁启超曾说:"(清初)此诸派者,其研究学问之方法,皆与明儒根本差异。除颜、李一派中绝外,其余皆有传于后。"①陈登原亦称:"其因缘时势,奇木挺秀之颜氏学,则再传以后,非久而斩。"②幸好同治年间(1862—1874)学者戴震做《颜氏学记》,使得颜李学重新为人所知。后在民国初年达到顶峰,类似于显学,在此之后,虽也有震荡,但不若先前那般大起大落。那么,颜李学派说缘何这般波动升降?笔者在此试图寻找一下原因。

明末清初,朝代更迭,社会混乱,当时许多学者深刻剖析明朝败亡原因,深感程朱理学空虚无用,主张经世致用,倡导实学,成为当时思想文化界的新潮流,颜李学说正是在这种环境下产生并不断发展壮大的。但是,自清朝入关,明清政权更迭完成,为了巩固统治,统一的思想意识形态是必不可少的,清朝统治者如前朝一样最终选定了程朱理学作为官方思想,在顺治、康熙年间(1644—1722),朱熹子孙均被诏袭五经博士职。康熙帝在位期间尤为推崇程朱理学。康熙五十一年(1712),康熙帝玄烨下诏提升朱熹的孔庙地位,自1713年开始,陆续刊刻了一大批以程朱理学为代表的儒家经典。在康熙晚年,程朱理学的地位达到了顶峰。到了雍正、乾隆时期(1723—1795),这种推崇并没有减少,乾隆更是将程朱理学看作"入圣之阶梯,求道之途径,不可不讲明而切究之"③。而且,在康熙、雍正、乾隆期间,都实行了比较严厉的文教政策,大兴文字狱,仅此三朝,文字狱次数竟多达160多起。同时推行的科举八股取士,更是将众多知识分子死死钉在那几本经书记诵及制艺时文的训练之中。在这种环境背景之下,颜李学说的发展受到了极大的阻力。康熙四十八年(1709),李塨51岁,应邀到陕西富平做幕僚,西历秦省,52岁时返家。这是李塨一生之中最后一次远距离出游,此后20多年都未有过。善于保存文献的李塨还曾遗失了自己四年的《日谱》(1711—1714),而这四年恰好是程朱理学被确立为官方意识形态的关键时期。这种种都说明了颜李学说确实受挫,李塨自己在58岁时也感叹时事艰难,只能效仿习斋独立不惧。④乾

---

① 梁启超:《清代学术概论》,上海:上海古籍出版社,1998年版,第4页。
② 陈登原:《颜习斋哲学思想述》,载陈山榜、邓子平主编:《颜李学派文库》(第5册),石家庄:河北教育出版社,2009年版,第1648页。
③ 中国人民大学清史研究所编:《清史编年》(第5卷),北京:中国人民大学出版社,1988年版,第102页。
④ 冯辰、刘调赞:《李恕谷先生年谱》(卷五),载陈山榜、邓子平主编:《颜李学派文库》(第4册),石家庄:河北教育出版社,2009年版,第1335页。

隆时期(1736—1795),有其后学程廷祚也因惧怕承担"共诋程朱"的罪名,而不得已改变了治学的态度及旨趣。可见,颜李学派自康熙晚年起已日益艰难,学术大环境的改变已经不适合它的生存。

随着清朝统治的逐渐稳定和统治者的文教导向,以及由明入清的仕人不断逝去,明末清初的经世致用学风也在由浓转淡,考据学便有了兴盛的苗头,到清朝中期,考据学派已在学术界占据了统治地位,如日中天。当时之学术界,已为"胸罗万卷,博极群书"者之天下。[①]何况乾隆帝喜好诗文,因此诗文大兴。但是,颜李学说自产生以来,既反对程朱理学,又对陆王心学有诸多批评,对于名物制度及文字语录的训诂考证,更是十足的厌恶,痛诋蔑视,认为"书之祸天下也久矣"。颜元以纸上功夫为浅薄、空洞无实,认为后世诗文字画是乾坤四蠹。[②]树敌如此之多,更兼之敌手交替兴盛,致使颜李学说的发展空间一直被挤占,只能越缩越小,传播所受阻力之大便可想而知。

一个学派的源远流长需要有优秀的后继者不断将之发扬光大的。对于颜李学派而言,缺乏优秀的后继者是其中一个很重要的原因。颜元对于学术传播有一个态度转变的过程,开始并不热衷,后期才采取积极的行动,广觅人才。对于此道,颜元并不擅长,曾自言:"然为学几二十年,而四方未来多友,吾党未成一材。刚主为学仅一载,而乐就者有人,欲师者有人。"[③]可见李塨对此十分擅长,长袖善舞,广交时人,积极发扬颜李学说。就连颜元的很多弟子都是在对李塨的引导下才心向颜学,如王源。戴望曾有记载:"右颜氏弟子一百八人,私淑二人。""右李氏弟子九十七人。"[④]可见在巅峰时期,颜李学派的弟子数量是十分可观的。但是,在众多弟子中,能真心向学者却为数不多。李塨曾自言:"来执经下问

[①] 陈登原:《颜习斋哲学思想述》,载陈山榜、邓子平主编:《颜李学派文库》(第5册),石家庄:河北教育出版社,2009年版,第1776页。
[②] 李塨:《颜习斋先生年谱》(卷下),载陈山榜、邓子平主编:《颜李学派文库》(第2册),石家庄:河北教育出版社,2009年版,第669页。
[③] 李塨:《颜习斋先生年谱》(卷下),载陈山榜、邓子平主编:《颜李学派文库》(第2册),石家庄:河北教育出版社,2009年版,第657页。
[④] 戴望:《颜李弟子录》,载陈山榜、邓子平主编:《颜李学派文库》(第5册),石家庄:河北教育出版社,2009年版,第1578页。

者,亦不乏其人,然求其凝于心,行于身,实可经济于天下者,鲜见。"①而且颜元遵从先秦墨翟唯苦论,"苟无可苦,便无可乐"。因此,其追随者也都要律身贞苦,后人甚畏,又有几人能坚持下来!梁启超曾评价说:"然元道太刻苦,类墨者,传者卒稀。非久遂中绝。"②因此,潜心向学者所剩无几,陷入了湮没百年的阶段。

任何事物的发展变化不可能只是外部因素在起作用,内部原因占据着关键地位,起着重要的作用。所以,颜李学派影响力的中衰和颜李学说自身存在的缺陷是脱不开关系的。有人评价颜元是一个思想家,却并不是一个学术家。这话是有一定道理的。颜元重实行,轻视书本文字,认为行比知更加重要,甚至存有这样想法:只要知道如何"习行经济",书之"真伪可无问也"。这就使得他的学说偏重经验,而不能形成完整的理论体系。章太炎曾评价颜李学派:"其学在物,物物习之,而概念抽象之用少。"③李塨认识到了这个缺陷,并积极改正。李塨在治学中,开始注重考据实证功夫的融入,希望"取其经义,犹以证我道德经济",使颜李学说的理论基础更加坚实了。他强调"知"的重要性,提出了"知行并进""知在行先""知重于行"等命题。尽管做了这些努力,但仅凭一人之力的颜李学说自然比不上已历经数代仍备受推崇的程朱理学理论思辨性的精致及完备,相比于程朱理学,颜李学说在学理构建或阐发方面始终少了些厚度,更显粗糙。颜李学说的不完整、不成体系,对于其学术的传播也会带来一定的不利,使人不能信服。胡适就曾在《几个反理学的思想家》一文中说:"那些明目张胆反抗理学的人,如北方之颜李,又轻视学问,故末流终带点陋气,不能受南方学术界的信仰。"④

况且,李塨的考据功夫及成果并不能让所有人都感到信服,其所依据的原始经典常常遭到质疑。其友方苞在和他论学时,就对颜李所依靠以立论的《周礼》表示怀疑:"今闻'格物'即格三物,终有疑,奈何?"⑤甚至有时候,连颜李门人自

---

① 冯辰、刘调赞:《李恕谷先生年谱》(卷五),载陈山榜、邓子平主编:《颜李学派文库》(第4册),石家庄:河北教育出版社,2009年版,第1360页。
② 梁启超:《清代学术概论》,上海:上海古籍出版社1998年版,第47页。
③ 章太炎:《章太炎全集》(第3册),北京:人民出版社,1982年版,第151页。
④ 胡适:《胡适文存三集》,北京:北京大学出版社,1998年版,第106页。
⑤ 李塨:《与方灵皋书》,载陈山榜、邓子平主编:《颜李学派文库》(第3册),石家庄:河北教育出版社,2009年版,第740页。

己也会对所依靠的经典产生怀疑。恽鹤生就曾与李塨讨论过《古文尚书》的问题。恽鹤生问："但《古文》辞明显出一手,诚有如宋明所疑,何也?"而李塨却答："(予)尝亦疑之,但万季野有言,读书当论道,不必以辞,以道则古文无一可驳者。"①本来是从古文中寻求理论支撑,但最后却不得不弃文而直发胸意。由此可见,颜李学派的考据是脆弱的,甚至有时候没有办法说服自己,这就更加不能使别人信服了,其观点的可靠性也就大打折扣。

颜李学说还有很多不合时宜之处,所提倡的理论观点的一个很大特点就是借古说今,假借古人说法而提出今日想法,因此不可避免地带有古人痕迹。例如,学礼是颜李学派一门很重要的功课,但所学之"礼"并不是随着社会变迁而越发简单的"礼",而是主张效仿古人,修习"古礼"。这个"古礼"是颜元从古代文献中整理出来的,早已被淘汰,十分晦涩难学。其门人子弟也曾有言:"聚五问礼,苦难行。"②《畿辅丛书》的著者王灏也说:"颜李之学,拘泥古制,窒碍难行。"不只是学礼,颜元一生从未出仕,因此其某些政治思想尤为不合适,完全是照搬古制,而不考虑当时现实情况。颜元提倡西周以井田、分封为特点的"封建"制,其目的是削弱君主权利和封建专制的控制与高压,但这种做法已经被历史证明容易引起国家动荡不安,而郡县制为基础的大一统封建社会的建立却符合古代历史的进程趋势。又如,在选拔人才方面,提倡汉朝的乡举里选,认为由民众选举出来的人才能够真正为众人服务,但是历史已经证明了,这种选拔人才的方式在封建制度中最后会沦为门阀士族的工具,其中的察举制或九品中正制都是反面的例证。虽然科举制度也有其弊端,但在当时的情况下,还是科举制度更能令学子感到公平。由此种种可知,颜李学派虽然整体或更多观点主张是很具有先进意义,尤其是表现在教育思想方面的学说是值得学习与采纳的,但是还是有一些亟待改正的观点。这些缺陷的明显存在也阻碍了颜李学派的进一步生长及作用力发挥。

总之,就是在上述种种不同方向或质性力量因素的作用下,颜李学说自乾、嘉以来就日渐晦暗,随后百年更是湮没孤寂,少有人知晓。直到同治年间(1862—

---

① 李塨:《论古文尚书》,载陈山榜、邓子平主编:《颜李学派文库》(第3册),石家庄:河北教育出版社,2009年版,第797页。

② 冯辰、刘调赞:《李恕谷先生年谱》(卷三),载陈山榜、邓子平主编:《颜李学派文库》(第4册),石家庄:河北教育出版社,2009年版,第1292页。

1874)戴望撰成《颜氏学记》10卷,才渐渐为人所知。在20世纪20年代,颜李学派再次迎来了发展的最高峰,其具体情形表现上文已述,此处不再重复。这种类似于"山重水复疑无路,柳暗花明又一村"转折出现的原因,大致可以从以下几方面加以分析。

其一,清朝末年,西方列强来袭,国家动荡不安,陷于风雨飘摇之中。时人纷纷有感于西方船坚炮利,主张学习西方来挽救国家于危难之中。恰好颜李学派正标榜"经世致用"的实学,这在时人看来,与西学有相契合处,不少人将此看作是"救今日之弊,挽一代风气"的有效手段。而且,颜李学说标榜孔孟,是时人能够接受的儒家正统学说,这样接受起来心理上更加没有负担。

其二,导致颜李学派能够达到顶峰的一个最重要的原因是政治因素。1918年,徐世昌就任"中华民国"第二任大总统,大力提倡颜李学派,将颜元、李塨二人入祀孔庙,提高其思想家地位;主持创办四存学会,发行《四存月刊》;搜集整理颜李学派的著作,出版成《颜李丛书》;还组织筹建了四存中学。颜李学说也一跃而成"显学",被广泛传播。这一时期是颜李学派自产生以来最辉煌、最灿烂的时期,这大部分得力于强有力的政治支持,即使这种政治支持并不长久。其后,颜李学派的命运随着徐世昌总统任职结束,他本人下台而地位下降,传播的力度有所示微,但却也仍然风生水起,更不至于湮没无闻。

其三,颜李学派在近代社会背景下命运的上升,离不开来自学术界的支持。当时的不少文人学者对颜李学说大加赞赏,认为颜李学说所提倡的讲求实用、注重实践、崇尚艺能、习行经济、富国裕民的思想与西学有相通之处,他们期冀着颜李学派能够挽救民族于危难之中。同治年间(1862—1874)著名学者谭献赞赏颜李学说的经世致用性,称誉颜元为"命世之儒";光绪年间(1875—1908)清史馆总纂缪荃荪认为颜学与西学暗合;维新志士宋恕认为要实现大同,颜氏之学可以用,并认为近代西方教育学科与颜学相吻合:"然观其学校之制,于颜先生之意为近。"刘师培早期十分推崇颜李之学说,认为其默契西法,所提倡的"水火工虞学"就是西方的自然科学,而梁启超则直接把颜李学派与西方杜威的实用主义教育哲学相比较,认为本质相同,精神吻合,只不过颜李学说较之杜威氏实用主义派早一二百年罢了。除这些学者外,如上文所述,还有章太炎、胡适、钱玄同等许多学者也都十分赞同颜李学说。他们不仅发表自己对颜李学说的看法,还对颜李学说的著作进行了整理和刊刻,在20世纪二三十年代,出现了对颜元文献整理与研究的一个高潮,这就使得颜李学说的流传能够更加持久与广泛。

1949年,新中国成立之后,作为一种学术研究内容,颜李学派的研究步入正轨,对其的探讨及流播平缓地推进着,不时出现高潮。当然,此期颜李学派作为一种在历史中存在,且在教育与哲学领域占据重要地位的思想流派,对其进行研究的学术意义大于其他意义,推动其发展的主要力量也是来自学术界,尤其是教育界的学者。

第六章

颜李学派教育思想的现代性

明末清初，朝代更迭，社会混乱，又处于资本主义经济萌芽的时期，时人深感程朱理学空虚无用，主张经世致用，倡导实学，迎来了传统中国实学发展的鼎盛时期，颜李学派正是在这种环境下崛起于北方，在短短数十年间，传播至大江南北，被称为"北方之强者"。颜元是颜李学派的创始人，其高足李塨在颜李学派的发扬光大方面则居功至伟，故其学派取二者之姓氏，称为"颜李学派"。颜李学说自产生之日起，便标榜实学，贯彻实学之彻底，反对虚学之激烈，前所未有，被正统理学家称为"霸道"之学。颜李学派是一个涉及社会各个领域的、广泛的文化思想流派，包括哲学、政治、经济、军事、教育等多个方面，但由于其以私家讲学为安身立命、处事之要的特点，故对教育思想的研究最为精深和出彩。颜李学派的教育思想不同于当时居于学术主流地位的程、朱、陆、王，无论是教育理念、目的、内容还是管理与方法都具有新的内涵，令人钦佩。

第六章 颜李学派教育思想的现代性

第一节 颜李学派教育思想的现代性

颜李学派教育思想虽然产生于封建社会晚期,但是,在其产生发展的过程中,融入了符合历史社会发展潮流的新因素。颜李学派教育思想不仅本身批判传统教育并着力对其进行改革,而且时代的发展走向也已经证明了其价值。对其教育现代性的探究是对其价值的肯定与实际应用的前提。

一、现代性

关于于现代性的出现时间,本书倾向于认为其发端于文艺复兴时期,这是因为文艺复兴时期出现的社会、文化等方面的种种变革标志着西方真正意义上的现代社会的开始,正如法国学者弗朗索瓦·夏特莱所言:"把它(即文艺复兴时期——笔者注)叫作现代性的'出现'或'露头'也许更确切。"[1]直至现在,我们依然处于现代社会之中,现代性仍然在不断发展而没有结束,这是一个在不断生成的概念。

那现代性是什么呢?关于其界定众多学者见仁见智,一直没有定论。尤西林教授认为"现代性指现代(含现代化的过程与结果)条件下人的精神心态与性格气质,或者说文化心理及其结构"[2];学者薛萍认为"现代性是现代社会与现代人的主导性价值理念,是内蕴于现代化过程的历史特质和时代精神,是现代社会的精神文化内涵"[3];李佑新教授认为"现代性是现代社会整体结构的性质和特征"[4];

---

[1] 吴全华:《教育现代性的合理性研究》,华南师范大学2005年博士研究生学位论文,第4页。
[2] 尤西林:《人文精神与现代性》,西安:陕西人民出版社,2006年版,第14—15页。
[3] 薛萍:《全球化背景下的中国现代性》,长春:吉林大学出版社,2013年版,第10页。
[4] 李佑新:《走出现代性道德困境》,北京:人民出版社,2006年版,第2页。

陈宝教授认为"现代社会的本质特征就是现代性"①。综合以上界定，笔者认为现代性是现代社会的精神气质和特征，前者是抽象概括，后者是具体描述。其核心精神为"理性"和"人道主义"，具化为科学、法制、平等、民主等价值观念。

虽然现代性是一个产生于西方社会的概念，但它符合现代社会的深层需求，而世界各国又不可抗拒地在向现代社会前进，所以它逐渐对整个世界产生影响，成为全世界衡量自身社会状况的标准。

二、颜李学派教育思想的现代性本质

颜李学派教育思想现代性是颜李学派实学思想的核心，具有十分丰富的内涵，既有关于教育的整体设想，比如教育与政治、经济的关系、教育的功能与意义，又有关于教育各条目的具体安排。其教育思想从整体上体现出批判性、功利性、实用性和启蒙性四个主要特点。

（一）批判性

明末清初实学思潮的产生是由批判宋明理学而开始的，颜元本人学术历程由陆王转程朱，最后由程朱转实学，是在对前者进行批判的基础上找到自身学术方向并进行建设的，其弟子们承袭颜元，也都对宋明理学持坚定的批判态度，这是颜李学派一大学术特色，这一点其在教育思想方面也体现得淋漓尽致。

颜李学派批判宋明理学造就出的人才无用，既不能谋生，"白面书生微独无经天纬地之略，礼、乐、兵、农之才，率柔脆如妇人女子，求一腹豪爽倜傥之气亦无之"②，又不能护卫山河社稷，于国家无益，"朝无政事，野无善俗，生民沦丧"③，

---

①陈宝：《资本·现代性·人——马克思资本理论的哲学意蕴及其当代意义》，合肥：安徽人民出版社，2007年版，第135页。

②颜元：《泣血集序》，载陈山榜、邓子平主编：《颜李学派文库》（第2册），石家庄：河北教育出版社，2009年版，第345页。

③颜元：《阅张氏王学质疑评》，载陈山榜、邓子平主编：《颜李学派文库》（第2册），石家庄：河北教育出版社，2009年版，第425页。

只能"无事袖手谈心性,临危一死报君王"①,实在是可悲。而之所以如此,是因为宋儒提倡的"静坐"与"读书",朱熹曾对人说:"人若逐日无事,有现成饭吃,半日静坐,半日读书,如此一二年,何患不进。"②颜李学派诸人对此极为反对,颜元认为这是当了半天和尚,当了半天汉儒,李塨则反问"为学之功,是在何时",并指明"孔孟以前,未闻有此事,未闻有此言也"③。

颜李学派诸人还分析了这两种教育方法的弊端。"静坐"近禅,是佛家的修行方式,这样培养出来的人会倾向于佛门的虚妄,与儒家所要求的"修身齐家治国平天下"背道而驰。而且,"静坐"耗费时间,消磨心智,容易使人萎靡不振,精神涣散,长期静坐不利于身体健康,这是造成宋明学者孱弱如女子的重要原因。而对于读书,李塨曾说:"纸上之阅历多则世事之阅历少,笔墨之精神多则经济之精神少,宋、明之亡,此物之志也。"④在他们看来,读书太多会挤占实践的时间和精力,造成理论与实践脱节,并且会使人迷惑,"读书愈读愈惑,审事机愈无识,办经济愈无力"⑤;颜元还指出读太多书对身体不好,会损伤眼力。但是,他们并不是倡导不读书,李塨说:"非教人废读书也,但专以读书为学则不可耳。"⑥颜元认为:"使为学为教,用力于讲读者一二,加功于习行者八九,则生民幸甚,吾道幸甚!"⑦

---

① 颜元:《学辨一》,载陈山榜、邓子平主编:《颜李学派文库》(第1册),石家庄:河北教育出版社,2009年版,第51页。
② 黎靖德编:《朱子语类》(第116卷),北京:中华书局,1986年版,第2806页。
③ 李塨:《论学》(卷一),载陈山榜、邓子平主编:《颜李学派文库》(第3册),石家庄:河北教育出版社,2009年版,第1015页。
④ 戴望:《恕谷四》,载陈山榜、邓子平主编:《颜李学派文库》(第5册),石家庄:河北教育出版社,2009年版,第1520页。
⑤ 颜元:《训门人类》,载陈山榜、邓子平主编:《颜李学派文库》(第1册),石家庄:河北教育出版社,2009年版,第223页。
⑥ 李塨:《论学》(卷二),载陈山榜、邓子平主编:《颜李学派文库》(第3册),石家庄:河北教育出版社,2009年版,第1024页。
⑦ 颜元:《总论诸儒讲学》,载陈山榜、邓子平主编:《颜李学派文库》(第1册),石家庄:河北教育出版社,2009年版,第42页。

（二）功利性

儒家自古以来重义轻利，而颜元则对利表示了肯定："世有耕种而不谋收获者乎？世有荷网持钩而不计得鱼者乎？"①以此做比喻表明颜元认为对利的追求是十分合理正常的行为，由此他提出了自己的义利观，主张义利兼重，道功并收，"义中之利，君子所贵也。后儒乃云'正其谊，不谋其利'，过矣！宋人喜道之，以文其空疏无用之学。予尝矫其偏，改云'正其谊以谋其利，明其道而计其功'"②。李塨在赞成其师义利观的基础上，并对其进行了考据，认为是"班史误易'急'为'计'"③。颜元还认为对利的合理追求会增加行事的积极性，"盖'正谊'便谋利，'明道'便计功，是欲速，是助长"④。

基于这样的义利观，颜李学派提倡事功教育，他们重视教育所能发挥的实际作用，主张谋道也谋食，正所谓"学求有用"⑤，他们认为教育既要能使人经世济民，又要能使人得以安身立命，"孔门六艺，进可以获禄，退可以食力……故耕者犹有馁，学也必无饥，夫子申结不忧贫，以道信之也"⑥。故而颜李学派特别重视人的有用性的培养，王源在未师事颜元以前便"独从事于经济文章，期有用于世"⑦，在这之后更是"绝去空虚文字之习，合体用、经权、文武为明亲一致之功"⑧，李塨则进一步解释了用的重要性，"学非所用，用非所学，天下所以寡成才，朝廷所以多废事也"⑨。

---

①④⑥钟䥃：《教及门第十四》，载陈山榜、邓子平主编：《颜李学派文库》（第2册），石家庄：河北教育出版社，2009年版，第570页。

②颜元：《四书》，载陈山榜、邓子平主编：《颜李学派文库》（第1册），石家庄：河北教育出版社，2009年版，第151页。

③《国家清史编纂委员会·文献书刊：李塨集》，北京：人民出版社，2014年版，第694页。

⑤冯辰、刘调赞：《李恕谷先生年谱》（卷五），载陈山榜、邓子平主编：《颜李学派文库》（第4册），石家庄：河北教育出版社，2009年版，第1341页。

⑦戴望：《颜氏学记》（卷八），载陈山榜、邓子平主编：《颜李学派文库》（第5册），石家庄：河北教育出版社，2009年版，第1542页。

⑧戴望：《颜氏学记》（卷八），载陈山榜、邓子平主编：《颜李学派文库》（第5册），石家庄：河北教育出版社，2009年版，第1545页。

⑨李塨：《廖忘编》，载陈山榜、邓子平主编：《颜李学派文库》（第4册），石家庄：河北教育出版社，2009年版，第1091页。

（三）实用性

颜李学派以坚定的实学理念立足，教育思想体系更是以实用性为其根本特征，倡导"实文、实行、实体、实用"的教育。基于对人的有用性的重视，颜元主张培养"实才实德之士"，认为这样的人才具有高尚的道德，才能够具有经世济民的素养。他认为："令天下之学校皆实才实德之士，则他日列之朝廷者皆经济臣……令天下之学校皆无才无德之士，则他日列之朝廷者皆庸碌臣。"①

颜元所提倡的教育内容同样以实用为主，他摒弃了程朱理学而直接周孔，主张学习尧舜六府三事之学、周公三物和孔门四教，"而于六艺尤致意焉"②。李塨具体解释了"六艺"的意义："今取六艺，但要其实用耳。"③"古制虽渐湮灭，而朝野居民不能无礼，祭祀朝会以及民间弄鼓吹不能无乐，军旅之事唯射御，刑名钱谷必赖书数，则古学非古也，乃今日之急务也。"④此外，李塨也表示"兵、农、礼、乐、射、御、书、数、水、火、工、虞之事，皆可学也"⑤，可见，颜李学派所倡导的实学内容有着比以往教育更为宽广的内涵，除人文知识以外，他们也重视农业、军事、自然科学等方面的知识。

既以实用科目为教学之要，所以在教育方法上他们倡导"习行"的教学法，重视实践。颜元认为"读书无他道，只需在'行'字著力"⑥，无论哪种科目，只有真正去做，才能掌握它，"习礼则周旋跪拜，习乐则文舞、武舞，习御则挽强、把辔"⑦。

---

① 颜元：《送王允德教谕清苑序》，载陈山榜、邓子平主编：《颜李学派文库》（第2册），石家庄：河北教育出版社，2009年版，第349页。

② 颜元：《大学辨业序》，载陈山榜、邓子平主编：《颜李学派文库》（第2册），石家庄：河北教育出版社，2009年版，第343页。

③ 李塨：《论学》（卷一），载陈山榜、邓子平主编：《颜李学派文库》（第3册），石家庄：河北教育出版社，2009年版，第1017页。

④ 国家清史编纂委员会：《李塨集》，北京：人民出版社，2014年版，第979页。

⑤ 国家清史编纂委员会：《李塨集》，北京：人民出版社，2014年版，第960页。

⑥ 《颜习斋先生言行录》（卷上），载陈山榜、邓子平主编：《颜李学派文库》（第2册），石家庄：河北教育出版社，2009年版，第528页。

⑦ 钟錂：《吾辈第八》，载陈山榜、邓子平主编：《颜李学派文库》（第2册），石家庄：河北教育出版社，2009年版，第550页。

（四）启蒙性

颜李学派教育思想产生于封建社会中，清朝作为最后一个封建王朝，在文化方面显得更加固执，它坚守旧的理学教育传统，实行残酷的专制主义，这也反映了此时传统教育生命力的丧失。而颜李学派的教育思想正是在这种情况下产生的，它突破了时代的束缚和政治的压抑，大胆地反对宋明理学教育，打破了当时的传统与常规，对传统教育进行了全面深刻的改革，对教育目标、内容、方法、作用诸多方面赋予了具有生命力的新解释，震惊于世，是一次对新教育的积极探索。

颜李学派的教育思想关注民生与国家发展，兼顾人文与实用，它的提出与商品经济发展、资本主义经济的萌芽紧密相关，符合社会中新出现因素的要求，与历史的趋势走向具有一致性。它所提倡的实用、民主精神和具体内容与中西方近现代教育具有契合性，民国时期对于实学的强烈号召使得学术界重新重视它的价值，将它与杜威的相提并论更证明了颜李学派的远见与超前。

虽然是为了封建王朝服务而提出的教育理念，但是颜李学派教育思想明显具有的启蒙性，使它与当时的社会状况和要求并不相符，因而不受欢迎，以致埋没，但却为后世留下了宝贵的遗产。有的学者认为，应该将其看作中国教育的转折点，由此也可看出它的启蒙性意义与价值。

第六章　颜李学派教育思想的现代性

第二节　颜李学派教育目标与内容的现代性

颜李学派对于教育的整体认识与现代教育理论的主张有许多相契合之处，具有现代性的特征。如王源从国家的角度来论述，认为教育以人伦礼乐化万民，是立国必不可少的重要组成部分。颜元详细地论述了学校、人才、政事三者之间的关系：学校培养人才，而这些人才则是国家的统治阶层，他们的优与劣直接影响着国家政事的成与败，可见教育对于政治有着极为重要的影响，应该予以重视。"昔人言本原之地在朝廷，吾则以为本原之地在学校。朝廷，政事之本也；学校，人才之本也。无人才则无政事矣。"①李塨对此也十分赞同："经济首在复学校、选举，以有人材乃有政事也。"②颜元还看到了教育与经济之间的辩证关系："教以济养，养以行教，教者养也，养者教也。"③意思是说教育可以促进经济发展，提高广大人民的经济生活水平，反过来，人们经济生活水平的提高也会促进教育的发展。颜元这一经济思想的提出与当时资本主义的萌芽不无关系，可以说是受其影响而提出的与之相适应的观点。以往通常将教育视为国家进行统治的一种手段，是政治的附庸，而颜李学派诸人将教育视为社会发展的一部分，注意到它与社会其他部分之间的沟通与联系，赋予了它正确的位置与作用。

现代社会对于教育十分重视，各个国家都在大力发展教育，将其视作国家发展与进步的必要之途。我国也提出了人才强国的战略，强调"人才兴国"，即以人才为本，推动国家的复兴。这与颜李学派所倡导的"无人才则无政事"惊人的一致，虽然二者对于人才内涵的具体理解有所出入，但这是所处时代国家社会实

---

① 颜元：《送王允德教谕清苑序》，载陈山榜、邓子平主编：《颜李学派文库》（第2册），石家庄：河北教育出版社，2009年版，第349页。
② 冯辰、刘调赞：《李恕谷先生年谱》（卷三），载陈山榜、邓子平主编：《颜李学派文库》（第4册），石家庄：河北教育出版社，2009年版，第1274页。
③ 颜元：《井田》，载陈山榜、邓子平主编：《颜李学派文库》（第1册），石家庄：河北教育出版社，2009年版，第97页。

际情况所赋予的,对此要辩证地看待。

现代教育具有众多功能,尤其重视教育发展人自身的功能和教育的经济功能,注重人自身的发展是现代教育的应有之义,教育其他功能的实现要以此为前提与依据。但在古代对这一点的关注度并不高,重心在教育的政治功能,而颜李学派则关注人的生存,主张教育要满足人的生存需求,认识到教育对于人自身发展完善的重要意义。颜李学派还提出了具体的教育目标、教育内容、教育管理与方法,其中诸多地方都体现着现代教育的精神与特点。本节重在论述其目标与内容的现代性,下节则述及其管理与方法的现代性。

一、教育目标的现代性

颜李学派考虑到国家需求和个人发展状况而提出的教育目标,具有明显的层次性,避免了单一目标所造成的生硬与压抑。

(一)教育目标的设计

颜元主张培养圣人,"学者,学为圣人也"[①],是儒家学派一以贯之的目的。但是,颜元所说"圣人"的内涵与以往不同,"人必能斡旋乾坤,利济苍生,方是圣贤。不然,岁矫语性天,真见定静,终是释迦、庄周也"[②],可见他要培养的是能够经世济民的"实才实德之士",而不是只会静坐读书的无用之人。在颜元看来,"实才实德之士"又可以分为两类,即通儒与专才。李塨也说:"唯六艺尽人宜习之,但有专精、兼通之分耳。"[③]

1. 颜李学派的教育目标——通儒与专才

李塨在教育对象这个问题上,认为人人皆可以接受教育,"不可教者则已,

---

① 钟錂:《学须第十三》,载陈山榜、邓子平主编:《颜李学派文库》(第2册),石家庄:河北教育出版社,2009年版,第569页。
② 钟錂:《教及门第十四》,载陈山榜、邓子平主编:《颜李学派文库》(第2册),石家庄:河北教育出版社,2009年版,第572页。
③ 李塨:《论学》(卷二),载陈山榜、邓子平主编:《颜李学派文库》(第3册),石家庄:河北教育出版社,2009年版,第1023页。

苟有以教之,则人皆可造,因材而成,不必论其世类之贵贱,种类之贤愚也"①。颜元遵循孟子的性善论,论证了人人皆可以做圣人:"父母生成我此身,原与圣人之体同;天地赋予我此心,原与圣人之性同。"②由此说明了通儒与专才都是可以实现的,"人须知圣人是我做得。不能作圣,不敢作圣,皆无志也"。③

所谓通儒,是指"上下粗精皆尽力求全"之才,品德高尚,学识广博,能够承担国家大事。颜元主张培养这样的人:"以六德、六行、六艺且兵农、钱谷、水火、工虞之类教其门人,成就数十百通儒。朝廷大政天下所不能办,吾门人皆办之;险重繁难天下所不敢任,吾门人皆任之。"④通过培养这样的通儒,其既可为将相,统揽大局,也可在某些专业领域做出成绩,使得国治邦兴,人民得福。

但是另一方面,颜元也很清楚,虽然人人都可能成为圣人,人人都可以成为通儒,然而实际上考虑到人的现实情况、兴趣意愿和社会的实际需求等诸多因素,并不是人人都能达到这个程度,"且学乃随人随分可尽"⑤,所以他主张同时也要进行专业人才的培养:

全体者为体之圣贤,偏胜者为偏至之圣贤。⑥

如六艺不能兼,终身止精一艺可也;如一艺不能全,数人共学一艺,如习礼者某冠昏,某丧祭,某宗庙,某会同,亦可也。⑦

---

①国家清史编纂委员会:《李塨集》,北京:人民出版社,2014年版,第849页。
②③钟錂:《学须第十三》,载陈山榜、邓子平主编:《颜李学派文库》(第2册),石家庄:河北教育出版社,2009年版,第568页。
④颜元:《由道》,载陈山榜、邓子平主编:《颜李学派文库》(第1册),石家庄:河北教育出版社,2009年版,第41页。
⑤钟錂:《刁过之第十九》,载陈山榜、邓子平主编:《颜李学派文库》(第2册),石家庄:河北教育出版社,2009年版,第587页。
⑥颜元:《性图》,载陈山榜、邓子平主编:《颜李学派文库》(第1册),石家庄:河北教育出版社,2009年版,第31页。
⑦颜元:《学辨二》,载陈山榜、邓子平主编:《颜李学派文库》(第1册),石家庄:河北教育出版社,2009年版,第54页。

至于如何成为通儒与专才,颜元认为只有用功这一方法,即"圣人亦人也,其口鼻耳目与人同,唯能立志用功,则与人异耳"。这也是圣人与庸人的区别:圣人是肯做功夫的庸人,庸人是不肯做功夫的圣人。①

2.符合人全面发展的要求

马克思提出人的全面发展理论具体包含三层含义:首先,人的全面发展是指人的劳动能力的全面发展;其次,人的全面发展是指人的体力和智力的全面发展;最后,人的全面发展是指人先天和后天的各种志趣、才能、审美能力和道德的充分发展,即人个性的自由发展。我国自新中国成立以来各个时期教育目的的确立都是建立在马克思关于人的全面发展学说的基础之上的,所出台的教育目的都要求受教育者在德育、智育、体育、美育、劳动技术教育等方面实现全面发展。

我国制定的全面发展的教育目的是对马克思学说的科学理解,一方面要求人的发展在基本范畴的完整性,使德、智、体、美、劳这些人的基本素养实现充分发展,至少达到社会普遍标准;另一方面,在基本素质发展的基础上,实现个人充分自由的发展,即鉴于人所具有的差异性,根据个人能力、环境等诸多情况的不同,着重发展其自身擅长的部分,实现人的特长和个性化发展。这种全面发展是人的基本素质的充分发展和个性发展的结合。

颜李学派提倡的通儒与专才的教育目标符合人全面发展的精神实质。通儒不仅是人基本素质的全面发展,更包括特长的广泛掌握,是最高层次的全面发展和对人的最高要求,而专才则是在基本素质发展的基础上掌握单一的特长,个体特点表现比较明显。这两种人才在现代社会也是被广泛需求的。

(二)教育目标的价值取向

教育目标作为一种意识表现形式,带有很大的主观性。对教育目标的不同主张体现了人们对教育持有的不同价值观。

---

①钟錂:《齐家第三》,载陈山榜、邓子平主编:《颜李学派文库》(第2册),石家庄:河北教育出版社,2009年版,第532页。

1.颜李学派教育目标的价值取向

在我国古代,教育基本分为两种:学校教育与社会教育,前者根据国家的需求为国家培养统治人才,后者则是按照国家的要求教化万民,使人民服从统治。这两种教育形式都是从国家的角度出发,按照国家的意愿来安排教育,教育最终也为国家服务。清朝是我国封建社会最后一个王朝,也是封建专制最为严厉的一个朝代,颜李学派产生于清初,自然受国家意识和政策的影响,其成员作为传统的学者,自然也有治国、平天下的理想,因而教育目的的制定必然会带有为国家服务的浓重色彩。颜李学派诸人强调"无人才则无政事",在强调人才重要性的同时,也突出了所培养的人才是要为国家服务的指向性,而他们如此坚定地反对程朱理学也是由于其所培养的人才空虚无用。因而他们主张培养实用人才,"居以养德,出以辅政,朝廷以取士,百官以养职"①,实现国家富强。颜元在临终前还在嘱咐弟子:"天下事尚可为,汝等当积学待用。"②

颜李学派诸人基本出身下层,遭遇过民间疾苦。颜元弱冠之年遭遇家变,而后承担起养家职责,过着贫寒艰难的生活,种地、行医、教书,终身不辍。李塨也是如此,家贫不得已身兼多职以求生存。他们作为劳苦大众中的一员,对于其生活的艰难有过切身的感受,更关注人民的生存,李塨对此曾有描述:

先生自幼而壮,孤苦备尝,只身几无栖泊;而心血屏营,则无一刻不流注民物,每酒阑灯炮,抵掌天下事,辄浩歌泣下。一日,与塨语,胞与淋漓,塨不觉亦堕泪。先生跃起曰:"此仁心也,吾道可传矣!"③

因而,他们的教育思想中也体现着对于"民命"的关注,一方面他们希望通过教育促进人自身的发展,培养其生存的能力,李塨说:"今以时文取士,修道考艺,与禄无涉,苟不学农习事,勤俭立家,势必缘门持体,枉道坏品矣。故许衡曰:

---

① 颜元:《删补三字书序》,载陈山榜、邓子平主编:《颜李学派文库》(第2册),石家庄:河北教育出版社,2009年版,第347页。
② 李塨:《颜习斋先生年谱》(卷下),载陈山榜、邓子平主编:《颜李学派文库》(第2册),石家庄:河北教育出版社,2009年版,第694页。
③ 颜元:《存治编》,载陈山榜、邓子平主编:《颜李学派文库》(第1册),石家庄:河北教育出版社,2009年版,第95页。

'学莫先于治生。'此古今之判也。"①颜元认为六艺之学可以谋生:"今世之儒,非兼农圃,则必风鉴、医、卜,否则无以为生。……若古之谋道者,自有礼、乐、射、御、书、数等业,可以了生。观孔子委吏,《简兮》《硕人》,王良掌乘可见。"②另一方面则是针对全体人民而言,希望教育能够改变并提供其生活的能力,也是因为如此,颜元才提出了教育与经济互相促进的命题,对于学成的人才也要求其"为生民造命"③。

2.社会本位与个人本位的兼顾

在教育史上关于教育目标的争论可以分为"个人本位论"和"社会本位论"之争。"个人本位论"盛行于18世纪和19世纪上半叶的资本主义世界,代表人物有法国哲学家卢梭、瑞士教育家裴斯泰洛奇和德国教育家福禄培尔。其具体内涵包括:教育目的的根本在于使人的本能、本性得到自然发展;重视人的价值、个性发展及需要;个人的价值高于社会价值,社会只有在有助于个人发展时才具有价值,教育的价值应当以其对个人发展所起的作用来衡量。这种理论重视教育的个人价值,强调教育目的从个人出发和满足个人的需要,是具有一定合理性的,尤其在反对神性和封建主义的压迫,解放和尊重人性,使教育回归人间等方面具有历史进步意义。但是,它强调脱离社会来单独思考人类,无视个人发展的社会需要和社会条件,这是片面的、错误的。

"社会本位论"产生于19世纪下半叶,代表人物有法国社会学家涂尔干,德国教育家凯兴斯泰纳、纳托普。其具体内涵包括:教育目的应该从社会需要出发,根据社会需要来制定,而不是从人的本位出发;个人作为教育加工的原料,其发展必须服从社会需要;教育目的在于使受教育者社会化,把受教育者培养成符合社会准则的公民,保证社会生活的稳定与延续;社会价值高于个人价值,个人的存在和发展依赖并从属于社会,评价教育的价值只能以其对社会的效益来衡量。这种理论重视教育的社会价值,强调教育目的对社会需要的满足,具有一定的合理性,但是它忽略了人作为个体的独立性,过分强调人对社会的依赖,

---

① 国家清史编纂委员会:《李塨集》,北京:人民出版社,2014年版,第848页。
② 钟錂:《学问第二十》,载陈山榜、邓子平主编:《颜李学派文库》(第2册),石家庄:河北教育出版社,2009年版,第592页。
③ 颜元:《寄桐乡钱生晓城》,载陈山榜、邓子平主编:《颜李学派文库》(第2册),石家庄:河北教育出版社,2009年版,第379页。

将人视为社会工具,势必造成对人发展的严重束缚与压抑,这是不正确的。

此二者之间的争论持续了许多年,随着时间的前进,人类对教育的认识也逐渐加深了。教育是培养人的活动,要考虑人的状况,满足人的需要,但人的生存、发展又离不开社会,教育必须使人具有满足社会的能力才能使人立足于社会,即个人的发展是社会发展的必要条件和动力,社会发展是个人发展的条件和保障,二者的结合才会取得最大的效果。

我们在论述颜李学派教育目标的价值取向时可以发现,他们也是兼顾社会需求和个人需求的,其倡导的促进个人生存能力的发展有益于社会的进步,而提倡的人的发展要满足社会的需求,也使得培养的人才有用武之地。虽然与我国现代教育目标的具体内涵会有所出入,但二者在确定教育目的时都充分考虑了社会现实及发展需要、人的身心发展和需要之间的统筹,这种指导思想是一致的。

二、教育内容的现代性

颜李学派对于教育内容的设置与安排最能体现其教育思想的价值,全面又实用。在实施时,也与以往传统教育具有显著不同的特点。

(一)教育内容的全面性

颜李学派为了满足实现人的全面发展的教育目标,在教育内容的设置上自然要具有全面性。具体而言,其体现在以下几个方面。

1.注重"六艺"教育

颜元反对虚学,倡导实学,在教育内容上主张学习尧舜"六府""三事"之学,周公"三物"和孔门"四教":"三事、六府,尧、舜之道也;六德、六行、六艺,周、孔之学也。古者师以是教,弟子以是学。"[1]

---

[1] 颜元:《删补三字书序》,载陈山榜、邓子平主编:《颜李学派文库》(第2册),石家庄:河北教育出版社,2009年版,第347页。

《尚书·大禹谟》中说六府即金、木、水、火、土、谷,三事即正德、利用、厚生,南宋蔡沈在《书经集传》中解释"三事"为:正德者,父慈子孝、兄友弟恭、夫义妇听,所以正民之德也。利用者,工作什器、商通货财之类,所以利民之用也。厚生者,衣帛食肉、不饥不寒之类,所以厚民之生也。可见,"六府""三事"既涉及道德的内容,又有国计民生的实事。颜元认为:"六府亦三事之目,其实三事而已。"①即"六府"是"三事"的条目,是为了达到"三事"的具体做法。所谓"三物",语出《周礼·大司徒》:"以乡三物教万民而宾兴之,一曰六德,知、仁、圣、义、忠、和;二曰六行,孝、友、睦、姻、任、恤;三曰六艺,礼、乐、射、御、书、数。"②孔门"四教"则是指文、行、忠、信。

虽然名称有所不同,但颜元认为"六府""三事""三物"和四教实质上是相同的。在这众多条目之中,颜李学派诸人尤为重视"六艺",颜元说:"学自六艺为要。"③李塨说:"教之具在六艺,则必由此而可成德行也。"④为了传授"六艺"之学,李塨还编纂了大量相关教材。

而"六艺"之所以如此重要,一方面在"三物"之间的关系中,"六艺"是"六德"和"六行"的表现形式,是具体的实事与行动,颜元认为"先之以六艺,则所以为六行之材具,六德妙用。艺精则行实,行实则德成矣"⑤。李塨则明确说出"夫德、行之实事,皆在六艺,艺失则德、行俱失"⑥。另一方面是它带来的重要作用,于个人而言可以修身养性,于国家而言可以攘外安内。

---

① 颜元:《驳朱子分年试经史子集议》,载陈山榜、邓子平主编:《颜李学派文库》(第2册),石家庄:河北教育出版社,2009年版,第484页。
② 颜元:《学校》,载陈山榜、邓子平主编:《颜李学派文库》(第1册),石家庄:河北教育出版社,2009年版,第101页。
③ 钟錂:《理欲第二》,载陈山榜、邓子平主编:《颜李学派文库》(第2册),石家庄:河北教育出版社,2009年版,第529页。
④ 李塨:《论学》(卷二),载陈山榜、邓子平主编:《颜李学派文库》(第3册),石家庄:河北教育出版社,2009年版,第1022页。
⑤ 颜元:《述而》,载陈山榜、邓子平主编:《颜李学派文库》(第1册),石家庄:河北教育出版社,2009年版,第176页。
⑥ 李塨:《大学辨业》(卷三),载陈山榜、邓子平主编:《颜李学派文库》(第3册),石家庄:河北教育出版社,2009年版,第995页。

所以颜李学派诸人主张"六艺"之学,但是,他们提倡的"六艺"的具体内涵与古时相比不只包括礼、乐、射、御、书、数,而是随着时代的变化发展与需求又有更为丰富的内涵,实际上是托言经典倡导艺能之学,凡是兵农钱谷、水火工虞、天文地理等一切有用学问,都可以学习。正如李塨所说:"今取六艺,但要其用耳,古法固有斟酌,不必尽依样葫芦也。"①

2.强调劳动教育

颜元和李塨十分重视劳动教育,这与他们自身的经历有很大关系。他们一生都未曾脱离过农业劳动,以自身证明了劳动教育的价值。颜元弱冠之年便承担起养家之责,"耕田灌园,劳苦淬砺"②,经常白天干农活,晚间才有时间读书;李塨也是如此,从18岁家道中落,即躬耕自食,因而对于劳动颇有心得。

颜元早期作品《求源歌》中弥漫着浓浓的劳动气息;他还曾编写《农政要务》,书写劳作技术与心得,在此书中,"耕耘、收获、辨土、酿粪以及区田、水利皆有谟画"③。李塨晚年力农致富,给予劳动以高度评价:"遁迹田园,胼手胝足,则雄杰之余勇也。"④

劳动可以解决生产生活问题,是颜元重视劳动教育的一个很重要原因:"天无旷泽,地无旷力,人无旷土,治生之道也。家无三旷则家富,国无三旷则国富。"⑤同时,他认为劳动有助于修身养性,"吾用力农事,不遑食寝,邪妄之念,亦不自起"⑥。此外,他认为劳动还可以使体魄健壮。

---

①李塨:《论学》(卷一),载陈山榜、邓子平主编:《颜李学派文库》(第3册),石家庄:河北教育出版社,2009年版,第1017页。

②李塨:《颜习斋先生年谱》(卷上),载陈山榜、邓子平主编:《颜李学派文库》(第2册),石家庄:河北教育出版社,2009年版,第620页。

③李塨:《颜习斋先生年谱》(卷上),载陈山榜、邓子平主编:《颜李学派文库》(第2册),石家庄:河北教育出版社,2009年版,第634页。

④冯辰、刘调赞:《李恕谷先生年谱》(卷五),载陈山榜、邓子平主编:《颜李学派文库》(第4册),石家庄:河北教育出版社,2009年版,第1336页。

⑤钟錂:《鼓琴第十一》,载陈山榜、邓子平主编:《颜李学派文库》(第2册),石家庄:河北教育出版社,2009年版,第562页。

⑥钟錂:《理欲第二》,载陈山榜、邓子平主编:《颜李学派文库》(第2册),石家庄:河北教育出版社,2009年版,第529页。

他将重视劳动的思想也灌输到课堂上教导学生,鼓励学生去劳动,并在学规中有所安排,"轮班当值。凡洒扫学堂,注砚,盛夏汲水,冬燃火,敛仿进判,俱三班一日"[①],希望在些许小事中培养学生的劳动意识和习惯。这与现代学校中安排学生值日进行的劳动教育如出一辙。

3.具有五育并举的内涵

在我国,全面发展教育由德育、智育、体育、美育和劳动教育五部分组成。德育是教育者按照社会的要求,对受教育者施加影响以形成所期望的道德品质、世界观和政治立场的教育,它体现了教育的社会主义性质,对受教育者的全面发展起着定向作用。智育,是传授系统科学文化知识,形成科学的世界观,发展智力,培养基本的技能技巧的教育,它在人个性全面发展中起着重要作用。体育,是传授和学习健身知识和运动技能,全面发展体力,增强体质的教育。体力和体质的发展是人个性全面发展的生理基础。美育,是培养正确的审美观,发展与提高感受美、鉴赏美以及创造美的能力,培养高尚情操与文明素质的教育。还有劳动技术教育,是培养劳动观念和劳动习惯,传授基本的生产技术知识和生产技能的教育。

颜李学派所倡导的教育内容同样具有五育并举的内涵。在"三物"之中,"六德"为道德知识,"六行"为道德行为,二者皆属德育范畴;"六艺"之中,礼能涵养心性,有德育的含义,同时习礼能使人活动筋骨,也有体育的含义;乐属于美育,能培养人欣赏美、感受美的能力;射、御在古代属于军事教育,能强健体魄,属体育范畴;而书、数和兵农钱谷、水火工虞、天文地理等都能增长知识,发展智力,是智育范畴;还有上文提到的颜李学派重视的劳动教育,正好构成了"五育"。

虽然,由于产生时代与背景的差异,颜李学派的教育内容与我国现代教育内容终究还是有区别的:在德育性质方面,古代德育具有封建性,要求忠君,而现代德育则是社会主义性质,要求忠于国家与人民;颜李学派智育、美育、体育、劳动教育的内涵相比现代教育而言,还是显得狭窄与淡薄。但是,也能明显地看出二者具有一致性:与宋明理学重视经书教育的片面发展完全不同,颜李学派比

---

① 李塨:《颜习斋先生言行录》(卷上),载陈山榜、邓子平主编:《颜李学派文库》(第2册),石家庄:河北教育出版社,2009年版,第648页。

较全面地考虑到受教育者发展成长所需要的五个方面,表明了它一定的正确性与先进性。

(二)教育内容的实用性

实用性是颜李学派最根本的特征,其对教育内容的安排更是鲜明地体现了这一点,不同于宋明理学专注于经书训诂、八股帖括、静敬语录等,颜李学派倡导学习对国计民生有用的知识,"彼以其虚,我以其实"①。

孔门强调"博学于文",颜李学派对此十分赞同,但不同于程朱理学,他们的"文"有着比较丰富的内涵:"夫'文',不独《诗》《书》、六艺,凡威仪、辞说、兵、农、水、火、钱、谷、工、虞,可以藻彩吾身,黼黻乾坤者,皆文也。"②由此可看出,他们十分推崇于经世济民有用的艺能之学。这一点在颜元的《习斋学规》中有明确规定:"昔周公、孔子专以艺学教人,近士子惟业八股,殊失教学本旨。凡为吾徒者,当立志学礼、乐、射、御、书、数及兵、农、钱、谷、水、火、工、虞。"③李塨还特地对"水""火"做过进一步详细的解释,阐明具体所学:"言水,则凡沟洫漕挽,治河防海,水战藏冰,醯醢诸事统之矣;言火,则凡焚山烧荒,火器火战,与夫禁火改火诸燮理之法统之矣。"④

颜元、李塨还对西学表示了肯定,李塨明确说出:"数本于古,而可参以今日西洋诸法者也。"⑤他们二人积极学习,对于西方天文、算术等,都有一定掌握,颜元向好友吕文辅请教天文之学,李塨"问西洋三角算法于吴子淳"⑥。他们的学生

---

① 颜元:《由道》,载陈山榜、邓子平主编:《颜李学派文库》(第1册),石家庄:河北教育出版社,2009年版,第41页。
② 颜元:《雍也》,载陈山榜、邓子平主编:《颜李学派文库》(第1册),石家庄:河北教育出版社,2009年版,第172页。
③ 李塨:《颜习斋先生年谱》(卷上),载陈山榜、邓子平主编:《颜李学派文库》(第2册),石家庄:河北教育出版社,2009年版,第647页。
④ 李塨:《廖忘编》,载陈山榜、邓子平主编:《颜李学派文库》(第4册),石家庄:河北教育出版社,2009年版,第1087页。
⑤ 冯辰、刘调赞:《李恕谷先生年谱》(卷三),载陈山榜、邓子平主编:《颜李学派文库》(第4册),石家庄:河北教育出版社,2009年版,第1288页。
⑥ 冯辰、刘调赞:《李恕谷先生年谱》(卷四),载陈山榜、邓子平主编:《颜李学派文库》(第4册),石家庄:河北教育出版社,2009年版,第1300页。

中也有以此为专长的,颜元弟子冯壅"精于算术,世传《九章》书及泰西算法,人或辗转莫解,敬南见立剖"①;李塨弟子孔兴泰、刘箸等亦精于历数之学。

此外,王源对于商业十分重视,他不仅主张提高工商业者的社会地位,还提出了许多颇有建树的经济思想,比如初步的所得税观念。虽然他没有明确提出商业教育内容,但是,其本身在这方面的发展为后人的学习留下了许多宝贵的材料。

分析颜李学派的教育内容,可见他们继承了长久以来古代社会备受重视的人文社会知识,同时出于经世济民的愿望,他们对于水、火、工、虞等也十分重视,增加了自然科学知识,甚至给予了更大的比例。这与封建社会一贯的知识结构是完全不同的,在当时,奇巧淫技是备受鄙视的,颜元等人能突破世俗的偏见,注意到自然科学知识的社会价值并给予正确的评价与地位,是十分具有进步意义的。他们所倡导的教育内容具有比较合理的知识结构,与现代教育对知识结构的安排如出一辙。

(三)教育内容的科学性

颜李学派的教育内容不仅范围宽广,体现了现代教育的精神,在具体实施与安排上,也体现着科学性。这之中又以漳南书院为代表性。

漳南书院位于河北广平府肥乡县屯子堡(今属邯郸市肥乡县)。清康熙十九年(1680),直隶巡抚于成龙在此建义学,置有学田百亩。后邑绅郝文灿同乡人杨计亮、李荣玉等扩建学舍,使学舍初具规模,并改建为书院。兵部侍郎许三礼曾为书院题匾,名为"漳南书院",从此求学者日众。

前文中我们提到颜元在接受郝文灿聘请之后,十分认真地对漳南书院进行了规划,他明确提出此书院不同于宋明理学的书院,而是要明行尧舜、孔子之道:"谬托院事,敢不明行尧、孔之万一,以为吾子辱。顾儒道自秦火失传,宋人参杂释、

---

① 戴望:《颜氏学记》(卷十),载陈山榜、邓子平主编:《颜李学派文库》(第5册),石家庄:河北教育出版社,2009年版,第1573页。

老以为德行。猎戈训诂以为问学,而儒几灭矣。今元与吾子力砥狂澜,宁粗而实,勿妄而虚。"①

颜元将书院分为六斋:"文事""武备""经史""艺能""理学斋""帖括斋",对书院建设和课程设置做了安排:"以上六斋,斋有长,科有领,而统贯以智、仁、圣、义、忠、和之德,孝、友、睦、姻、任、恤之行。"②

早在北宋时期,就有教育家胡瑗将学校分为"经义"和"治事"两斋,前者学习六经正义,通晓儒家经典,培养文职官员,治事斋中又分为治民、讲武、堰水、历算等科,培养专业技术人才。颜元借鉴胡瑗分斋教学的思想和经验,提出了将学院设置六斋来教学,二者相比,颜元的六斋比胡瑗的两斋在内容方面更加宽广与深入,涉及的自然科学知识更多,设置理念与方法与现代大学更加相像。

检视颜元对漳南书院的设置很容易就会发现,他的种种设想与当时书院的主流是大相径庭的,十分不合于时。当时的书院以应付科举考试为目的,统一教授宋明理学经义,没有分斋分科一说。这就使颜元的漳南书院一经出现便引起了轩然大波,受到所谓主流人士的激烈批判。但是以现代眼光来看,漳南书院是十分具有进步意义的。这个书院具有综合性大学的影子,分为不同的院系,"文事"可看作文学院,"武备"可看作军事学院,"经史"相当于历史学院,"艺能"相当于工科学院,虽然院系不是很多,却具备了现代大学的雏形,同时为了与当时社会学术主流相合,还保留了理事斋和帖括斋,体现了对于不同学术主张的尊重和兼容并包的态度,这也是现代学术所主张的。

各个院系又具体分为不同的专业,比如工科之中又有水学、火学、工学、象数等科,各个专业学习不同的知识,而且,颜元还提出了同修公共课与专业课的

---

① 颜元:《漳南书院记》,载陈山榜、邓子平主编:《颜李学派文库》(第2册),石家庄:河北教育出版社,2009年版,第356页。
② 颜元:《漳南书院记》,载陈山榜、邓子平主编:《颜李学派文库》(第2册),石家庄:河北教育出版社,2009年版,第357页。

想法,各个学院所学为专业课,而这六斋又都有共同要学习的东西。从内容上来看,相当于我们现在的思想政治品德课。遗憾的是,颜元在漳南书院的设想由于天灾等因素并没有得到完全实施,但其思想价值是值得肯定的。这也是其科学性的突出体现。

第三节　颜李学派教育管理与方法的现代性

在教育管理方面,本节试图从颜李学派关于规章制度的建设和师生关系两方面展开论述。明清时期是我国古代学规定型的时期,产生于此时的颜李学派学规也比以往更加深刻而有内涵;古代师生关系往往过分强调师道尊严,颜李学派虽然不能免俗,但他们提高学生地位,给予极大尊重,是具有进步性的。在教育方法方面,颜李学派采用多种教育方法,兼顾理论与实践,对我国古代教育现代性起到了推动作用。

一、教育管理的制度性

关于规章制度的建设,主要体现在学制与学规两个方面。

(一)学制设想

王源著《平书》,在《取士》一节中提倡乡举里选的取士方法,即各级行政区域分别建立学校,通过教师的评定对学生进行比较,一级一级选拔与上升,最终进入太学,之后再进入国家各行政部门实习,合格后正式授予官职。李塨修订王源的《平书》,做出《平书订》,对此想法做出了改进,演变成仕学合一的学制,晚年他又做《拟太平策》,使其得到进一步丰富与完善,呈现出了一个比较完整的学制。

> 《周礼》仕学不分、文武不分、兵民不分、官吏不分,而上之君师不分,此所以致太平也。

> 颁三物教法于各藩,自府下县,乡吏受之,各以教其所治。保长择十家子弟八岁可教之学者,闻于里师。师选之入里学,教幼仪退让,认字学书,即

解字义。先书有用字,习小九九。逾三年,十一岁,不可者罢;可,选入邑学。邑宰教以孝弟忠信、幼仪唯谨,习六书、九章,学歌,读《论语》《曲礼》。凡邑有丧祭役政,则率弟子与事。有能、书之。逾三年,十四岁,不可者罢;可,选入乡学。乡政教幼仪加详,吹笛箫,鼓琴瑟,舞勺、习射御。骑即御也。凡邑乡丧祭役政,官率之执事。书敬敏有学者。逾三年,十七岁,庸劣者罢;县尹选俊者冠,入县学,教以智仁圣义忠和之德,孝友睦姻任恤之行。各阅一经,如《孝经》《诗》《书》《仪礼》《周礼》《礼记》《大学》,《中庸》仍入记,至《易》《春秋》《孟子》《左传》,愿阅者听,若《尔雅》《公羊》《穀梁》,不必名经。《尔雅》学书时已解,授之。学大礼大乐,阅史鉴律例,作策论,简达而止。学骑射。凡县有丧祭、宾饮、兵役,学士皆与执事,掌其文书。事讫,书某某德、某某行、某某艺优。逾三年,二十岁,庸劣者仍罢归农、工、商。隽者贡之府学。府守教试之三月,下者返之县、乡及邑,再教之。贡俊于藩学,藩伯教试之三月,下着返之府、县及乡。贡俊于太学,宗伯令成均大司乐教试之三月,大司乐五品。宗伯又亲试之。远僻学士入京艰者,成均遣官以时至其地,教试之,下退之藩、府及县。成均、藩府观诸生之学,即可知其教之高下勤惰,因以为乡官之殿最,而申饬之、记之,以俟九载黜陟。取中者为太学生,遣归与室。县尹六衙,公量其才学,定其科目:兼科、农科、礼科、乐科、兵科、刑科、工科。唯兼科多,以用多也。兼科入尹署、吏衙署,农入户衙署,礼乐入礼衙署,兵、刑、工各入其署,试其事而为之附。三年,盖二十四岁矣。选明习阙事者,尹署兼科为里师,吏署兼科为吏署下士,佐政。余科各佐其署。吏、农、礼、刑科亦间为里师,兵科亦为巡检驿丞,工科亦为司市,农亦为仓使。未明练者,再试三年而退之。进为下士,退为府吏。外有天文、地理、医卜、水火专科者,地理入兵、工二署,为山原川泽等官;水、火入工署,医入吏署,卜入礼署,天文贡于钦天监,为天文生。成均藩府返士,再教再贡之。①

前文中提到过李塨是中国教育思想史上第一个根据年龄特征,把教育分为4个阶段的教育家。②他以3年为一个层次,儿童8岁入学到11岁,这3年就读

---

① 李塨:《拟太平策》(卷三),载陈山榜、邓子平主编:《颜李学派文库》(第4册),石家庄:河北教育出版社,2009年版,第1193页。

② 邱椿:《古代教育思想论丛》(下册),北京:北京师范大学出版社,1985年版,第314页。

于里学;11岁到14岁就读于邑学;14岁到17岁就读于乡学;17岁到20岁就读于县学;20岁之后受府学、藩学、太学的教育各3个月,合格者正式进入太学,接受教育和实习,24岁毕业,授予官职。

在李塨的学制规划中,学习内容的安排随着阶段的上升而逐渐扩展与增强。里学与邑学学习基本的读、写、算,只是程度不同;乡学加入艺术与射御的课程;县学正式学习经书与策论,并注重在实践中锻炼;而到了太学阶段则进行分科学习,培养专业技能。从李塨的安排中可以看出他秉持着"学为所用"的原则,注重有真才实学的经世人才的培养。

李塨这一学制的提出是很难能可贵的,考虑到了儿童的身心发展规律与教育顺序,按照教育目标合理安排各个阶段教学内容与制定评价体系,将各个层次的教育紧密相连。而通常我国古代官方只注重高等教育而忽视中等教育,对这一阶段的教育没有明确安排与相关体制,与之相比,李塨的学制更为完整与成体系,颇具进步性。李塨"仕学合一"的学制有其合理处,他的这一安排能够达到为国家培养具有真才实学的统治人才的目的,但从另一个方面来看,只考虑到为国家培养统治人才,忽视人自身的发展与成长性又不可避免地具有局限性与狭隘之处。

(二)学规制定

1667年,颜元33岁,前往新兴村设教,当时有包括石鹫、石鸾、孙秉彝、齐观光、贺硕德、张澍、李仁美、王恭己、宋希濂、李全美、石继搏①等11位学生跟随颜元学习。颜元为他们立学规:每晨谒先圣孔子揖,出告反面揖,揖师不答,朔望拜圣先师,揖师,师西面答揖。节令拜师,师答其半。朔望令诸生东西相向揖,节令相向拜。②从学规规定的内容可以看出,这个学规十分简单,只规定了礼仪这一方面的内容,如对待孔子的礼仪、师生之间的礼仪和学生之间的礼仪,而且只强调了作揖这一项。此时颜元处于信奉程朱理学的阶段,这个学规反映了他崇尚

---

①② 李塨:《颜习斋先生年谱》(卷上),载陈山榜、邓子平主编:《颜李学派文库》(第2册),石家庄:河北教育出版社,2009年版,第631页。

道统,极重礼仪的思想,这是与理学礼制观念相统一的。

1675年,颜元41岁,这时颜元早已经将"思古斋"改名为"习斋";其学术路线也已经转移,形成了实学教育思想,习斋就是其实学教育的实践场所;随着前来求学阐道、拜师请益者日众,颜元认为有申订教条的必要,这个学规就是在这种情况下产生的,共计21条,后来颜元执教漳南书院,该学规被应用为书院学规。

与上一个学规相比,习斋学规已经成熟进步了许多,是一个内容比较丰富和完善的学规。通过分析可知,习斋学规主要包括以下方面内容:在道德方面,要求孝顺父母、尊敬师长、为人诚恳、男女有别;在为学方面,有对为学礼仪的规定,要求按时上学、惩戒旷学、衣冠工整、行为端庄、对待诗书和字纸充满敬意;有对教育内容和课程设置的安排,每天安排讲书、习书;以旬为周期,作文、习六艺;还有对师生之间关系和班级值日的规定。在每一条教条之后,都有"违者责"的字眼,表明了惩罚制度,也能看出这个学规的严格。

1681年,李塨23岁,当时他已经跟随颜元学习,仿效颜元所订立的学规,他也制定了一个学规。李塨所制定的学规更侧重于道德方面与为学礼仪方面,条例也更为简单,中规中矩。

(三)制度性的体现

1.学制的制度性

学校教育制度,简称学制,是指一个国家各级各类学校的系统,具体规定着学校的性质、任务、入学条件、修业年限以及彼此之间的协调关系。中国古代教育并没有完整意义上的学制。蒙学多依靠于民间力量,中等教育基本空缺,国家重心在于高等教育,但也并不是成体系完整的高等教育,所重视与长久的也只是存在于都城等重要城市的高等教育学校。中国近代学制始于清末,先后效法日本和美国,颁布"壬寅"学制、"癸卯"学制、"壬子·癸卯"学制,最终确定施行"壬戌"学制,即"六三三"学制,中间虽有变动,但"六三三"学制一直延续至今。该学制以儿童身心发展为依据,小学年限为六年,初中与高中各为三年,大学四到六年。

分析李塨所规划的学制和我国现行的"六三三"学制,可发现二者都遵从儿童身心发展规律的重要原则,以儿童各个阶段成熟度的不同划分学习的阶段和安排层层递进的教学内容。而且,李塨关于学制的划分与之大体相合,里学相当于今天小学教育的前3个年级;邑学相当于今天小学教育的后3个年级;乡学相当于今天的初中教育;县学相当于今天的高中教育;太学相当于今天的大学教育。虽然李塨的学制设想与现代学制相比无疑是狭窄的,但是它们的相契合之处也证明了李塨学制的价值,而且,李塨关于学制的设想在时间上比清末学制早百年之久。

2.学规的制度性

古代学规的最初面貌是"礼",随着教育事业的发展,单纯的礼节仪式已经不能满足其需求,为了使其有序运行必须加强管理,因而需要明确的制度保障,学规便应运而生。学规泛指古代学校规章之总称,发端于战国时期的弟子职。宋代以后一些官私学、书院均订立了学规,内容从对学生思想与行为准则要求到办学所预设或规定的章程等,主要内容包括办学的宗旨和基本原则,课程设置、教学组织和成绩考核、教师的职责、学生的行为规范等。

颜李学派实行的学规与现代学校的规章制度都是制度性的具体体现,二者的存在意义是相同的。在具体内容方面,由于时代的不同,古代学规与现代规章制度必然具有巨大的差异性。但是,众多的古代学规虽然拥有共通的内容和特性,由于其教育目标和对象的不同,各个教育机构所指定的学规又往往会显示出不同的关照和旨趣,颜李学派所制定的学规便有着其鲜明的独特之处,这使得它与现代学校的规章制度有着相合之处。虽然颜李学派的学规明显粗浅与单薄,但在现代学校的规章制度中确实能够看到它的影子。

二、教育管理的民主性

师生关系是教育管理的一个重要方面,颜李学派肯定了教师的地位并强调对教师的尊重,但也并没有压抑学生,而是给予学生更多尊重与自由,体现了一定的民主性。

颜李学派身处古代封建社会,自然重视师法尊严,颜元和李塨等人十分强调对教师的尊重,但在实践中让教师居于主导地位的同时,他们也顾及学生的意愿,尊重其选择。学生具备选择学什么的权利,李植秀想要学礼,颜元同意说好,李塨学于诸家,颜元也没有阻拦。而对于如何学习,学生也是照自己的个性及偏好倾向而来,有的学于私塾,有的则三五一会,有的则借助日记或信件往来等。最重要的一点是,他们有规范教师过错的权利,习斋学规规定:师之言行起居有失,俱许直言,师自虚受。①颜元还主动请学生规范过错,他对学生彭好古说:"吾自得张澍而坐庄,得李美仁而冠正,得石孚远而作字不苟简。每当过将发,未尝不思三子也。今后许汝五日投规过录一纸。"②他认为听话的弟子可以使师之道得行,而敢于对教师提出批评的弟子则可以使师之道发扬光大,即"得从弟子者其道行,得畏弟子者其道光"③。自古有"天地君亲师",教师的权威是不容侵犯的,而颜李学派却将教师的地位下降,提升了学生的地位,这一点是十分难能可贵的。而且,颜李学说还强调师生之间共学,践行教学相长,"习斋、焕章、法乾、恕谷四先生,每会学,劝善规过,互无回护,且《日记》详录,不肯隐讳饰观"④。这些都体现了二者间的平等与民主。

在日常相处中,颜元十分关心学生。李塨生病时,特意去看他:"四月,塨病疫,先生盘桓蠡城,医之。"⑤李塨曾为刘调赞买琴,一路随事教之曰:"再目加明,耳加聪,心加灵,则进矣。"⑥而弟子们对于老师也是十分敬佩、尊重与爱护的。他们对颜元的尊重不仅表现在恭敬地接受老师的传道、授业,在涉及自身生活上的大

---

① 李塨:《颜习斋先生年谱》(卷上),载陈山榜、邓子平主编:《颜李学派文库》(第2册),石家庄:河北教育出版社,2009年版,第648页。
② 陈山榜:《颜元评传》,载陈山榜、邓子平主编:《颜李学派文库》(第7册),石家庄:河北教育出版社,2009年版,第2425页。
③ 李塨:《颜习斋先生年谱》(卷上),载陈山榜、邓子平主编:《颜李学派文库》(第2册),石家庄:河北教育出版社,2009年版,第650页。
④ 冯辰、刘调赞:《李恕谷先生年谱》(卷二),载陈山榜、邓子平主编:《颜李学派文库》(第4册),石家庄:河北教育出版社,2009年版,第1247页。
⑤ 李塨:《颜习斋先生年谱》(卷上),载陈山榜、邓子平主编:《颜李学派文库》(第2册),石家庄:河北教育出版社,2009年版,第658页。
⑥ 冯辰、刘调赞:《李恕谷先生年谱》(卷五),载陈山榜、邓子平主编:《颜李学派文库》(第4册),石家庄:河北教育出版社,2009年版,第1352页。

事情也向老师询问并且听从老师的意见,在颜元生病之时,众弟子前来侍奉、照顾、探望,丧礼之时,众弟子为其执丧、送葬、守孝。

颜李学派主张学生拥有规范教师的权利,拉近了学生与教师的地位,并且实现了教学相长。这些都使得他们关于师生关系的主张带有民主平等的色彩,体现了现代师生关系的精神特征。当然,他们没有达到现代的程度,没有真正实现民主平等,但在当时严峻的尊师重道氛围下,这一步的迈出已是不小的进步。而且,颜李学派师生之间所形成的亲密友爱的厚重氛围,与我们现在所强调的尊师爱生是完全一致的,并且在某些方面胜于现代师生的情感沟通。

三、教育方法的多样性

出于对空虚无用之学的深恶痛绝,颜李学派除了使用语言的教育方法进行传道、授业、解惑之外,更注重"习行"教育方法的亲身实践,而多种教育方法综合应用则有助于对实用人才的培养。

(一)"共享"的教育方法

语言的教育方法在实施过程中,具体表现形式有很多。讲授是一种历时弥久的教育方法,教师教导学生,自然要口耳相传,颜元、李塨都开办有私塾,向学生讲书;颜李师生之间还经常约会共学,即用讨论或辩论的方法切磋学问,李塨曾经"抱病往北泗会习斋"[①],在颜元去世之后,其门人相约共学,"告以后每年二八月上辛公集致祭,讲习先生学术"[②];也有学生向老师请教问题,李塨问"操存",胡连城问"忠恕",颜元都认真给予了回答;古代出行不便,书信往来便成为一种比较常见的问学方式,这也成为颜李学派的教育方式之一,学派之间都多有书信往来;颜李门派的一大特点就是记日记以自省,也会将日记互相观看评议以

---

① 冯辰、刘调赞:《李恕谷先生年谱》(卷一),载陈山榜、邓子平主编:《颜李学派文库》(第4册),石家庄:河北教育出版社,2009年版,第1216页。
② 李塨:《颜习斋先生年谱》(卷下),载陈山榜、邓子平主编:《颜李学派文库》(第2册),石家庄:河北教育出版社,2009年版,第696页。

求进步,这也是一种教育方法。①

(二)"习行"的教育方法

颜李学派倡导"习行"的教育方法,所谓"习行",即见理于事,主张去做、去实践,在实践中获得知识与道理。他们的这一方法,在思想渊源上明显地受孔子"学而时习之"的影响。颜元曾说:"孔子开章第一句,道尽学宗。思过,读过,总不如学过。一学便住也终殆,不如习过。习两三次,终不与我为一,总不如时习方能有得。'习与性成',方是'乾乾不息'。"②颜元同时指出了"习"是一个长期的过程,长久坚持才能取得好的效果。李塨也说:"读全部《论语》,不为读《论语》,但实行'学而时习'一句,即为读《论语》……诵读多一分,即躬行少一分。况书之为物,易溺而无穷,将至终身无可行之日乎?"③

他们提出这一方法还是有感于宋明理学的好读书。在他们看来,只读书而不去"习行",会造成理论与实践的脱节。很多东西,仅仅依靠文字,而不去亲身体验,是无法真正掌握的。颜元认为"心中醒,口中说,纸上作,不从身上习过,皆无用也"④,"人之为学,心中思想,口内谈论,尽有百千义理,不如身上行一理之为实也"⑤。他还举出学琴的例子,认为只看琴谱是没有用的,只有真正在琴上去练习才能说真的会琴。李塨也说:"不行不可谓真知。"⑥钟錂对此也表示赞同:"口头说出,笔下写出,不如身上做出,乃是不自欺,乃为实有得。"⑦但他们并不是全

---

①李塨:《颜习斋先生年谱》(卷下),载陈山榜、邓子平主编:《颜李学派文库》(第2册),石家庄:河北教育出版社,2009年版,第692页。

②钟錂:《学须第十三》,载陈山榜、邓子平主编:《颜李学派文库》(第2册),石家庄:河北教育出版社,2009年版,第568页。

③李塨:《廖忘编》,载陈山榜、邓子平主编:《颜李学派文库》(第4册),石家庄:河北教育出版社,2009年版,第1089页。

④颜元:《性理评》,载陈山榜、邓子平主编:《颜李学派文库》(第1册),石家庄:河北教育出版社,2009年版,第56页。

⑤李塨:《颜习斋先生年谱》(卷下),载陈山榜、邓子平主编:《颜李学派文库》(第2册),石家庄:河北教育出版社,2009年版,第689页。

⑥李塨:《大学辨业》(卷三),载陈山榜、邓子平主编:《颜李学派文库》(第3册),石家庄:河北教育出版社,2009年版,第1003页。

⑦钟錂:《颜习斋先生言行录》(卷上),载陈山榜、邓子平主编:《颜李学派文库》(第2册),石家庄:河北教育出版社,2009年版,第529页。

然反对读书,只是说不能只读书而不去实践,李塨表示:"非教人废读书也,但专以书为学则不可耳。"①颜元认为要合理分配:"为学为教,用力于讲读者一二,加功于习行者八九。"②同时,李塨认为"习行"有助于对书本内容的理解,是最好的学习方式,"读书不解,不如返而力行。行一言,解一言"③。

(三)多样性的体现

教育方法是为实现教育目的和内容而采用的各种方式、运用的各种手段和程序的总和,它影响着教育的成败与效率。教育是培养人的活动,是一项极为复杂的活动,尤其是现代教育包含各种类型、各种科目,构成维度、层次更显复杂,教育的各种条目也有更为丰富的内涵:教育目标不仅是知识的掌握,更是身心的发展,完善人格的养成,生存、生活技能的培养等多方面要求,教育内容涉及社会生产生活方方面面,也更加深入细致。这些都昭示了单一的教育方法已经不能满足现代社会对教育的需求,必然要求多样的教育方法以适应不同的情况。

颜李学派与现代教育都主张使用语言的教育方法和实际操作的教育方法,在某些具体方法的应用上也有一定的重合,比如讲授法、讨论法、记日记法等,不同之处也只在于形式的改变,如以往的写信被现在的邮件、短信所代替。从中可以看出,二者对于教育方法多样性的认可有着一致性。当然,颜李学派所主张的多样性自然不如现代教育丰富,这是教育发展程度不同所带来的影响。但是,它也有自身的独到之处,在两种教育方法中,颜李学派虽然重视语言传递,但是他们对于"习行"的教育方法给予了更大关注,主张在生活之中多进行实践,而现代教育更多地采用语言为主的教育方法,实际操作属于教育安排中的一部分,并不在日常生活中随时体现。这使得颜李学派对于知识的实际经验与应用与之相比更有优势,也是现代教育应该学习的地方。

---

① 李塨:《论学》(卷二),载陈山榜、邓子平主编:《颜李学派文库》(第3册),石家庄:河北教育出版社,2009年版,第1024页。

② 颜元:《总论诸儒讲学》,载陈山榜、邓子平主编:《颜李学派文库》(第1册),石家庄:河北教育出版社,2009年版,第42页。

③ 冯辰、刘调赞:《李恕谷先生年谱》(卷一),载陈山榜、邓子平主编:《颜李学派文库》(第4册),石家庄:河北教育出版社,2009年版,第1218页。

当然,颜李学派的教育思想与现代教育相比,显得较为朴素与狭窄,而且没有跳出封建教育的圈子,与现代教育有许多相左之处,但他们对教育的种种设想与实践超脱了时代的束缚,颠覆了长久以来的传统教育模式,构建了一种相当超前的新教育模式,与近现代中西方教育发展相契合,历史已经证明了这种新教育模式方向的正确性。可以说,颜李学派的教育设想具有启蒙性与变革性的意义,是对中国教育转型的艰难探索,颜李学派研究专家、河北师范大学编审陈山榜教授认为:"习斋的教育开中国新教育的先河,成为中国新教育的界碑,是中国教育由旧而新的一个转折点。"[①]虽然这个转折点并没有完成,但可将颜李学派的教育思想视作中国传统教育与现代教育的节点,对它的研究有益于沟通中国新旧教育的联系和我国现代教育的本土溯源,为我国现代教育的发展找到历史依据。

[①] 陈山榜:《颜元评传》,载陈山榜、邓子平主编:《颜李学派文库》(第7册),石家庄:河北教育出版社,2009年版,第2437页。

附录　颜李学派研究史略

颜李学派是产生于清朝初期河北保定的一个重要学术流派,其创始人为颜元及其弟子李塨。颜李学派以坚定的实学理念闻名于世,且领先于时,具有进步性,在当时和对后世产生了巨大的影响,并由此不断吸引学术界对其加以探讨及争鸣。本章对国内外颜李学派研究的发展脉络和动态进行简略梳理和描述,并对某些重要学术成果进行简要评述。

明末清初,朝代更迭,社会混乱,又处于资本主义经济萌芽的时期,时人深感程朱理学空虚无用,主张经世致用,倡导实学,迎来了中国实学发展的鼎盛时期。颜李学派正是在这种环境下崛起于清初的北方直隶博野蠡县(今属河北省保定市),创始人为颜元(1635—1704),其弟子李塨(1659—1733)在颜李学派的发扬光大方面居功至伟,故其学派取二者之姓氏,称为"颜李学派"。

该学派反对程朱理学,倡导经世致用的实学。坚持物质第一的观点,颜元认为气在理先,"若无气质,理将安附?"[1]理气是相互依存的,"气即理之气,理即气之理"[2],而且"理气一片"。李塨则进一步提出了"理在事中"的概念,"理在事上""离事物何所谓理乎""天事曰天理,人事曰人理,物事曰物理"[3]。二者都是坚定的性善论者,颜元认为"浑天地间一性善也"[4],李塨则说"善本于性,而性即见于

---

[1] 颜元:《棉桃喻性》,载陈山榜、邓子平主编:《颜李学派文库》(第1册),石家庄:河北教育出版社,2009年版,第7页。

[2] 颜元:《驳气质性恶》,载陈山榜、邓子平主编:《颜李学派文库》(第1册),石家庄:河北教育出版社,2009年版,第5页。

[3] 李塨:《论语传注问》下,载国家清史编纂委员会:《李塨集》,北京:人民出版社,2014年版,第707页。

[4] 颜元:《性图》,载陈山榜、邓子平主编:《颜李学派文库》(第1册),石家庄:河北教育出版社,2009年版,第29页。

事物"①；在知行关系中颜元特别肯定行的意义，"其实行不及，知亦不及"②，对于"格物"解释为"犯手实做其事"③，可见对实践的强调；对于利，颜元持肯定态度，曾言："义中之利，君子所贵也。予尝矫其偏，改云'正其谊以谋其利，明其道而计其功。'"④以义为利，义利兼重，道功并收，是颜元对义利关系的基本主张；颜元倡导"浮文是戒，实行是崇，使天下群知所向，则人才辈出"⑤，倡导礼、乐、射、御、书、数六艺之学，尤重兵、农、艺能的教育。他认为："文不独诗书六艺，凡威仪、辞说、兵、农、水、火、钱、谷、工、虞，可以藻采吾身，黼黻乾坤者皆文也。"⑥李塨继承发展颜元重艺思想，主张"行实以事，则礼乐兵农"⑦，"兵农礼乐，士所独也"⑧，"天下处处皆粮则天下富，天下人人习兵则天下强"⑨。二人都推崇"习行"的教学法，颜元认为"心中醒，口中说，纸上作，不从身上习过，皆无用也"⑩，"人之为学，心中思想，口内谈论，尽有百千义理，不如身上行一理之为实也"⑪。李塨强调"习行"是最好的学习方式，"读书不解，不如返而力行。行一言，解一言"⑫。

颜李学派自产生之日起，便标榜实学，其贯彻实学之彻底，反对虚学之激烈，

---

①国家清史编纂委员会：《李塨集》，北京：人民出版社，2014年版，第945页。

②颜元：《性理评》，载陈山榜、邓子平主编：《颜李学派文库》（第1册），石家庄：河北教育出版社，2009年版，第80页。

③⑪钟錂：《刚峰第七》，载陈山榜、邓子平主编：《颜李学派文库》（第2册），石家庄：河北教育出版社，2009年版，第547页。

④颜元：《四书正误》（卷一），载陈山榜、邓子平主编：《颜李学派文库》（第1册），石家庄：河北教育出版社，2009年版，第151页。

⑤⑩颜元：《性理评》，载陈山榜、邓子平主编：《颜李学派文库》（第1册），石家庄：河北教育出版社，2009年版，第56页。

⑥颜元：《四书正误》（卷三），载陈山榜、邓子平主编：《颜李学派文库》（第1册），石家庄：河北教育出版社，2009年版，第172页。

⑦李塨：《论学》（卷二），载陈山榜、邓子平主编：《颜李学派文库》（第3册），石家庄：河北教育出版社，2009年版，第1027页。

⑧李塨：《圣经学规纂》（卷一），载陈山榜、邓子平主编：《颜李学派文库》（第3册），石家庄：河北教育出版社，2009年版，第964页。

⑨李塨：《夏官》，载陈山榜、邓子平主编：《颜李学派文库》（第4册），石家庄：河北教育出版社，2009年版，第1197页。

⑫冯辰、刘调赞：《李恕谷先生年谱》（卷一），载陈山榜、邓子平主编：《颜李学派文库》（第4册），石家庄：河北教育出版社，2009年版，第1218页。

前所未有,被正统理学家称为"霸道"之学。①其发展速度之快也十分令人震惊,在短短数十年间就由一个产生于乡野之间的地域学派发展至全国学派,门人弟子众多,轰动一时。同时期学者张伯行曾对此描述:"四方响和者,方靡然不知所止,可慨也夫。"②陶甄夫在《秦关稿序》中也写道:"颜李之学,数十年来,海内之士,靡然从风。"③但是,由于政治、学术大环境的恶劣以及学派自身内部固有的缺陷,使得颜李学派又以极快的速度消亡下去,到第三代弟子清代著名学者程廷祚(1691—1767)之时其颓势已然很明显。乾隆时期(1736—1795)有学者戴震(1723—1777),其思想部分受颜李学派影响,在某种程度上也传播了颜李学说,但力量甚微,并没能改变颜李学派中绝的命运。自此之后,颜李学派荣光不再,鲜为人知。直到民国时期有政治家徐世昌(1855—1939),虽然他不是颜李学派的传人,但确实为颜李学派社会影响的发挥做出了巨大的努力,将颜李学派重新复兴,并推至顶峰。自他之后,颜李学派再没有如此大的社会影响了。随着时间的流逝,现代社会的前进发展,社会整体学术氛围的变迁,颜李学派也被当作纯文本的研究而被学术界所收藏了。

对于颜李学派的研究,始于同治(1862—1874)、光绪(1975—1908)年间,但这一时期更多是资料整理,真正对于其思想的研究,则始自清末民初,直至现在依然没有中断。众所周知,学术研究处于大环境之下并受其影响,颜李学派的研究趋势由于实事多变而起起伏伏,角度多样。随之产生了丰富的研究成果,使人们对颜李学派的认识不断深刻。颜李学派作为一个独具特色的实学流派,在学术史上占有重要地位,对其进行研究很有意义,而整理已有的研究成果有助于理清以往的思绪和明确以后的研究方向。

---

①康熙时,理学大师张伯行说:"今天下学术裂矣……颜习斋以霸道起于北……如此人者……是大乱天下之道也。"载陈山榜、邓子平主编:《颜李学派文库》(第5册),石家庄:河北教育出版社,2009年版,第1764页。

②张伯行:《论学》,载陈山榜、邓子平主编:《颜李学派文库》(第5册),石家庄:河北教育出版社,2009年版,第1764页。

③冯辰、刘调赞:《李恕谷先生年谱》(卷五),载陈山榜、邓子平主编:《颜李学派文库》(第4册),石家庄:河北教育出版社,2009年版,第1337页。

一、同治——光绪年间

在乾隆(1736—1795)、嘉庆(1796—1820),道光(1821—1850)、咸丰(1851—1861)四朝时,颜李学派湮没无闻,直到清同治年间(1862—1874),有学者戴望受友人之托,搜集颜李学派资料,并受其吸引,产生了整理以传后世的想法:"由是以窥圣人之微言,七十子之大义,益叹颜先生当旧学久湮,愤然欲追复三代教学成法,比于亲见圣人,何多让焉!故遂欲与履正条其言行及授受原流,传诸将来。"①1869年,戴望将颜李学派重要人物的主要观点汇集成书,撰成《颜氏学记》十卷,前三卷论述颜习斋,卷四到卷七讲李恕谷,卷八是王昆绳,卷九是程绵庄,卷十为颜李弟子录。此书的出版标志着颜李学说重见天日,具有极大的意义。梁启超曾说:"自子高《学记》出,世始稍稍知有颜李学。"②著名历史文献学家,华中师范大学资深教授张舜徽先生也曾评价过戴望的这一行为,认为是一件极有意义的工作:"颜李之学,自为方苞辈所黜,淹晦无闻者垂二百年。望独能收拾遗书读之,抉择精言,以成是记。近世言清学者,始及颜李,皆望表彰之力也。"③

光绪年间(1875—1908),有直隶省定州(今属河北省保定市)儒学学者王灏以搜集整理古籍为己任,出于对经世思想的推崇,他对颜元、李塨十分赞赏:

> 自博野颜习斋先生出,乃蔑弃一切,一返之躬行实践;至蠡县李恕谷,益昌言之,直欲跻之尼山之次。然揆诸往者,数家之说,厥弊维约,唯实事求是可以救末流之弊,亦吾乡豪杰之士也。④

此处揭示了颜李学派在矫正理学教育静坐读书、袖手谈心性以及学用脱节、个性消磨等流弊中的作用,其注重实践的风格与实学实用的精神符合提升生产

---

① 戴望:《颜氏学记》序,载陈山榜、邓子平主编:《颜李学派文库》(第5册),石家庄:河北教育出版社,2009年版,第1579页。
② 梁启超:《实践实用主义》,载陈山榜、邓子平主编:《颜李学派文库》(第10册),石家庄:河北教育出版社,2009年版,第3342页。
③ 张舜徽:《清人文集别录》,台北:明文书局,1982年版,第560—561页。
④ 王春阳:《颜李学的形成与传播研究》,华中师范大学2008年博士学位论文,第182页。

效用及社会经济的客观要求,认为颜李是乡贤中的"豪杰之士"。于是他费神劳心竭力搜集颜元、李塨的著作二十多种,刊为《颜李遗书》,这是第一次真正意义上对颜李文献的整理,它和《颜氏学记》等著作资料是后人研究颜李学派的基础资料。

二、清末民初

清末民初的中国经历了一系列重大的历史事件,社会形态及性质由封建专制走向民主共和,一切去旧从新。清末的年代阶段与光绪朝交错,直至末代帝王溥仪的宣统时期(1909—1911)。民国初期经历由1911年10月武昌起义成功而于次年1月在南京建立"中华民国",四年后袁世凯在北京发起帝制复辟的"洪宪"闹剧。贯穿其间惊心动魄或激动人心的运动有八国联军侵华、《辛丑条约》被迫签订、辛亥革命、尊孔复古逆流、洪宪帝制及新文化运动的发生。先进的中国人不断探索、实践救亡图存、富国强兵的道路及实现方案,但是成效总不如愿。在这种背景下,出于对传统文化的反思与西学东渐的深入理解,人们对颜李学派的形象、价值又有新的评估。

此期有些文人学者有感于国家备受欺压的软弱无力,因此摒弃空虚无用之学转而倡导为实之学,颜李学派得以被重新探讨与诠释,不少人认为颜李学派的经世致用与西方的实用主义有不谋而合之处,因此大加推崇。一些改良派思想家和革命派思想家试图以颜李学派作为中介或媒体沟通中西,因此将其放置在西学场域的国际化视野下进行研究,尤以国粹派学人最具代表性。国粹派学人主张从中国的历史与文化中汲取精灵,强调在效法西方改革中国政治的同时,必须立足于复兴中国固有文化。他们站在中国文化本位的立场上,研究适合时代的传统内涵,而且不局限于文化本位,更有对传统文化的热情与虔诚,所以在对颜李学派进行研究时,所付出的时间与精力是更多的,而取得的成果也是更大的。况且国粹派学人在《国粹学报》创办第3年第1期发表的《拟设国粹学堂启》中明确提出以颜元为师,"今拟师颜王启迪后生之法,增益学科,设国粹学堂,以教授国学",可见其推崇程度。他们搜集颜元及其弟子的著作并进行刊印,还把一些较大篇幅的著作单独编辑成书,"刊为《国粹丛书》,以发扬幽微"①。除基本的整理之外,他们还对颜李学派思想进行了分析与阐释。

章太炎在《訄书·颜学》中称赞颜李学派实用的学术特点:"更事久,用物多,而魂魄强。兵农水火钱谷工虞,无不闲习。辅世则小大可用,不用志气亦日以奘驵,安用冥求哉!"同时,又指出其理性方面的不足:"独恨其学在物,物物习之,而抽象概念之用少。"对颜李学派进行了全面的评价:"颜氏徒见中国久淹于文敝,故一切以地官为事守,而使人无窈窕旷闲之地。非有他也,亦不知概念抽象则然也。虽然,自荀卿而后,颜氏则可谓大儒矣。"②这里肯定了颜李学派在"兵农水火钱谷工虞"社会经济各领域的致用效应,认为其是继先秦唯物论思想家荀况"制天命而用之"观点的弘扬、发展者,对克服沿袭久远的文弊积习极具针对性。同时,指出颜李学派思想建构的概念学理性软弱,导致理论抽象性不足的偏颇。应该说,这种评述是深入而较客观的。

刘师培针对其"默契西学"这一点大书特书,在《并青雍豫颜门学案序》中对颜李学与西学的关系进行了详细论述:

  证以先生所学,则礼乐射御书数外,并及水火工虞。夫水火工虞取名虽本于虞廷,引绪实基于暂种。水学之用在于审视辨形,徐氏著水利新书其嚆矢也。火学之用于制器辅功,南氏进红衣之炮,其实证也。工学者,备物利用之学也,今大秦遗墟工执事,奇技竞兴,固未艾也。虞学者,入山刊木之名也,今扶桑三岛森林一科,学列专门,犹可考也。先生生明代鼎革时,崇此四科,默契西法。用则施世,舍则传途。③

以西方的自然科学、技术工艺及制造学科专业比拟颜李学派所述实学教育内容及课程门类的思想与方法,虽然有"西学中源说"的思维方式,确也深化了对颜李学派西化特质的理解,并赋予其科技史的地位及科技教育的价值。

---

① 《国学保存会第五号报告》,《国粹学报》1906 年第 15 期。
② 章太炎著、徐复注释:《訄书详注》,上海:上海古籍出版社,2000 年版,第 128—130 页。
③ 刘师培:《刘师培全集》,北京:中央党校出版社,1997 年版,第 563 页。

除此二人外,还有邓实、黄节等国粹派学人也在研究颜李学派方面花费了大力气。邓实不仅在资料的搜集方面贡献颇多,对其研究也颇精深。在《国学今论》一文中,邓实明确了颜元的历史地位,认为他是明末清初学界六个代表性人物之一,分析了颜李学派中绝的原因,认为由于其弟子少,著作也少,所以没能持久,还特别指明其学术特点:"盖先生之学,以用为体,即以用为学。实学实用,即体即用者也。此习斋之学也。"①尤为推崇其经世致用的价值,"其以经世有用实学为宗则同,其读书通大义,不分汉宋则同,其怀抱国仇,痛心种族,至死不悔则同"②。黄节曾先后为《颜氏学记》和《颜习斋年谱》撰写跋语,论述颜元、李塨二人的学术旨趣,表示肯定和赞赏。

国粹派学人基于时代需求,试图从传统文化中提炼出国粹,以达到调和中西、文化救国的目的,因此对实学的颜李学派尤为看重,他们以中西契合为切点,对其进行研究,既有对其学说本身的挖掘,更表现了一种政治上的诉求,是颜李学派研究的雏形。

三、20世纪20年代前后

由于政治因素的作用,此一时期颜李学派迎来了最为辉煌、显赫的时期,这也是它产生社会影响最大的一个时期,这要归功于当时的大总统徐世昌。1918年,继袁世凯之后,徐世昌上台,任"中华民国"第二任大总统。1918年10月,发表就职通电,说明了关于自己工作的考虑:"不在两乱之近功,而在经邦之本计,不仅囿于国家自身之计划,而必具有将来世界之眼光……是必适用民生主义,悉力扩张实业,乃为目前根本之计。"③从中可以看出,徐世昌是把以提升实业、发展经济视作立国之本的,也因此在选择传统文化思想现代价值和作用时有意识地降格了空虚的程朱理学、陆王心学、桐城派文学以及考据学派而选择了提倡实学

---

① ② 邓实:《国学今论》,《国粹学报》1905年第5期。
③ 贺培新辑:《徐世昌年谱》卷下,载《近代史资料总70号》,北京:中国社会科学出版社,1988年版,第30—31页。

的颜李学派。且徐世昌本人对于颜李学说本身就十分喜爱,据《徐世昌年谱》记载:1916年1月28日,"修家谱底稿,阅李恕谷遗著,录其精语"①。据《晨报》1919年1月5日登载的消息,为了广泛宣传颜李学派,1919年1月3日,徐世昌颁布大总统令,提高颜元、李塨的地位,将二位入祀孔庙:

> 先儒颜元、李塨,清初名硕,生平著书立说,本原仁孝,归功实用,深得孔子垂教之旨。……兹据内务部以颜李两儒有功圣学,呈请从祀两庑,位汤斌、顾炎武之次,事关祀典,谘度佥同,应予照行,用昭茂矩。风徽所在,胙蠁攸隆,入德即在蠡常,导世先端教化,永资矜式,以示来兹。此令。

1920年,由徐世昌牵头,其亲信张凤台、李见荃出面谋划组织,网罗了当时的一大批社会名流,如林纾、赵尔巽、严修等人,成立了四存学会,该团体是直接以研究、挖掘颜李学派思想为中心,崇尚其习动、习行精神,并通过阐发其学术及现实价值,推动社会实用厚生风尚的形成为目的。也即学会以"阐明颜李学说,习行一贯为宗旨"②。学会总部在北京,随后还在河南开封、山西太原等地设立了分会,并出版了《四存月刊》,在《四存月刊编辑专则》第一条就明确申明该刊"以推广颜李学说,旁采古今,蕲合实用为宗旨",可见对颜李学说的重视。此期有关颜李学派的著述文献或者是相关论述成果都刊登在此。该学会还对颜李学派的著作进行了重新整理,搜寻资料总计42种,出版成《颜李丛书》,这是历史上一次很大规模的颜李丛书的结集,是后继学者研究颜李学派不可或缺的重要资料。为了将颜李学派传承下去,1921年,徐世昌在北京组织筹建了四存中学。四存中学秉承颜元的实学精神,其校训为"尚实学,尚实习,尚实行",并有规定:"四存中学讲义凡关于中文者,一以颜李学说为主,并择王法乾、恽皋闻诸先哲之学说切于近日情事者,分别编纂。"③在其校歌中,大肆褒扬颜李二先生:"幸博陵,起潜龙,有礼蠡,吾声相应,正德厚生兼利用。万年事,万民计,一堂大定,不可弹忘的颜李先生。"④其中的王法乾、恽皋闻即为颜李学派传承弟子中的代表人物王源、

---

① 贺培新辑:《徐世昌年谱》(卷下),载《近代史资料总70号》,北京:中国社会科学出版社,1988年版,第23页。
②③《四存学会简章》,《四存月刊》1921年第6期。
④《四存校友专刊》,《北京八中校友》1988年第9期。

恽鹤生。除此之外,徐世昌本人还著有《颜李师承记》一书,详细论述了颜李学派的宗旨和交友师承。总之,在大总统徐世昌的倡导下,颜李学派一时得以风靡,有反对者讥其为"显学",虽是讽刺,但也可从中看出颜李学说在当时影响之大。

虽然在这一时期颜李学派复兴热潮的到来明显由政治因素主导,但学术界也有积极作为。尤以梁启超为代表,他发表了许多著作,在这些著作中"对颜李之学发表的议论,不仅在数量上远远超过前说各位,而且几乎听不到批评的言论"[①]。在《实践实用主义》一文中,他不仅肯定颜李学派,而且赋予其现代的含义:

> 有清一代学术,初期为程朱陆王之争,次期为汉宋之争,末期为新旧之争。其间有人焉,举朱陆汉宋诸派所凭借者一切摧陷廓清之,对于二千年来思想界,为极猛烈极诚挚的大革命运动。其所树的旗号曰"复古",而其精神纯为"现代的"。其人为谁?曰颜习斋及其门人李恕谷。[②]

梁启超同其他学者一样赞赏颜李学派的实学精神,但与之不同的是,他认为颜李学有价值不是因为它与西方实学相像,而是因为它本身就符合时代的需要才值得研究与推崇。在《颜李学派与现代教育思潮》一文中,他不仅详细地介绍了颜李学派的教育思想,更针对当时过分崇尚西学的风气,表明一种珍惜与尊重传统文化的态度:

> 我们国里头三百年前有位颜习斋先生和他的门生李恕谷先生曾创一个学派——我们通称为"颜李学派"者,和杜威们所提倡的有许多相同之点。而其有许多地方像是比杜威们更加彻底。

> 不过事实上既有这个学派,他们所说的话,我们读去实觉得餍心切理,

[①] 朱义禄:《颜元·李塨评传》,南京:南京大学出版社,2006年版,第320页。
[②] 梁启超:《实践实用主义》,载陈山榜、邓子平主编:《颜李学派文库》(第10册),石家庄:河北教育出版社,2009年版,第3312页。

> 其中确有一部分说在三百年前而和现在最时髦的学说相暗合,我们安可以不知道?①

青年毛泽东也对颜李学说深表礼敬,在他一生最早发表的学术论文《体育之研究》中就极力推崇颜元、李塨文武并重实学实行的思想,"清之初世,颜习斋、李刚主文而兼武。习斋远跋千里之外,学击剑之术于塞北,与勇士角而胜焉。故其言曰:'文武缺一岂道乎?'……此数古人者,皆可师者也"②。细究毛泽东这一时期的教育思想,可发现受颜李学派影响很大。胡适在《几个反理学的思想家·颜元》中对颜元的学术历程做了简单介绍,通过论述其对理学的反对解释了什么是颜李学派的实行主义,他还对颜元的阶级性质做了界定:"中国的哲学家之中,颜元可算是真正从农民阶级里出来的。"他的思想源自他的经验和阅历,"他是个农夫,又是个医生,这两种职业都是注重实习的,故他的思想以'习'字为主脑"③。容肇祖在《颜元的生平及其思想》一文中,对颜元个人发展过程做了介绍,并论述了其思想来源、特点及具体的教育、哲学、政治等思想,他赞赏颜元的实用精神,提出其打破程朱理学精神的意义,但同时也理智地看到了其思想的不足之处。

> 颜元的思想,重要的为其破坏的精神,而在学术思想上只提出实用的主张,其他建设方面,都无甚可言。……然而颜元在学术思想上的革命,可以说是开现在学术思想革命的先河。颜元的思想,重要的是他的实用主义,以习行三物为学。④

总体而言,容肇祖是肯定颜元的实用思想对思想史的重大贡献的。

还有一些学者从情感上对颜李学派表达了关注,如钱玄同《钱玄同致胡适》

---

① 梁启超:《颜李学派与现代教育思潮》,载陈山榜、邓子平主编:《颜李学派文库》(第10册),石家庄:河北教育出版社,2009年版,第2883页。
② 毛泽东:《体育之研究》,《体育报》1979年8月17日。
③ 胡适:《几个反理学的思想家》,载陈山榜、邓子平主编:《颜李学派文库》(第10册),石家庄:河北教育出版社,2009年版,第3406页。
④ 容肇祖:《颜元的生平及其思想》,载陈山榜、邓子平主编:《颜李学派文库》(第9册),石家庄:河北教育出版社,2009年版,第2957页。

的信中表示了对颜李学派的兴趣和佩服：

> 我对于中国宋以来的学派,最佩服的有四派:一是宋之永嘉学派,二为清初之颜李学派……我于近代学者最喜欢颜习斋、李刚主、章实斋诸人,十余年来思想屡有改变,而对于他们诸人之礼敬未尝少衰。①

孙宝瑄在《忘山庐日记》中对颜元的实学学说表示了钦佩：

> 览《颜氏学记》,痛诋后儒仅以讲解诵读为学之极则,犹学琴者专习琴谱不知操琴,真善喻也。……习斋以为,世间真学问,不外天文、律历、兵农、水火、礼乐诸有实用济民事。盖以窥见今日泰西学校之本。吾不意国初时竟有此种人物。②

可见,在此期颜李学派受到诸多学者的关注和好感,引起他们的研究与分析,他们同政治上对颜李学派的推崇交相呼应,共同促成了颜李学派的复兴。

可惜这次兴盛并没能长久。1922年,由于在直奉战争中,奉系失败,徐世昌被迫下台。随着徐世昌的卸任,四存学会也走向了下坡路,各项事务逐渐趋于停滞,最终不了了之,从其存在到解散也不过短短三年而已。但是,这并不意味着颜李学说的又一次终结。虽然在这一时期由于政治因素的变迁而使颜李学派研究呈现出兴衰沉浮波动,但颜李学派所蕴含的文化性和思想性也被许多知识界学人所接受和理解。从这时起,对颜李学派的探讨虽然时有起伏,但却一直不绝如缕,为人所知。

四、20世纪三四十年代

1927年,南京国民政府成立,实现了全中国形式上的统一。意识到文化对政

---

① 钱玄同:《钱玄同致胡适》,载《中国哲学》(第1辑),北京:生活·读书·新知三联书店,1979年版,第322—323页。
② 孙宝瑄:《望庐山日记》,上海:上海古籍出版社,1983年版,第73—74页。

治、军事等社会方面的重要性,国民政府对于文化领域做出了许多探索和实践。1934年,国民党发起"文化建设运动",成立了中国文化建设协会,陈立夫为理事长,同年10月出版刊物《文化建设》,倡导"中国本位的文化建设",即以中国文化为本位,合理调和中西文化,形成一种"新文化"。在这种背景下,由于颜李学派恰好满足其需求,1935年,在国民党的倡导下举行了一次大规模的纪念颜元300周年诞辰的活动,在这一年前后,发表了大量的关于颜李学思想的论著,虽然是政治因素在发挥作用,但不可否认关于颜李学派的研究,学术意味更加浓重了,可谓是颜李学派研究的一个小高潮。

学者们依然推崇颜李学说的经世致用,张西堂的《颜李学派之实行的精神》(《经世》1937年第7期)、常坚如的《颜李学派之实践精神》(《新东方(上海)》1940年第1、2期)、王治心的《值得提倡的颜李精神》(《大众》1944年8月)三篇文章,从注重事功的角度出发,分析论述了颜李学派突出实行实践的实学精神,并予以肯定。这一时期的学术成果还倾向于对颜李学派整体状况与思想本原性的书写及呈现,最具代表性的著作有陈登原的《颜习斋哲学思想述》,主要论述了颜氏学的生存环境、学术特点,将颜氏学与程朱、陆王、考据学派相比较,并介绍了颜氏学的教育思想,政治思想及学派的传承及发展。这部书花费了近半的笔墨来阐释颜李学派与外界的沟通与交流,这一点反映了作者当时的一种生活状态,国家多变,大环境的不稳定使得社会各个方面都受到了影响,而社会各界也期望以自己的方式来为改变混乱的环境贡献一分力气,所以作者对这一部分浓墨重彩,希望能够找到解决之法以改变现状:"故于习斋造学之环境,则述之不厌其详。于明季士夫之恶习,亦记之不厌其冗。盖所以著当时之过,为后世之鉴。明源寻流,可资警惕。"此外,纂写此书也是为了警醒、劝诫世人,希望大家摒弃空虚无用,而崇实笃行:"而世之诵我书者,亦当于考核得失之外,另具九方皋之慧眼,深体习斋之学,而思所以自策也。"[①]这部书表现了作者的政治诉求和社会愿望,这是不可避免的。当时国家大背景混乱,学术界也受其影响,很多学者的著作中都体现了极强的个人情感与政治倾向,这固然会影响治学态度与对事物的看法,但也不失为我们保留与提供了一批颇有意义的学术著作。这与和平

---

① 陈登原:《颜习斋哲学思想述·自序》,北京:中国大百科全书出版社,1997年版,第1页。

年代的作品及成果具有不同的时代特色及写作风格,应是人所共知的事实。总体来说,这是一部对颜李学派论述较为全面、出现较早的著作,具有极高的学术价值,也是后人研究颜李学派的重要资料。

此期的著作成果尚有李世繁的《颜李学派》,本书对颜元的思想及其演变、李塨的思想渊源及哲学思想进行了阐述。其中,李塨的思想内容、历史地位以及学术贡献被首次详尽地展现在世人面前。作者指出李塨的思想主要渊源于家学、颜元以及毛奇龄等,随后,就对李塨哲学思想中的六艺、性、理、格物、敬等观点进行了阐述。从此书中可看出一种倾向,学术界以往对颜李学派的研究重点在颜元上,而此时开始转向颜李并重了,对颜李学派的第二代、第三代给予了某些关注。颜李学派是一个涉及社会各个领域、广泛的文化思想流派,并不限于教育领域。但由于其以私家讲学为安身立命、处事之要的特点,故教育学的视阈当是醒目的着力处。在本书中李世繁对颜元、李塨和程廷祚的教育思想大力研究,见解精辟:

> 习斋以为教育目标是陶冶全部人格。在动的教育中,培养德、智、体、技四育。亦即在实习六艺中,磨炼全部人格,而获得德、智、体、技四育的健全修养。"在学习方法上,习斋提倡智能论,以能发明原理,制造器具为学习之妙境。""又在学习方法上,恕谷注重器官训练,以为人当注意五官及心之作用,而活用之。""在学习科目上,习斋提倡实科,以为人能精于一艺,即成为有用之人,胜于读书万卷。而习斋、恕谷又皆注重音乐教育。"①

> 他(指程廷祚)谈六艺,独重礼乐,而尤重礼乐在教育上之价值。他以为礼乐可以使人身手活动,养成健全之人。……仍是颜李一贯相传的动之教育。②

可见其教学论、学习思想及认知心理学方面的精思深度及认知水平极高,深有造诣。应该说这是学术界对颜李学派教育思想研究趋于深入的表现。值得一提

---

① ② 李世繁:《颜李学派》,北京:四存学会,1946年版,第17—18页。

的是,胡适的《颜李学派的程廷祚》一文详细地论述了程廷祚的身家背景、求学经历、学术转变及原因和主要思想观点,是专门和具体论述程廷祚的专论。一直以来学者对颜李学派弟子的研究都比较少,尤其是第三代,此文的出现则弥补了这一空白,使人们对颜李学派承续链条及弟子相传的延绵脉络有了更加完整的认识。即使至今,如此论述分析程廷祚的文章也是很少的,因此很有意义。

五、20 世纪 50 年代至 70 年代

1949 年 10 月,在中国共产党的领导下,中国人民推翻了帝国主义、封建主义、官僚资本主义三座大山,取得了伟大胜利,创建了由人民当家做主的国家政权——中华人民共和国。中华人民共和国成立之后,政治相对稳定,人们得以专注于社会各方面的恢复与建设。在文化方面,以马克思主义思想为指导,在 1949—1955 年对传统文化进行了改造。1956 年,毛泽东在 4 月提出了"百花齐放,百家争鸣"的方针,强调给予学术、艺术等问题自由。文化氛围随之宽松起来,这使得学术界对颜李学派的研究得以深入。

这一时期,除了对颜李学派著作,比如《四存编》(王星贤标点,1957 年由古籍出版社出版)、《颜氏学记》(刘公纯标点,1958 由中华书局出版)等的再版以外,学者们致力于以辩证唯物主义和历史唯物主义的立场、观点和方法来研究颜李学派,且侧重于从教育、政治、哲学等方面思想加以考察,呈现出一个专题学术讨论的新局面。1957 年由上海商务印书馆发行的郭霭春撰写的《颜习斋学谱》便是在这样的场域下最终完成的:

> 在此数年之间,经过政治学习和思想改造,感觉以前稿内,存在诸多观点错误以及认识模糊之处,自从党和政府提出百家争鸣的号召之后,经将旧稿加以改写,以期初步系统地介绍颜习斋先生学术思想。①

书中经常能见到"主义""劳动""知识分子""唯物""唯心"等词语,虽有理解

---

① 郭霭春:《颜习斋学谱》,上海:商务印书馆,1957 年版,第 95 页。

的牵强及评述的偏颇之处,但确实能体现作者撰书的态度与指导思想。因此,本书在论述过程中着力突出学术性时,不可避免地带有当时社会政治文化和意识形态的影响,比如作者在论述颜元的教育思想方面作如下表述:

> 颜氏的教育理论的主要观点,即培养的人才,必须是具有明确的人生目标,并能以"敬其事"的态度,终生朝着这一远大目标而努力的一种有着强健的体魄,允文允武,劳动观点很强,而能修德立业的人。①

这已经与新中国人才培养目标相靠拢了。本书作为中华人共和国成立初期研究颜元思想的代表作,比较全面地介绍了颜元的哲学、政治、伦理和教育等方面思想,并对习斋师友进行了简单考察,是具有一定学术价值的。1956 年由湖北人民出版社出版的杨培之的著作《颜习斋与李恕谷》也是带有上述论著类似写作风格及论辩方法的代表性作品。作者运用阶级分析的方法阐述了颜元和李塨的政治思想、哲学思想、心性学说、教育学说及二人思想的渊源,更多地关注二者的共同之处,虽然没有对颜李学按专题进行更深入的阐述,但确实是当时论述颜李学派最为系统的一部著作。其他有关该专题研究成果还有很多。例如 1958 年《新建设》第 2 期发表的北京大学哲学系中国哲学史教研室编写的《中国哲学史讲授提纲(颜元、李塨的唯物主义思想,戴震的唯物主义)(初稿)》,直截了当地论述了颜李学派的唯物论及其对后世学者戴震的唯物主义所产生的影响。

六、20 世纪 80 年代至 21 世纪结束

1978 年 12 月,十一届三中全会召开,做出了从 1979 年把全党工作重点转移到社会主义现代化建设上来的战略决策,开启了我国改革开放的大门。自十一届三中全会以来,颜李学的研究开始复苏,逐渐踏入正轨。

1986 年 10 月,全国首届颜(元)李(塨)学术思想讨论会在河北保定举行,该

---

① 郭霭春:《颜习斋学谱》,上海:商务印书馆,1957 年版,第 16 页。

会议由河北省历史学会、中国哲学史学会、中国社会科学院哲学研究所、天津市中国哲学史研究会以及《哲学研究》《中国哲学史研究》《孔子研究》三个杂志社联合主办。应邀参加会议的有来自全国15个省、市、自治区的50余位专家学者和哲学史、教育史工作者代表。颜元、李塨故乡博野、蠡县的代表也到会祝贺和参加讨论。会议还收到许多国内著名学者发来的贺电、贺信与书面发言。此次会议主要围绕三个问题展开热烈讨论：颜李学派形成的历史条件及其与宋明理学的关系；颜李学派在明末清初哲学上的地位、贡献与影响；颜李教育思想的进步意义。受这次会议影响，这一时期出现了大量关于颜李学派的论著，对颜李学派的研究进入了新一轮高潮时期。不仅如此，这一时期的学者们不仅从学术史角度进行研究，更能够以旁观者的身份客观理性地看问题。1987年中国社会科学出版社发行的姜广辉撰写的《颜李学派》就直接表明了这种态度："现代的历史研究者整理古代遗产，比较注重从学术史角度看问题，这当然是对的，但却很少能体会近代学者的切身之感。"[1]这本著作介绍了颜元思想的形成和渊源，颜元在人性论、认识论和教育三个方面对理学的批判以及他的政治思想和历史局限，同时还对李塨、王源、程廷祚的思想分章进行研究，并在最后对颜李学派进行评价。在评价时尤为注重与时代相连，将颜李学派放在不同的历史背景中给予客观的评价。此外，此书篇末还附有"三百年来学者对颜李学派的主要评论"，可见其搜罗之勤，用功之巨。这本书是这一时期研究颜李学派的代表作，影响很大。虽然也有其缺陷，比如很少涉及学派之间的内在联系，但不可否认此书对颜李学派论述全面、详细、深刻，提出了许多前人未提到的看法，具有很高的学术价值。1981年，齐鲁书社出版了赵宗正的《颜元与李塨》，该书主要介绍了颜元、李塨生活的时代，二者的生平、思想演变及主要著作和政治观点、哲学思想，并对二者的历史地位进行了客观评价，作者既看到了二者的积极作用，又看到了其消极作用，主张取其精华，去其糟粕，批判地继承两者学术思想。同时，又对二者的历史地位分别进行了评价，这是以往作品中很少涉及的。

这一时期还出现了一批对颜李学派相关领域的思想进行研究的成果，涉及

---

[1] 姜广辉：《颜李学派》，载陈山榜、邓子平主编：《颜李学派文库》（第6册），石家庄：河北教育出版社，2009年版，第2145页。

范围很广,包括体育、实利、功利、教育、土地、哲学、劳动等多个方面。举例如下:1978年,郑振坤在《辽宁师范大学学报(社会科学版)》发表《颜习斋、李恕谷体育思想评价》,主要论述了颜元、李塨体育思想的主要内容并指出其优点与缺点。同年,孙广德在《社会科学论丛》第27期发表《颜元与李塨之实利思想》,指出颜李谈实利的五项弊端,但同时又赞赏其实践精神,认为它具有补偏救弊之功。1984年,姜广辉在《中国社会科学》第5期发表《颜李学派的功利论及其历史地位》,对颜李学派是属于反理学的学术派别做了归属,并分析了其功利论的思想体系在理论思维上的经验和教训,最后,详细论述了颜李学说的历史地位和命运,通览全文可见作者对其研究比较深刻。此外,比较有代表性的学术论文尚有:陈朝晖的《浮文是戒、实行是崇——试论颜李学派的教育思想》(《菏泽学院学报》1991年第2期),景新华的《颜李学派的土地思想》(《经济评论》1992年第6期),衷尔钜的《王源、程廷祚对颜李学派哲学思想的阐发》(《甘肃社会科学》1997年第2期),郑春慧的《颜李学派劳动教育思想初探》(《河北师范大学学报(教育科学版)》1998年第2期)。上述作者就教育、农业、哲学、劳动等论题围绕着颜李学派的相关认识资源加以阐发,具有较新的构思及见解。

七、21世纪以来

20世纪末的高潮刚刚落下,进入21世纪以来,因恰逢颜元逝世300周年,又掀起了研究颜李学派的新高潮。为了纪念颜元这位明清之际的实学家、新教育之路的探索者,2004年10月15日至17日在河北师范大学召开了"颜元教育思想与现代教育改革国际学术研讨会",《河北师范大学学报(教育科学版)》还创设了"习斋研究"专栏,向全社会征集关于颜元教育思想、人性理论及关于其弟子研究的文章。2008年10月13日,在颜元的家乡河北省博野县举办了全国颜元思想文化讨论会,众多高校学者就"颜元思想对现代社会文化的影响""颜元教育思想的深刻内涵"等议题进行了深入探讨。2015年10月13日,再一次在博野举办了全国颜元思想文化讨论会。

上述种种社团、机构及地域组织的有关活动都促使了这一时期颜李学派研究一直保持在一个较高的热度上,且硕果累累。除了继承 20 世纪末的研究特点之外,这一时期的作品更加全面和具有总结性。2004 年,人民教育出版社发行了陈山榜撰写的《颜元评传》,该著分为上、中、下三篇,对颜元的家世、师友和政治、经济、军事、哲学、礼仪、教育等思想做了详细的考证研究,矫正了一些关于颜元的误传,并且在篇末附录《颜元年表》,丰富了人们对颜元较为清晰和完整的了解。这也是第一部对颜元其人及思想进行系统刻画的评传性专著。作者在该书中给予颜元极高的地位,称他是一位伟大的哲学家、思想家、教育家,是一座历史丰碑。对于颜习斋的意义,提出了一个崭新的看法:

> 习斋的意义绝不在于它培养了一百多名学生,成就了一个学派,它还有更为深远的重大的历史意义,那就是它开中国新教育之先河,成为中国新教育的界碑,是中国教育由旧而新的一个转折点。①

并由此而得出中国教育史的改写问题。且不说这个论点有多少人赞同,但确实提供了一种新的思考方向。

2006 年,南京大学出版社出版了朱义禄的《颜元李塨评传》,详细论述了颜元、李塨各方面的思想,并对二者进行了比较,还花费了一章的笔墨来阐述颜李学派的影响及其历史地位,虽然以往也有这方面的研究,但往往一带而过,很少如此浓墨重彩。此外,该书还增添了一些以往学术界很少涉及的内容:对"孔颜乐处"的希求以及颜、李二人浓郁的圣人崇拜观念等,提出了独到的见解。该书作为中国历代思想家评传书系之一隆重推出,既表明颜元、李塨在中国思想史上重要地位的确立,也体现出学术思想界对于颜李学派加强研究的热望。当然,其面世时间晚于其他著名思想家近 10 年之久,也从一个侧面透露出研究工作难度系数之大与不易。

2009 年,河北教育出版社出版了由陈山榜、邓子平主编的《颜李学派文库》,

---

① 陈山榜:《颜元评传》,载陈山榜、邓子平主编:《颜李学派文库》(第 7 册),石家庄:河北教育出版社,2009 年版,第 2437 页。

这是最新出版的一套丛书,共 10 册,约 300 万字,收录了颜元行世的全部著作 9 种、李塨的经典著作 9 种、颜李弟子的相关著作 3 种以及有清以来海内外研究颜李学派的代表性著作 8 种,论文及相关资料 41 篇,堪称颜李学派自身著作及研究著作之总汇。书末还附有《文献索引》,不仅是对前人成果的肯定和昭示,而且为此后的研究者提供了查阅资料的途径。这套《文库》收录范围前所未有,所有文献,时间跨度达三百余年,空间则涉及了中国大陆、中国台湾以及日本、韩国、美国等多个国家和地区。其中大多英文、日文、韩文著作是未曾翻译的,也都一一被译为中文。而且,《文库》全部采用简体字,大大扩大了其使用范围,使其更具有使用价值。这些都使得这套《文库》价值深刻,意义重大。

2011 年,广东人民出版社发行了高青莲撰写的《解释的转向与儒学重建——颜李学派对四书的解读》一书。全书从清初对四书的再诠释与儒学重建的背景入手,以颜李学派对四书的解读为研究对象,围绕此派对什么是真正的儒学、学什么、如何学及学何为等问题的理解,对其破解程朱理学在学界的话语霸权做出了深入的分析梳理,探讨了他们以恢复原始儒学的方式致力于儒学重建的线路,并对他们所陷入的解释困境做出了分析和评论。作者站在一个新的角度上,详细全面地论述,加深了颜李学派的文化底蕴,使其观点或结论在新颖中带有厚重,并提出探讨颜李学说的现代意义,使颜李学说具有新的生命力。

> 颜李学派强调原始儒学并重新对其进行解读,对于把学问融入生活、端正人心、重树人文精神有着积极的意义,它的理论定位和历史地位,应当给予适当的评价。……在颜李学说已经历三百年的今天,我们依然在不断地讨论,这本身就足以说明,颜李学说是有它存在的价值的。它不断地提醒人们去思考、去回味,他们的习行哲学和不能把学问仅放在书斋里的观点,对于我们思考儒学现代化的问题提供了有益的启示。①

对颜李学说现代性的挖掘是 21 世纪以来颜李学派研究的一个新特点,学

---

① 高青莲:《解释的转向与儒学重建——颜李学派四书的解读》,广州:广东人民出版社,2011年版,第 277 页。

者们不满足颜李学派思想的平面呈现,越来越热衷于探讨这个问题以期颜李学说重新发挥现实作用。因此出现了一大批相关论文。2005 年,张传燧在《河北师范大学学报(教育科学版)》第 6 期发表了《颜元现象的三维透视——论清初颜元在中外近代课程变革中的地位及其影响》,从世界近代教育改革、中国近现代课程改革、对颜元现象的反思三个方面来论述颜元在中外近代课程变革中的地位及影响。2008 年,许庆亚在《现代教育论丛》第 7 期发表了《颜元实学课程思想及其对当代教育的启示》,主要论述了颜元实学课程的主要内容以及对职业教育、课程设置和教育原则等方面的启示。2009 年,吴洪成、汪洋在《教育实践与研究》第 11 期发表了《颜元教育思想的现代性探微》,阐述了颜元对传统教育的批判、实学教育目标的现代性取向和实学教育内容与教育方法的现代性因素。2014 年,吴雅思在《学术交流》第 10 期发表了《颜李学派伦理思想的学术生命力:清初、民初及现代》,揭示了颜李学派的理论特色及当世影响和颜李学派在 20 世纪 20 年代以及现时代的生命力。

这一时期还出现了许多基于颜李学派研究的学位论文,角度多样,涉及方面也很广。代表性论文有王春阳的《颜李学的形成和传播研究》(华中师范大学 2008 年博士学位论文),主要对颜李学的形成、颜李学的学术特征与主要内容、颜李学的传播三个问题进行了深刻解析,是第一次从传播学角度对颜李学派进行研究的论文,作者论述细致、分析深刻,使得本文很具有学术价值。同样从传播角度进行论述的还有韩宁宁的《清末民初颜李学派的传播与复兴之研究》(陕西师范大学 2012 年硕士学位论文),该文论题集中,对颜李学派思想影响的特定历史轨迹进行了勾勒及缘由解释。李瑞芳的《李塨思想研究》(中国人民大学,2003 年)以李塨为研究对象,论述了李塨的生平与学术成就、思想渊源和哲学、政治、经济、教育各方面思想,最后分析了李塨在中国学术史的影响。这是目前唯一一篇以李塨为研究对象的学位论文。颜元思想的研究仍是热点,学术成果丰富多彩,涵盖哲学思想、教育思想、功利思想、体育思想、伦理思想、经世思想等多方面领域,例如傅济锋的博士学位论文《习行经济——建基于"气质性善论"的习斋哲学研究》(复旦大学,2005 年),王瑜的硕士学位论文《颜元教育思想研究》(华中师范大学,2005 年),刘静的硕士学位论文《颜元的功利主义思想探析》(湖南师范大学,2006 年),李长明的硕士学位论文《颜元体育思想研究》(东北师范大学,

2007年),杨帆的硕士学位论文《颜元伦理思想研究》(天津师范大学,2008年),刘西学的硕士学位论文《颜元经世思想研究》(南开大学,2009年)。台湾地区也有不少研究生毕业论文,如李滢婷的《颜元学术思想研究》(台湾大学,2002年),吕金龙的《颜习斋之学术思想及其〈四存编〉研究》(华梵大学,2004年)。这些带有新时期时代特色及研究方法的成就出自学位论文,不仅体现出社会进步对学术事业的需求,更加昭示出新一代后继者对于颜李学派探索的延续与执着。

八、国外研究

国外对颜李学派的研究最早可追溯到20世纪初,梁启超在变法失败流亡日本之后,将颜李学说传播到日本,使得日本学者对颜李学派关注起来。1906年,日本东京铅印出版社出版了戴望的《颜氏学记》,这是国外最早对颜李学派进行研究的学术行为。同时,日本也是对颜李学派研究最多的外国国家。在日本的研究中,以对颜元思想的研究为主。1936年,清水洁在《汉学会杂志》第3期发表《颜习斋的习行主义——对宋明理学的批判及与复古主义的关联》,论述了颜元思想的特殊境遇和其对程朱理学的抨击,阐明了宋明学者和颜元对知与行关系的认识,还分析了颜元学说中断的原因。作者总体上对颜元表示了肯定,又从全文字里行间中可以看出作者对颜元学说没能发挥现实作用的悲叹与感伤,以及对其在民国短暂复苏的欣慰。1968年,村濑裕也在《思想的研究》第1期发表了《颜元的教育学说(上)》,然后于1971年和1973年在《香川大学教育学部研究报告》上先后发表了《颜元的教育学说(中)》《颜元的教育学说(下)》,内容包括四个方面:颜元学说的基本特征、"性"与陶冶性、教育的目的和内容以及教育方法,把颜元学说的特征、意义和局限,全部集中到教育思想这一点进行了全面的解释和说明,更为宏观。同时,较以往论述颜元的作品不同,文章在行文中,花费了较多的笔墨对颜元的缺陷进行了追踪。作者认为,在人物及思想研究过程中,肯定积极主张的同时,也不应该回避其学问中的缺陷,要有全面客观的认识。1985年,三浦秀一在《日本中国学会报》第3期发表《年青时代的颜元——对清朝初期士大夫思想形成的考察》,主要探讨了颜元经世意识、人性理解、礼学态度等思想的形成过程,以及由此而反映出的清初思潮。同年,三浦秀一在《东洋学集刊》

第5期发表《颜元的思想——以〈存性〉、〈存学〉两编为中心》,主要介绍了颜元的代表著作《存性编》和《存学编》的思想。作者将颜元思想上升至理论化的高度,谋求深层意蕴,"颜元认为要想谋求希望实现伦常秩序的意识和如实表现自己的主体性意识的一体化,就要解决主体性和压抑它的社会规范之间的矛盾"①。1987年,郑台燮在《东洋史研究》第4期发表《颜元的礼论》,对颜元的礼学思想做了细致的分析,从社会管理的角度,提出了颜元的"经共同体"的礼论,从是否合乎人情的角度,对颜元的《礼文手抄》的礼思想做了评论,并指出作为其"解经共同体"的礼的原则,有别于《朱子家礼》所说的礼。该文全面地揭示了颜元礼论的二层面,但他对颜元批评朱、王之学的目的仅归结为"应学'某冠礼、某丧礼'之礼",而缺乏思想方面分歧的深层挖掘或剖析,又未免有些偏颇。

美国学术界对颜李学派的研究也比较早。1926年,美国学者曼斯菲尔德·弗里曼在《皇家亚洲学会北中国分会学报》第17期发表了论文《颜习斋:17世纪的哲学家》,该文旨在对颜元《存学编》中的重要思想进行简要介绍。在文中,作者对颜元的性质进行了界定:

> 习斋和现代科学思想家的相近之处——这也许是他对中国哲学思想最重要的贡献——在于他总是依据结果来验证任何方法或理论的价值。……必须通过实践来对思想进行检验,这是习斋习行学说积极方面的基本点。……这确实是科学的方法,从这个意义上说,习斋早就是现代的了。但是他没有再进一步。②

作者认为颜元具有现代的科学思想,理论上可以称为实用主义者,但从结果上来看,颜元的学说并没有对实践产生很大的作用,总归是差一步,不得不说是很无奈和遗憾的。在当代,也有美国学者在关注颜元。2013年,杜维明的论文《仁与修身·颜元:从内在体验到实践的具体性》对颜元的修身过程做了详细论述,并

---

① [日]三浦秀一:《颜元的思想——以〈存性〉、〈存学〉两篇为中心》,王云红译,载陈山榜、邓子平主编:《颜李学派文库》(第9册),石家庄:河北教育出版社,2009年版,第3264页。
② [美]曼斯菲尔德·弗里曼:《颜习斋:17世纪的哲学家》,霍红伟、胡祥雨译,载陈山榜、邓子平主编:《颜李学派文库》(第9册),石家庄:河北教育出版社,2009年版,第3153页。

探讨了颜元的真实形象。同时,作者还提出了一个对颜元进行研究的注意事项:"我们研究颜元的'问题'和探求他的思路,不是去观察他与我们的相关性,而是通过评价他思想的内在价值,来培养我们对'相关性'采取较宽广的认识。"①这种说法保持了颜元学术的独立性,是我们在进行研究时应该始终恪守的重要原则。

韩国学术界对颜李学派也有涉猎或探讨。2006年,杨熙庸在《阳明学》第1期发表《关于颜元格物致知的研究》,作者对于颜元所论《大学》中的格物致知进行了分析,论述了颜元反主知主义格物致知论的主要内容和特征,对其表示肯定的同时也指出了其局限。同年,该作者还在《东洋哲学研究》第1期发表了系列文章《颜元与李塨的格物致知论研究》,但其学术成果偏重于颜元的哲学认识论思想,显得有些单一,而且未得到更多学术领域的关注与反响。

关于颜李学派的研究,从清同治时开始直至今天,已经有将近150年了,这中间虽时有波动起伏,但探讨从未中止过,处于不断发展之中。影响该学派研究进行的因素随着大环境的日益安定逐渐由政治转向学术,尤其是中国在20世纪70年代末实行改革开放政策之后,颜李学派研究成为学术史重要的一部分。在这期间,探讨的热点及重心呈阶段性变化,从最开始侧重于文献资料的整理,到对实学特征的挖掘,整体思想本原性地呈现,扩大研究的范围,直至现在致力于挖掘思想的现代意义。从这一变化轨迹中可以反映出对颜李学派的研究在与时代结合的过程中不断深入,并且反映了时代的发展变化和文化教育趋势。在这百年间,有关颜李学派的学术成果十分丰富,且角度多,领域广,使人们对颜李学派有了更深刻的了解,也使后来者得以站在更高的肩膀上继续前行。但是,这并不意味着前人的观点、结论或方法都是尽善尽美的,比如对颜李学派进行研究时,大部分学者注意力仍然在颜元身上,李塨稍次,关于第三代的论著就更少了;仍然侧重于哲学、教育及经济思想的分析,对颜李学派内部的变化流动则较少涉及;现代性意义的挖掘和当代价值的体现仍然不够深刻。这些表明该学术

---

① [美]杜维明:《仁与修身·颜:从内在体验到实践的具体性》,载陈山榜、邓子平主编:《颜李学派文库》(第10册),石家庄:河北教育出版社,2009年版,第3627页。

领域还有很大的挖掘空间和有待提升之处，且社会在不断发展，人们思想水平和认识能力也在不断提高，颜李学派研究也必定会随之不断进步。颜李学派自产生之日起，就以经世致用为主旨，后来者也对此尤为赞赏，笔墨众多，但遗憾的是这样一个标榜实学的学派在现实作用的真正发挥上面却一直没有明显的实证效果，我们期待着其在现代社会能够跳出文本，走向实践。

参考文献

一、文献资料

[1]保定市教育局史志办公室.保定教育史料类编[M].石家庄:河北人民出版社,1990.

[2]程玉波.博野县志[M].北京:新华出版社,2000.

[3]陈山榜,邓子平.颜李学派文库(1—10册)[M].石家庄:河北教育出版社,2009.

[4]河北省社会科学院地方史编写组.河北古代历史编年[M].石家庄:河北教育出版社,1988.

[5]河北省肥乡县地方志编纂委员会.肥乡县志[M].北京:方志出版社,1990.

[6]河北省地方志编纂委员会.河北省志·大事记[M].保定:河北大学出版社,1992.

[7]河北省地方志编纂委员会.河北省志·教育志[M].北京:中华书局,1995.

[8]河北省社会科学院地方史编写组.河北简史[M].石家庄:河北人民出版社,1999.

[9]河北省蠡县地方志编纂委员会.蠡县志[M].北京:中华书局,1999.

[10]王源.居业堂文集[M].北京:中华书局,1985.

[11]王灏.畿辅丛书[M].石家庄:河北人民出版社,1986.

二、专著

[1]褚宏启.教育现代化的路径[M].北京:教育科学出版社,2000.

[2]葛荣晋.中国实学思想史[M].北京:首都师范大学出版社,1994.

[3]侯外庐.中国思想通史:中国早期启蒙思想史[M].北京:人民出版社,1956.

[4]侯外庐.中国思想通史[M].北京:人民出版社,1980.

[5]黄济,王策三.现代教育论[M].北京:人民教育出版社,1996.

[6]贺照田,何怀宏.西方现代性的曲折与展开[M].长春:吉林人民出版社,2002.

[7]金絮如.颜元与李塨[M].济南:齐鲁书社,1985.

[8]李世繁.颜李学派[M].北京:四存学会,1945.

[9]李欧梵.现代性的追求[M].北京:生活·读书·新知出版社,2000.

[10]庞朴.中国儒学[M].上海:东方出版中心,1997.

[11]钱穆.中国近三百年学术史[M].北京:中华书局,1986.

[12]邱椿.古代教育思想史论丛(下册)[M].北京:北京师范大学出版社,1985.

[13]任继愈.中国哲学史[M].北京:人民出版社,1979.

[14]王思志.清代人物传稿[M].北京:中华书局,1986.

[15]王铁军.教育现代化论纲[M].南京:南京师范大学出版社,1999.

[16]王卫东.现代化进程中的教育价值观[M].北京:中国社会科学出版社,2002.

[17]王道俊,王汉澜.教育学[M].北京:人民教育出版社,2008.

[18]韦政通.中国思想史(下册)[M].上海:上海书店,2003.

[19]余碧平.现代性的意义与局限[M].上海:上海三联书店,2000.

[20]阎国华,安效珍.河北教育史[M].石家庄:河北教育出版社,2003.

[21]张志扬.现代性理论的检测和防御[M].北京:社会科学文献出版社,2000.

[22]毛礼锐,瞿菊农,邵鹤亭.中国古代教育史[M].北京:人民出版社,1979.

[23]周德昌.中国教育史研究·明清分卷[M].上海:华东师范大学出版社,1995.

[24]孙培青.中国教育史[M].上海:华东师范大学出版社,2009.

[25]喻本伐,熊贤君.中国教育发展史[M].武汉:华中师范大学出版社,2000.

[26]郭齐家.中国教育史研究丛书:中国教育思想史[M].北京:教育科学出版社,1987.

[27]李桂林.中国教育史[M].上海:上海教育出版社,1989.

[28]高时良.中国古代教育史纲[M].北京:人民教育出版社,2003.

[29]杨荣春.中国封建社会教育史[M].广州:广东人民出版社,1985.

[30]黄明喜.中国传统教育思想史论[M].北京:高等教育出版社,2012.

[31]李建强.教育史研究论丛:河北师范大学学报教育科学版教育史专栏十五年精选集[M].保定:河北大学出版社,2013.

三、学位论文

[1]陈炳.现代性与思想政治教育发展研究[D].苏州:苏州大学博士学位论文,2014.

[2]韩宁宁.清末民初颜李学派的传播与复兴之研究[D].西安:陕西师范大学硕士学位论文,2012.

[3]卢旭.教育的现代性解读[D].武汉:华中师范大学博士学位论文,2009.

[4]吴全华.教育现代性的合理性研究[D].广州:华南师范大学博士学位论文,2005.

[5]王春阳.颜李学的形成与传播研究[D].武汉:华中师范大学博士学位论文,2008.

[6]徐珂.颜元实学教育思想研究[D].开封:河南大学硕士学位论文,2009.

[7]岳龙.现代性境域中的传统[D].上海:华东师范大学博士学位论文,2001.

[8]张梦.颜元书院教学改革思想研究[D].重庆:西南大学硕士学位论文,2008.

四、期刊论文

[1]高青莲,王竹波.恽鹤生与颜李学派考略[J].华南师范大学学报(社会科学版),2006(6).

[2]金业文,刘志军.教育现代性研究的进展及其阐释空间的拓展[J].现代大学教育,2014(2).

[3]贾乾初.颜李学派政治思想述论[J].政治思想史,2014(3).

[4]李佑新.现代性问题与中国现代性的建构[J].北京大学学报(哲学社会科学版),2005(2).

[5]李英.颜李学派对青年毛泽东体育思想的影响及成因分析[J].体育文化导刊,2005(9).

[6]刘仲华.王源交游及其遗民子弟的一生[J].清史研究,2007(1).

[7]任剑涛.现代性、历史断裂与中国社会文化转型[J].厦门大学学报(哲学社会科学版),2001(1).

[8]时海燕.走向新现代性的教育发展观[J].苏州大学学报(哲学社会会科学版),2007(1).

[9]唐凯麟.清初颜李学派道德教育思想述评[J].求索,1993(3).

[10]谭必翰.叛逆与立异:颜元高等教育思想的基调[J].岳阳职业技术学院学报,2006(4).

[11]吴洪成,汪洋.颜元教育思想的现代性探微[J].教育实践与研究,2009(11).

[12]吴雅思.颜李学派伦理思想的学术生命力:清初、民初及现代[J].学术交流,2014(10).

[13]肖永明.颜李学派的实学教育思想[J].湖南大学学报(社会科学版),1996(4).

[14]肖川.论当代教育思想的基本特征[J].全球教育展望,2006(8).

[15]许庆亚.颜元实学课程思想及其对当代教育的启示[J].现代教育论丛,2008(7).

[16]杨雅文.颜李学派实学教育思想观要[J].烟台师范学院学报(哲学社会科学版),1991(4).

[17]杨春时.论中国现代性[J].厦门大学学报(哲学社会科学版),2009(2).

[18]郑春慧.颜李学派劳动教育思想初探[J].河北师范大学学报(教育科学版),1998(2).

[19]张传燧.颜元现象的三维透视:论清初颜元在中外近代课程变革中的地位及其影响[J].河北师范大学学报(教育科学版),2005(6).

[20]张峰.颜李学派"文武兼修"的实学教育思想形成的原因探析[J].山东师范大学学报(自然科学版),2006(3).

后 记

历时将近两年,本书终于完稿。真是百感交集,既有愧疚,也有欣喜。由于本书主要作者吴洪成教授教学任务重、学术事务繁忙,罗佳玉研究生也要完成硕士研究生期间所需完成的课程任务,并要进行硕士论文的写作,使得书稿进程被迫放缓,一拖再拖;本书的相关资料由于历史变迁遗失颇多,给研究撰写工作造成了一定的困难;且我们自身认识程度及写作水平也有待提升,本书的不足之处肯定不少。为此,笔者还请大家多予指正,并欢迎提出各种建议与意见,以便以后继续完善此书。

值得欣喜的是,本书虽然耗费时间颇长,但到今天终于和大家见面了。沉甸甸一本,是我们不懈努力的证明,是我们交给出版社,并借此呈献于社会的答卷。虽然有所不足,但也是我们的尽力之作了。

本书共分六章。第一、五章及附录由吴洪成(河北大学教育学院教授)、罗佳玉(河北大学教育学院硕士研究生)共同撰写;第二章由吴洪成独立撰写;第三章由吴洪成、张慧思(河北大学教育学院硕士研究生)合作撰写;第四章由吴洪成、姜柏强(北京师范大学教育学部博士研究生)共同完成;第六章由罗佳玉撰写,且本章为罗佳玉硕士学位论文的部分内容,指导教师为吴洪成教授。曹青青同学(河北大学教育学院硕士研究生)也为本书的撰写提供了一些材料,特此说明。

除了上述编写人员为本书付出了诸多努力之外,还有一些由我指导的硕士生为之提供了帮助。对本书责任编辑一直以来的帮助及其他编辑老师为本书的面世付出的辛劳,作者表示深深的敬意,并由衷地感谢他们。

吴洪成